그렇게
붕괴가
시작되었다

그렇게

도취, 과열, 파멸로 치닫는
경제위기 100년의 역사와 미래

붕괴가
시작되었다

LINDA YUEH

린다 유 지음 | 안세민 옮김

청림출판

The expected never happens.

It is the unexpected always.

예상되는 일은 결코 일어나지 않는다.

일은 항상 예기치 못할 때 일어난다.

존 메이너드 케인스 John Maynard Keynes

과거에 일어난 금융위기들이 지닌 공통점을 찾기 위한 린다 유의 분석은 미래에 발생할 대폭락을 예측하고 해결하는 데 중요한 공헌을 할 것이다.

_크리스틴 라가르드 Christine Lagarde(유럽중앙은행 총재)

역사적인 세부 사항과 사려 깊은 분석이 잘 어우러진, 현대의 금융위기에 대한 이해하기 쉬우면서도 통찰이 가득한 전망을 제공한다.

_케네스 로고프 Kenneth Rogoff(전 국제통화기금IMF 수석이코노미스트 · 하버드대 석좌교수)

위기의 초기 징후를 포착하기 위한 최고의 강의다. 린다 유는 대폭락이 발생했을 때 이를 더 잘 이해하고, 나아가서는 향후 대폭락이 발생하지 않도록 하는 방법을 능숙하게 보여준다. 이 책은 가장 혼란스러운 시기에 나타난 경제 현상에 대한 이해하기 쉬우면서도 풍부한 연구 결과를 담고 있다.

_누리엘 루비니 Nouriel Roubini(《초거대 위협》 저자)

대규모의 금융 폭락과 경제위기에 관한 시의적절하고 교훈적인 책이다. 이 책은 모든 이들의, 특히 세계에서 가장 가난한 사람들의 경제적·사회적 복지를 위협하는 세계적으로 다양하고도 복합적인 위기의 한가운데에서 나왔다. 린다 유는 미래의 위기를 관리하는 데 꼭 필요한 교훈을 얻으려고 대단한 노력을 기울이고 있다. 문제는 우리가 그것을 배울 것인가에 있다.

_응고지 오콘조-이웨알라 Ngozi Okonjo-Iweala(WTO 사무총장 · 전 나이지리아 재무장관)

대폭락은 자본주의의 역사에서 반드시 다루어야 할 부분이다. 지난 세기는 대폭락으로 가득했다. 모든 폭락은 부채에서 자극을 받은 도취감으로 시작해서 실망감으로 끝난다. 그러나 이러한 실망감이 얼마나 나쁜 것으로 판명되는지는 대폭락이 경제의 어느 지점

까지 추락하며 이에 대한 대응이 얼마나 단호하면서도 신뢰할 수 있는가에 달려 있다. 린다 유는 생생하고도 간결하게 써내려간 이 책에서 역사를 설명하고 꼭 필요한 교훈을 얻는 작업을 훌륭하게 해낸다.
_마틴 울프 Martin Wolf(《**파이낸셜 타임스**》수석 경제 평론가)

이 책은 시장이 붕괴될 수 있는 다양한 원인을 훌륭하게 서술하고 있으며, 린다 유는 그 다음 붕괴를 과감하게 예측한다.
_빈스 케이블 Vince Cable(《**정치인이 되는 법**How to be a Politician》**저자**)

"이번에는 다르다"라는 옛말이 한편으로는 옳고, 다른 한편으로는 틀렸다는 것을 잘 보여준다.
_스티븐 K. 그린 Stephen Keith Green(**전 HSBC 회장 · 전 영국 무역투자청 국무장관**)

이 책은 위기를 훌륭하게 개관하고 각 위기의 특성과 모든 위기가 갖는 공통의 요소를 밝혀낸다. 린다 유는 정책 대응의 효과에 대한 명료한 평가를 제공하고, 성공적인 해결을 위한 필요조건으로 신뢰성을 강조한다.
_닉 맥퍼슨 Nick McPherson(**전 영국 재무부 사무차관**)

"왜 아무도 알아채지 못했습니까?" 영국 여왕이 2008년 금융위기에 대해 던진 질문이었다. 정말이지 훌륭한 질문이었다. 모든 금융위기와 폭락에는 고유의 특성이 있지만, 때로는 높은 수준의 레버리지로 뒷받침되는 비이성적 과열, 투기적 광란, 탐욕, 과신과 같은 공통의 특성을 갖기도 한다. 린다 유의 이 책은 미래의 위기에 대하여 정부와 규제 당국에 주는 시의적절한 경고가 될 것이다.
_노먼 라몬트 Norman Lamont(**전 영국 재무장관**)

무엇이 경제위기를 불러일으키는가
_1930년대 대공황

존 F. 케네디*John F. Kennedy*를 비롯한 미국 대통령들에게 조언을 아끼지 않았던 저명한 경제학자 존 케네스 갤브레이스*John Kenneth Galbraith*는 이렇게 말했다.

> 인간 활동의 모든 분야 중 금융만큼 역사를 하찮게 취급하는 분야는 없을 것이다. 현재의 믿을 수 없이 경이로운 세계를 이해할 통찰력이 없는 사람들에게는 과거의 경험이 기억의 한 부분으로만 여겨져서, 원시적인 피난처로만 취급된다.[1]

1929년의 대폭락 이후로, 약 한 세기에 가까운 시기는 그 이전의 세기들과 마찬가지로 금융과 관련한 우여곡절이 많이 발생한 것으로 드러났다. 그 시기에 우리는 다수의 금융위기가 국가, 지역 (그리고 가장 최근에는) 세계 경제를 강타하는 모습을 보았다. 이 책《그렇게 붕괴가 시작되었다 *The Great Crashes*》는 그러한 대폭락 가운데 (프롤로그와 에필로그를 포함해) 총 10개의 이야기를 소개한다. 저마다 교훈이 될 만한 요소를 지니고 있다. 경제학에는 확실한 것이 거의 없다고는 하지만, 이 책에서 보여주듯이, 앞으로도 또 다른 금융위기는 일어날 것이다. 지금부터 전체 8장에 걸쳐 미래에 필연적으로 일어날 금융 폭락의 피해를 완화할 수 있는 최선의 방법을 찾기 위해 과거의 대폭락들을 분석할 것이다.

지금부터 살펴볼 대폭락 사건들은 저마다 특별한 원인과 결과가 있지만, 모두 도취감*euphoria*, 신뢰성*credibility* 및 그 여파*aftermath*로 이루어진 특별한 단계를 거친다. 때로는 서로 같은 의미로 사용되는 도취감 혹은 과열*exuberance*이 사람들을 앞으로도 시장이 계속 상승할 것이라 믿고서 투자하게 한다. 금융위기에서 벗어나려면, 신뢰할 수 있는 정책이 꼭 필요하다. 그리고 도취감과 신뢰성, 이 두 가지 단계가 그 여파를 결정할 수 있다. 그것은 빠른 회복과 장기 침체의 차이를 의미한다. 각각의 장에서는 과거에 정부 혹은 각급 기관들이 이 두 단계에서 어떻게 반응했는지 (혹은 반응하지 않았는지)를 분석해 최선의 결과에 이르게 한 것은 무엇이고, 최악의 결과에 이르게 한 것은 무엇인지 확인할 것이다. 그렇게 얻은 교훈으로 우리가 미래에 어떻게 행동해야 하는지 이해하는 데 도움을 얻기를 바란다.

1930년대 대공황,
자본주의 대폭락의 시작 |

1929년의 대폭락과 그 결과로 나타난 1930년대의 경제 공황은 사상 최악의 사건으로 여겨진다. 역사를 통틀어 금융위기 연대기에서 특별한 위치를 차지한다. 이 시기에 어렵게 얻은 교훈 중 일부는 이후에 발생한 폭락에서 어떤 정책을 수립해야 하는지를 보여주었다. 따라서 이곳이 우리가 이야기를 시작하기에 좋은 지점이다.

제1차 세계대전 이후 미국 경제는 회복되었고 호황을 누렸다. 전화 및 고속도로 네트워크의 확장, 광범위한 전력 보급, 자동차의 대량 생산과 같은 혁신의 영향력과 이에 대한 투자자들의 믿음에 힘입어 성장을 거듭했다. 주식만큼 과열 상승은 아니었지만, 어쨌든 부동산 가격도 상승했다. '광란의 20년대$_{Roaring\ Twenties}$'로 알려진, 1921년 8월부터 1929년 9월까지 경기가 확장되던 시기에 미국의 우량주 주가지수인 다우존스 산업평균지수$_{Dow\ Jones\ Industrial\ Average}$(이하 다우 지수)는 6배나 상승했다.[2] 사람들은 도취감에 들떴고, 주식 시장은 하늘 높은 줄 모르고 치솟았다. 1927년 초부터 1929년 9월까지 주식의 시장 가치는 약 3배나 상승했다.[3] 그러나 호황이 지속될 수는 없었고, 한 달이 지나서 주식 시장이 무너졌다. 미국 역사상 최악의 금융 폭락이었다.

위대한 경제학자 어빙 피셔$_{Irving\ Fisher}$는 주식 시장이 끊임없이 상승하리라는 믿음에 사로잡힌 적이 있었다. 대폭락 후, 그는 이렇게 주장했다. "앞으로 주식 시장이 반등해 이전의 최고점을 향해 빠르게 되돌아갈 것이다."[4] 불행하게도, 그런 일은 일어나지 않았다. 그는 1,000만 달러에 달하는 재산(오늘날의 가치로 약 1억 7,000만 달러)뿐만 아니라 명성까지 잃었다. 피셔는 주가가 상승할 것이라고만 믿었던 다른 투자자들과 마찬가지로, 손실을 만회할 수 있을 것이라는 믿음을 갖고서 주식에 투자하려고 처형에게 돈을 빌렸다. 하지만 그는 손실을 만회하지 못했고, 처형이 세상을 떠날 때까지 돈을 갚지 못했다.

1927년, 경제는 완만한 침체를 겪고 있었지만, 주식 시장은 호황을 누리고 있었다. 경제 침체로 실업이 증가하고 생산은 감소했으며, 디플레이션으로 알려진 물가 하락이 발생했다. 미국의 중앙은행 연방준비제도 *Federal Reserve System*(이하 연준)는 이러한 주식 시장 호황을 우려해 1928년에 금리를 인상했지만, 이 금리 인상이 차입 비용을 상승시켜 경제 활동을 더욱 위축시키는 결과를 낳았다.[5]

훗날 '검은 월요일*Black Monday*'이라고 불린 1929년 10월 28일, 다우 지수가 13% 가까이 하락해 10% 하락을 의미하는 조정 영역으로 접어들었다. 이는 투자자들이 위축되는 경제에 대한 신뢰를 거두고 보유한 주식을 매도하려고 했기 때문에 일어난 일이었다. '검은 화요일*Black Tuesday*'에는 다우 지수가 또다시 12% 하락해 약세장*bear market*(주식 가격이 20% 하락하는 시장)에 진입했다. 불과 2주 만에 다우 지수는 거의 50%나 하락했다. 투자자들은 주식으로 보유한 자산의 가치가 반토막이 나는 것을 보았다. 그러나 상황은 더 나빠졌다. 뒤이은 대공황*Great Depression*을 맞이해, 주식 시장은 몇 년에 걸쳐 계속 하락하며 1932년 여름 최저점에 도달했다. 다우 지수는 최저점에서 41.22를 기록했는데, 이는 예전에 기록한 최고점에 비해 89%나 하락한 것이었다. 이 지수는 20년이 지난 1954년 11월에 이르러서야 대공황 이전의 최고점을 회복했다.[6]

대공황 시기에 부동산 가격이 폭락하면서, 다수의 은행이 파산을 맞이했다. 주식 시장이 급상승하는 시기에는 가계의 자산이 증가해 지출이 확대된다. 사람들은 주식 실적이 좋을 때, 부자가 된 듯한 기분을 느껴 주택 구매를 포함한 지출을 늘리는 경향이 있다. 예를 들어 맨해튼의 주택 시장은 뉴욕의 금융 중심지인 월스트리트에서 지급하는 상여금과 상관관계가 있다.[7] 마찬가지로 기업들은 차입 비용이 하락할 때 위험한 프로젝트에 더 많이 투자한다. 그러나 주식 시장이 급변해 자산 가격이 하락하면, 경제 활동이 위축된다. 가계나 기업은 예전 같으면 추진했을 법한 위험한 투자를 수지가 맞지 않을 것으로 판단해 추진하지 않는다. 원리금을 상환하지 못하는 차입자가 많아짐에 따라 은행과 대출 기관이 곤경에 처한다. 이것이 바로 1929년에 일어난 일이었다. 부동산담보대출 연체가 은행 파산의 가장 큰 요인이었고, 놀랍게도 1930년부터 1933년까지 미국 은행 중 약 3분의 1이 파산했다.[8]

미국인 4명 중 1명은 노후를 대비해 평생 저축했던 돈을 잃었다. 미국 경제는 29%나 위축되었다. 물가는 약 25% 하락했다. 일자리를 잃은 사람이 수백만 명에 달했다. 미국 노동 인구의 약 4분의 1이 실업 상태였고, 많은 사람이 절망에 처해 있었다. 당시 상황은 존 스타인벡*John Steinbeck*의 퓰리처상 수상작 《분노의 포도》에 통렬하게 묘사되어 있다. 스타인벡은 이렇게 말했다. "나는 이것(대공황)에 책임을 져야 할 탐욕스러운 놈들에게 치욕의 꼬리표를 달아주고 싶다."[9]

그러나 1932년 2월이 되어서야 연준이 경기를 부양하기 위해 현금을 투입하기 시작했다. 이런 양적완화 조치는 제조업 생산과 상품 가격을 회복하는 데 도움이 되었다. 그해 여름에는 디플레이션이 잡힌 것으로

보였고, 연준은 불황이 계속되고 있었지만 경기 부양 정책을 중단하기로 했다.[10]

경기 부양 정책을 늦게 추진하고 조기에 중단한 것이 대공황을 악화시키는 결과를 낳았다. 이는 또 다른 위대한 경제학자 밀턴 프리드먼 *Milton Friedman*과 그의 공동 연구자 안나 제이콥슨 슈워츠*Anna Jacobson Schwartz*가 1963년에 출간한 획기적인 저작, 《미국의 통화사*A Monetary History of the United States, 1867~1960*》에서 내린 결론이었다. 그들은 이 책에서 1929년 8월부터 1933년 3월까지 통화 공급이 3분의 1만큼 줄어든 중요한 사실을 확인했다. 이는 경제 활동의 연료가 되어줄 자금이 부족하다는 것을 의미했다. 주식 시장과 경제 모두 위기에 처했지만, 연준은 통화 지원 정책을 뒤늦게 추진했고 너무 이르게 철회했다.

불황 속의 불황, '더블 딥'의 등장 ▎

1933년 3월에는 경제가 바닥을 쳤다. 미국의 새로운 대통령이 특단의 조치를 시행하자, 추락하는 경제에 제동이 걸렸다. 1933년 3월 4일 토요일, 프랭클린 D. 루스벨트*Franklin D. Roosevelt*는 대통령에 취임하자마자 한 달에 걸친 뱅크런*bank run*(은행이 경제적 부실을 겪어 예금주들이 한꺼번에 돈을 찾아가는 대규모 예금 인출 폭주 사태–옮긴이)에 맞서 싸워야 했다. 다음 날, 루스벨트는 은행 휴무를 선언하고 은행 시스템 전체와 주식 시장을 폐쇄했다. 그가 대통령에 취임한 지 며칠이 지난 3월 9일, 연방 의회는 긴급은행법

*Emergency Banking Act of 1933*을 통과시켰다. 이 법안에는 완전한 예금보험을 제공하는 조항이 포함되어 있었다. 3월 12일 일요일, 루스벨트는 미국 국민 수백만 명을 대상으로 한 첫 번째 '노변담화*fireside chat*(루스벨트 대통령이 강력한 개혁 정책을 추진하면서 반대자들을 설득하고 소통하려고 만든 라디오 프로그램-옮긴이)'에서 건전한 은행만 다시 문을 열 것이라고 하면서 국민들을 안심시켰다. 그는 이렇게 말했다. "나는 당신이 돈을 침대 밑에 감추는 것보다 다시 문을 연 은행에 맡기는 것이 더 안전할 것이라고 장담합니다."[11] 미국 국민은 그를 믿었다. 다음 날, 사람들은 돈을 인출하기보다는 예금을 하려고 줄을 섰다. 은행이 다시 문을 열기 시작한 3월 15일, 주식 시장은 하루 동안에 사상 최대 규모의 상승을 기록했다. 이날은 대공황의 전환점이 되었다. 루스벨트는 전임자인 허버트 후버*Herbert Hoover*가 3년 동안 해내지 못한 것을 불과 며칠 만에 해냈다. 어떻게 해냈냐고? 법안에 의해 뒷받침된 전례 없는 은행 휴무와 노변담화가 믿음을 주었기 때문이었다.

그러나 대공황은 아직 끝나지 않았다. 어빙 피셔는 1929년의 대폭락 시기에 겪었던 불운에도, 어쩌면 그 때문에, 유력한 부채-디플레이션 이론*debt-deflation theory*을 개발했다. 기업과 가계가 부채를 상환하고(디레버리징*deleveraging*) 있기 때문에, 디플레이션은 폭락 이후에 발생한다. 금융 폭락 이후, 유가증권과 원자재 가격이 하락한다. 그 결과, 은행이 대출금에 대한 담보로 보유한 유가증권과 원자재의 가치가 하락한다. 이러한 대출 기관은 담보로 보유한 유가증권의 가치가 하락하니 기업들에게 대출금 상환을 요구할 것이다. 기업들은 대출금을 상환할 자금을 마련하려고 보유 자산을 받을 수 있는 가격과는 무관하게 염가에 매도하게 된다.

가계도 부채 상환으로 유가증권을 매도해야 할 수도 있어서 똑같은 영향을 받는다. 이는 또 다른 가격 하락을 초래하고, 기업들은 줄지어 파산하기 시작한다. 기업들은 투자를 꺼리면서 차입을 할 수 없거나 뒤로 미룬다. 따라서 가격은 더욱 하락한다. 가격 하락은 앞으로 상품 가격이 더 하락할 거라고 사람들의 기대 심리를 자극해 구매를 미루게 한다.

결국 수요 감소가 가격 하락을 초래한다. 가격이 폭락하면서 파산하는 기업이 늘어난다. 또한 은행들이 손실을 입고 파산한다. 은행들이 파산함에 따라 예금자들은 예금을 인출하려고 몰려들 것이고, 이는 뱅크런을 부추길 수 있다(이런 현상은 대공황 시기에 두드러졌다. 1930년대의 붕괴 이전에는 예금보험이 존재하지 않았기 때문이다). 사람들이 예금을 인출하니 은행들은 또다시 기업들에 대출금 상환을 요구할 것이고, 이에 따라 기업들이 또다시 보유자산을 염가에 매도하게 된다. 디레버리징이 완료될 때까지 이러한 역학이 부채-디플레이션 순환을 추진하는데, 이런 순환은 경제에 커다란 손상을 입히고 여기서 빠져나오기도 어렵다.

세계적인 디플레이션도 이런 상황을 더욱 악화시켜 미국 물가에 하방 압력을 가하고 있었다. 통화 가치가 일정한 비율로 금에 고정되는 고정환율제도라 할 금본위제에 대한 압박도 커지고 있었다. 1931년 5월, 오스트리아 당국은 투기꾼들이 실링화를 매도한 이후 자국 통화 가치를 유지하기 위한 개입을 중단했다. 실링화와 금의 동등성이 유지될 수 있다고 믿지 않았기 때문이었다. 투기꾼들이 파운드화를 포함한 다른 통화도 매도하면서, 이런 개입 중단 조치는 확산했다. 1931년 9월, 영국이 금본위제에서 이탈하자 해외의 투자자들은 미국도 금본위제에서 이탈할 것을 우려해 보유한 달러화 자산을 금으로 태환하기 시작했다. 또한 투기꾼들은 미국 당국이 금 1트로이 온스*troy ounce*(금, 은 등 값비싼 금속의 중량 단위. 1트로이 온스는 31.1034768g에 해당한다―옮긴이)당 20.67달러에 방어할 것으로 믿지 않고 달러화에 대한 공격에 나섰다. 1933년 3월, 미국은 금 1트로이 온스당 35달러라는 새로운 태환 비율을 확립했지만, 얼마 지나지 않아 금본위제에서 이탈했다. 이제 투기꾼들은 프랑스, 벨기에, 이탈리아, 네덜란드, 스위스와 같은 '금 블록*gold bloc*' 국가로 눈길을 돌렸다. 이 국가들이 자국 통화를 매도하는 투기꾼들의 영향력을 상쇄하려고 금을 매입하기 시작했는데, 이것이 세계적인 디플레이션을 확대했다. 금 블록 국가들은 1936년에 자국 통화를 금으로 태환하는 것을 중단했다. 따라서 금본위제는 미국 역사상 가장 오랜 기간에 걸친 불황기에 디플레이션을 악화시켰다.

1937~1938년에 미국은 '불황 속의 불황*recession within a depression*'이라고 알려진 '더블 딥*double dip*'이라는 경기 침체에 빠졌는데, 당시 GDP가 10% 하락하고 실업률은 20%로 상승했다.[12] 정책 입안자들이 경제가 회복되었다고 판단했지만, 그 회복이 충분하지 않았을 때 통화 지원 정책을 조기에 중단해서 발생한 일이기도 했다. 1930년대 전반에 걸쳐 경제는 부채-디플레이션 순환에 갇혀 있었다. 대공황은 제2차 세계대전이 한창이던 1941년이 되어서야 종식되었다.[13] 1929년의 대폭락은 너무나도 혹독하고 장기간 이어져 금융위기의 역사에서 타의 추종을 불허하는 지위에 있다.

돈을 벌 수 있다는 '도취감'에
모두가 속은 결과   I

세계의 경제학자들은 이 재앙과도 같은 사건에서 많은 것을 배웠다. 그
들은 미래의 대폭락에 어떻게 대응할 것인지에 대한 도움이 될 만한 교
훈을 얻었다. 우리도 이런 교훈을 얻기 위해 먼저 대폭락이라는 사건을
통해 분명하게 드러난 도취감, 신뢰성 및 그 여파로 이루어진 세 단계를
분석할 필요가 있다. 주식 시장에서든 주택 시장에서든, 혹은 국가나 특
정 지역에서든 도취감은 시장이 계속 상승할 것이라는 믿음(이 믿음은 항
상 잘못된 것으로 드러났다)을 갖게 한다. 따라서 부채의 증가가 우려의 대상이
아니었다. 1929년의 대폭락은 경이적인 기술이 주식 시장의 끊임없는
상승을 견인할 것이며, 따라서 주식 시장에 투자하는 게 돈을 버는 확실
한 방법이라는 믿음에 힘입은 것이었다. 또한 우리는 신뢰성이 중요하
다는 것을 확인했다. 연준이 경제를 뒷받침하기 위한 금융 여건을 완화
하는 작업을 더디게 한 것이 대공황을 악화시키는 요인이 되었다. 프랭
클린 D. 루스벨트가 은행에 대한 신뢰 회복에 나선 것이 경기 회복의 출
발점이 되었다. 또한 루스벨트의 행보는 효과적인 은행 규제의 중요성,
특히 예금자들이 자기 돈은 안전하다는 믿음을 가질 수 있게 하는 예금
보험의 필요성을 강조했다. 따라서 신뢰할 수 있는 경제 정책이 중요하
다. 이런 정책은 대폭락의 여파를 결정하는 데 커다란 영향을 미친다.

　1929년의 대폭락은 시장이 붕괴하면서 은행 시스템 전체가 무너졌
기 때문에 미국 역사상 최악의 불황을 낳았다. 체계적 은행 위기*systemic
banking crisis*에서 회복하는 데는 오랜 시간이 걸린다. 은행은 구제되어야

한다. 은행이 대출을 중단하면 '신용 경색credit crunch'이 따르고, 이는 이제는 돈을 쉽게 빌리거나 투자를 할 수 없게 된 기업과 가계에 영향을 미친다. 연준이 잘못된 판단을 하고 은행을 정리하는 데 미국 정부가 느리게 반응한 것이 정책의 부재를 여실히 보여주었다. 따라서 은행 위기와 신뢰할 수 있는 정책의 부재로 인한 대폭락의 여파는 신속한 회복이 아니라 수백만 명의 사람들이 10년에 걸쳐 어려움을 겪었던 대공황으로 나타났다.

전 세계적으로 뻗어나간 금융위기 ┃

대폭락 이후에 얻은 교훈이 있었음에도 20세기 후반과 21세기 초반에는 금융위기가 끊이지 않았다. 은행 위기, 주택 및 주식 시장의 폭락, 통화 및 국채 위기를 포함해 온갖 종류의 일련의 금융위기가 금융 시장의 개방과 세계화와 함께 일어났다. 1970년대 이후, 역외금융offshore banking(해외 자금시장에서 자금을 조달해 국내에 들여오지 않고 해외 거래처에 직접 대출해 주는 금융 방식-옮긴이)과 외환 거래의 확산으로 시장 간의 긴밀한 연계가 이루어졌고, 그 결과 경기 침체가 다른 나라로 빠르게 퍼질 수 있었다. 수 세기에 걸쳐 모든 규모와 형태의 위기가 있었지만, 지난 수십 년간 세계 경제를 아우르는 일련의 금융 재해가 정기적으로 발생했다.

이러한 금융 시장의 세계화 이후에 3세대에 걸친 외환위기가 있었다. 첫 번째는 1980년대 초 라틴아메리카의 외환위기였다. 그 뒤를 이어 1992년에 유럽 국가들의 통화 가치를 독일 마르크화에 고정시켰던 유럽 환율 메커니즘European Exchange Rate Mechanism이 붕괴했다. 세 번째는 1997~1998년 아시아 금융위기다. 이는 결국 튀르키예, 러시아, 브라질, 아르헨티나로 확산했다. 같은 시기에 미국에서는 저축대부조합 위기savings and loan crisis가 맹위를 떨치고 있었고, 한때 번창했던 일본 경제는 부동산 시장의 극적인 붕괴로 무너지고 있었다.

21세기가 시작될 무렵 닷컴 버블이 터지면서 위기의 역사는 그칠 줄을 몰랐다. 이러한 위기는 미국 경제를 침체로 몰아넣었고, 세계의 금융 시장으로 전파되었다. 그 후로 세계는 1929년의 대폭락 이후 최악의 체계적 은행 위기를 경험했다. 미국의 무분별한 서브프라임 모기지 대출에 기원을 둔 2008년의 세계 금융위기는 미국 금융 산업의 붕괴를 초래했고, 나아가서는 영국 금융 시스템을 붕괴시키고 다른 국가의 금융 시스템에도 커다란 영향을 미쳤다.

2010년에는 미국 서브프라임 위기의 여파로 유로 위기가 닥쳤다. 그 결과로 아일랜드, 포르투갈, 그리스(역사상 최대 규모)가 구제금융을 받아들였고, 스페인과 키프로스에서는 은행 시스템 전체가 구제금융을 받아들였다. 그 후로 얼마 지나지 않아 세계는 코로나19 팬데믹으로 타격을 입는다. 뒤이은 시장 붕괴는 그 규모가 역사상 가장 컸다. 금융 시장은 사상 최고 수준으로 폭락했고, 실업수당 신청 건수는 대공황 이후로 그 어느 때보다도 급격히 증가했다. 이후로 금융 부문은 회복되었지만, 실물 부문은 그렇지 못했다. 세계 경제를 구하기 위한 대대적인 정부 조치들은 역사에서 얻은 교훈에 얼마나 주의를 기울였는지 혹은 무시했는지를 여실히 보여주었다.

대폭락의 다음 타깃은
누구일까 I

다음 대폭락은 어디에서 비롯될 것인가? 최근 중국 부동산 시장의 움직임은 전 세계적인 경제 침체로 이어질 수도 있을 것이라는 우려를 낳고 있다. 다른 국가와 다른 부문에서 먼저 금융위기가 닥칠 수도 있다는 점은 의심할 여지가 없다. 하지만 중국은 경제 규모 자체가 그 어떤 위기에도 아랑곳없이 중국뿐만 아니라 세계 경제에 지대한 타격을 가할 수 있기 때문에 두드러진다. 그리고 중국의 위기는 이미 무르익었다. 중국 경제는 지난 40년 동안 끊임없는 성장을 하면서 심각한 금융위기를 피해 갔다는 보기 드문 특징이 있다. 물론 중국 경제는 불황과 호황을 겪었지만, 폭락은 일어나지 않았다. 이렇게 된 이유로 국가가 직접 금융 시스템을 장악하고 여러 혜택을 제공한 사실을 들 수 있다. 그러나 오랜 세월에 걸친 경제의 역사에서 알 수 있듯이, 부채가 증가하고 취약성이 커짐에 따라 중국 경제도 위기를 경험할 것이다. 그렇다면, 그 위기는 아마도 진정한 '대폭락'이 될 것이다. 중국이 경험하게 될 위기의 성격과 충격은 독특한 모습으로 나타날 것이지만, 다른 금융위기에서 본 것과 같이, 부채가 도취감에서 비롯되고 각급 기관들이 신뢰를 잃는 모습이 이미 나타나고 있다.

때로는 위기에 몇 가지 요소가 관련된다. 예를 들어 1990년대 후반 아시아 위기는 금융위기와 외환위기였다. 2008년 세계 금융위기는 주택 시장과 은행 부문의 붕괴였다. 따라서 단일 분류법에서는 각각의 위기의 복잡성과 고유한 특성을 전혀 다루지 않는다. 하지만 위기의 광범위한 형세는 다음 위기의 여파가 어떠한 모습을 띨 것인가를 평가하는 데 도움이 된다.

이 책에서는 다른 모든 책과 마찬가지로, 어떤 사건을 다룰 것인지 선택해야 했다. 이 책에서 다루는 것보다 훨씬 더 많은 금융 시장 폭락이 있었지만, 그 폭락들이 모두 광범위한 경제적 고통을 불러오지는 않았다. 이 책에서 다루는 모든 위기는 경기 침체로 이어졌고, 그 침체가 위기를 '대폭락'으로 규정짓게 했다. 모든 경기 침체가 주식 시장의 하락과 함께 찾아오지만, 모든 금융위기가 경기 침체로 이어지는 것은 아니기 때문이다. 예를 들어 1987년 10월 19일 검은 월요일은 2020년 코로나19 위기가 발생할 때까지 하루로 보면 주식 시장 역사상 최악의 폭락이었다. 미국과 세계의 시장은 며칠 사이에 급격하게 약세장에 접어들었지만, 경기 침체로 이어지지는 않았다.**14** 이와는 대조적으로, 2000~2001년에 터진 닷컴 버블*dot com bubble*은 정도가 심하지는 않았지만 미국의 경기 침체를 초래했기 때문에, 다른 것들은 다루지 않더라도, 이것은 다루기로 했다. 또한 부동산 시장이 폭락하는 사례가 여러 번 있었지만, 대부분 2008년 세계 금융위기를 촉발했던 미국 서브프라임 위기 같은 규모의 금융 붕괴를 촉발하지는 않았다. 일본의 부동산 시장 붕괴는 확실히 그랬다. 1990년대 초반, 부동산 시장의 붕괴는 일본에만 국한된 것이 아니었다. 1980년대의 과열 이후로, 다수의 국가가 부동산 시장 붕괴를 경험하면서 세계적인 경기 침체로 이어졌다. 그러나 이 국가들은 30년이 지난 지금도 붕괴 이전의 성장률을 회복하려고 분투하고 있는 일본과는 달리 장기 침체를 겪지는 않았다. 따라서 부동산 시장 붕괴에서 오는 충격을 최소화하고, 잃어버린 30년과 같은 엄청난 피해로부터 벗어날 수 있다는 교훈을 얻기 위해 3장에서 일본의 사례를 살펴볼 것이다.

　이 책에서 본격적으로 다루는 모든 폭락은 어떤 식으로든 '대폭락'으로 여겨진다. 우리는 수 세기에 걸쳐 금융에 관해 어리석은 판단을 했으며 앞으로도 계속 그럴 것이다. 이 책《그렇게 붕괴가 시작되었다》는 우리가 필연적으로 발생하는 다음 위기를 피해 갈 수는 없다 하더라도, 적어도 그 위기가 닥쳤을 때 최악의 상황을 피하려면 무엇을 배워야 하는가에 주안점을 둔다. 그리고 우리가 또 다른 세계적인 붕괴를 막기 위해서라도 역사를 통해 많은 교훈을 얻기를 바랄 뿐이다.

우리가 두려워해야 할 유일한 것은 두려움 그 자체입니다.
후퇴를 전진으로 반전시키기 위해 필요한 노력을 마비시키는
막역하고, 이유 없고, 근거 없는 두려움 말입니다.

_프랭클린 D. 루스벨트

차례

1장

빠르게 성장한
신흥국가들의 절망

1980~1990년대 외환위기

1970년대 이후로, 해외 투자 규모는 엄청나게 증가했다. 이러한 투자금의 대부분은 '핫머니hot money'로 알려져 있다. 핫머니는 유동성이 높은 단기 자본으로 시장과 국가를 빠르게 오갈 수 있어서 외환 시장의 변동성을 높인다. 핫머니가 지나치게 많아지면, 외환 시장에서 특정 통화에 대해 엄청난 매도 압박을 가하는 한편 대규모의 극적인 평가절하를 강요함으로써 외환위기를 일으킬 수 있다. 이러한 외환위기는 개발도상국과 신흥국에 엄청난 피해를 줄 수 있다.

지금부터 세계 시장의 변화에서 비롯된 3세대에 걸친 외환위기를 살펴볼 것이다. 첫 번째는 1981~1982년의 라틴아메리카 위기, 두 번째는 1992년의 유럽 환율 메커니즘 위기였다. 세 번째는 1997~1998년의 아시아 금융위기인데, 여러 아시아 국가의 국내 금융위기가 극적인 자금 유출로 이어진 데서 비롯된 것이었다. 따라서 외환위기만이 아니라 외환과 금융의 위기를 합친 것이라 약간의 차이가 있다.

세계 금융 시장의
발전 |

지난 50년간 금융 시장의 성격과 규모에서 커다란 변화가 있었다. 20세기의 금융 활동은 대부분 순전히 국내를 무대로 이루어졌고, 금융기관은 국내 예금자와 차입자 사이의 중개자 역할을 했다. 대부분의 국가는 외환 통제를 실시해 가계와 기업의 외환에 대한 접근과 외국 자본의 이동을 제한했다. 결과적으로 대외 거래의 기회가 많지 않았다.

그러나 1970년대 이후로 세계적으로 외환 통제가 극적으로 완화되며 자본이 국경을 넘어 이동하는 것이 훨씬 더 쉬워졌다. 이는 특히 금융 자산의 대외 거래를 촉진하는 데 기여했다. 그 결과, 세계의 금융 시장은 점점 더 긴밀하게 연결되었다.

이러한 국제 금융 시장의 발전을 촉진하는 데에는 세 가지 주요 요인, 즉 환율 체제의 역사적 변화, 역외 금융 및 외환 거래의 확대, 이데올로기의 변화가 작용했다.

제2차 세계대전 이후부터 1970년대까지 대부분의 국가들은 브레턴우즈 협정*Bretton Woods Agreement*에 따라 고정환율제도를 운영했다. 이 협정은 1944년 7월 뉴햄프셔주 브레턴우즈에서 열린 회의의 결과물인데, 협정에 따라 국제통화기금*IMF*과 세계은행*World Bank*이 설립되었다. 44개

1장 빠르게 성장한 신흥국가들의 절망

국 대표들은 미국의 해리 덱스터 화이트*Harry Dexter White*와 영국의 존 메이너드 케인스*John Maynard Keynes*의 주도 아래 환율에 대한 경쟁적인 평가절하를 방지하고 전쟁의 여파 속에서 폭넓은 협력을 증진하기 위한 새로운 시스템을 구축하는 데 서명했다. 각국 대표들은 금 1온스당 35달러에 태환하기로 정한 달러화에 대비하여 자국 통화의 가치를 고정시켰다.[1]

1971년에 들어서면서 외국의 달러화 보유량이 미국의 금 보유량을 초과했고, 이에 따라 리처드 닉슨*Richard Nixon* 대통령이 달러화의 금 태환 중단을 선언했다. 달러화가 세계의 준비 통화로서 핵심 역할을 한 것을 고려하면, 닉슨의 선언은 브레턴우즈 체제의 붕괴를 의미했다. 자국 통화의 가치를 달러화에 고정시켰던 많은 국가가 영향을 받았다(비록 이 선언이 "달러화는 우리의 통화이지만, 당신의 문제이다"라고 말했던 미국 재무장관 존 코널리*John Con-nally*의 공감을 얻어내지는 못했지만 말이다).[2]

브레턴우즈 체제가 붕괴된 중요한 요인은 미국 달러화에 대한 역외 단기 거래소 구실을 하는 유로달러*Eurodollar*(유럽에서 국제 결제용으로 사용되는 달러화─옮긴이) 시장이 성장한 데서 찾아볼 수 있다. 이제 달러화의 가치는 미국 국경을 벗어난 곳에서 진행되는 외환 거래에서 결정되었다. 결과적으로 연준이 환율을 통제하려는 시도가 유로달러 시장에서의 외환 거래로 무위에 그칠 수도 있었다. 이 시장은 미국의 관할권 밖에 있었기 때문이다.

이는 국제 금융 시장의 발전을 촉진하는 두 번째 요인에서 중요한 부분을 차지했다. 유로달러 시장은 1960년대에 대형 은행들과 기업들이 재무 통제를 강화하기 위하여 역외 영업을 시작하면서 급속도로 확대되었다.[3] (예를 들어 미국의 금리 인상은 '레귤레이션 Q'라고 알려진 조치에 따라 연방정부가 예금 계좌에 부과하는 금리 상한이 정해져 있었기 때문에 은행들에 전가될 수 없었다.) 그 결과, 미국 국내 은행의 달러화 표시 예금이 이런 상한의 적용을 받지 않는 미국 은행의 외국 지점을 포함한 역외 은행으로 이동했다.[4]

이와 동시에, 중동의 원자재 수출국에서도 가격이 달러화로 표시되는 석유 수출이 증가해 미국 달러화 표시 유가증권에 대한 수요가 증가했다. 1973년 가을에는 욤 키푸르 전쟁*Yom Kippur War*이라고 알려진 아랍국가들과 이스라엘의 전쟁으로 유가가 5배나 상승했다. 또한 이란-이라크 전쟁이 시작된 이후 유가는 10년 동안 3배나 뛰었다. 석유 수출국들은 빠른 속도로 달러화를 축적해 이를 미국 재무부 발행 채권에 투자해서 외환보유고에 대한 수익을 벌어들일 수 있었다. 이 수익은 외국이 보유한 미국 달러화에 추가되었고, 브레턴우즈 체제가 무너지는 데 일조했다.

세 번째 요인으로는 국내 금융 시장 개방을 촉구하는 이데올로기가 등장한 것을 들 수 있다. 브레턴우즈 체제하의 외환 통제가 폐지되고 국제 금융 거래에 착수할 자유가 확대된 것은 국내 금융 시장에 대한 규제 철폐와 일맥상통했다. 이러한 이데올로기의 변화는 1986년 영국에서 일어난 빅뱅*Big Bang*에서 절정을 이루었다. 세계 전역에서 금융 시장을 개방하려는 움직임이 일어난 가운데, 영국은 런던의 금융 중심지인 시티 오브 런던*City of London*에 가해졌던 규제를 철폐하고 외국과의 경쟁을 허용했다. 이로써 1980년대에 하나의 국제 금융 시장이 탄생했다.

투기꾼은 어떻게 고정환율제도의
종말을 앞당겼나 ㅣ

국제 금융 시장은 투자자들이 어디에나 투자할 수 있게 해준다. 투자자들은 최고의 수익을 실현하기 위해 세계 어디로든 자금을 쉽게 옮길 수 있다. 그러니 한 나라에 투자된 자금은 투자자들이 신뢰를 거두었을 때 그만큼 쉽게 인출될 수 있다.

무엇이 투자자들이 자금을 처분하고 떠나게 할까? 누가 왜 특정 통화를 공격할까? 투기꾼들은 어떤 방식으로 평가절하를 통해 돈을 벌까?

방법은 이렇다. 투기꾼이 통화의 가치가 떨어질 것이라고 생각하면 지금 통화를 매도하고 나중에 다시 매수하는 주문을 시장에 제출할 수 있다. 그 사이에 통화 가치가 떨어지면 투기꾼이 환매할 가격보다 훨씬 비싼 가격에 통화를 매도하고 있다는 의미이며, 이는 상당한 거래 이익이 될 수 있다.

환율을 고정하려면, 정부가 보유하고 있는 금과 외환을 활용해 외환시장에 개입해야 한다. 투기꾼이 통화를 매도하려고 하면, 정부는 수요를 늘리고 평가절하를 향한 압박을 줄이기 위해 외환보유고의 일부를 사용해 방어할 것이다. 정부가 외환시장 개입에 성공하지 못하고 평가절하가 발생하면, 자국 통화는 그 가치를 잃는다. 이런 경우 투기꾼이 얻는 이익은 정부가 개입을 통해 입는 손실에 해당한다.

정부가 외환보유고를 다 써 버리고 투기꾼들의 대량 매도에 대비하여 고정 환율을 더 이상 방어할 수 없게 되면, 외환위기가 발생할 것이다. 투기꾼들의 행위는 외환위기 분석에서 중요한 부분을 차지한다. 그들은 정부의 외환보유고가 부족할 때 평가절하가 일어나고 이익을 거둘 수 있다는 것을 잘 알고 있다. 투기꾼들의 공격 여부는 그들의 공격이 성공할 가능성이 높은가에 달려 있다. 그리고 이런 공격은 정부가 그들의 공격을 방어할 수 있는 자원이 거의 없을 때 제일 많이 발생한다.

무엇이 통화를 이런 공격에 취약하게 만드는가? 적어도 세 가지 가능성을 생각해 볼 수 있다. 첫 번째는 정부가 무역 적자에 대하여 공적 자금 조달을 하는 과정에서 외환보유고가 부족할 때 발생하는 국제 수지 위기를 들 수 있다. 외환보유고는 한정되어 있고, 공적 자금 조달이 적자를 영원히 지탱할 수는 없다. 결국 국제 수지 적자는 환율에 대한 평가절하를 요구한다.

두 번째 가능성으로는 급격한 인플레이션을 들 수 있다. 이는 인플레이션을 상쇄하기 위한 평가절하를 단행하지 않을 것이기 때문에, 수출 경쟁력을 약화시킬 것이다. 통화 가치가 고정되어 있어서 국내의 모든 물가가 오르고 인플레이션이 통화의 구매력을 떨어뜨리더라도 그 가치가 떨어질 수가 없다. 이렇게 되면 환율이 고평가되어 수출품 판매 비용이 더 많이 든다. 따라서 수출 경쟁력이 떨어지고 무역 포지션은 나빠진다. 이런 현상이 환율의 평가절하를 요구할 것이다.

세 번째 가능성으로는 정부 부채가 상당히 많은 국가가 부채의 실질 가치를 줄이기 위해 인플레이션을 일으키는 것을 들 수 있다. '화폐주조세 수입*seigniorage revenue*'이라고도 알려져 있다. 따라서 대규모 적자가 인플레이션을 일으킬 수 있으며, 수출 경쟁력과 국제 수지에 있어서 앞서 설명했던 것과 똑같은 결과를 초래할 수 있다.

투기꾼들은 공격이 성공할 것이라는 믿음이 생기면 바로 공격할 것이고, 대체로 정부의 외환보유고가 임계 수준으로 떨어질 때 공격할 것이다. 그들의 대량 매도는 남아 있는 외환을 고갈시킬 것이다. 고정환율제도는 앞에서 설명한 근본적인 요인들 때문에 궁극적으로 지속 가능하지 않다. 투기꾼들의 행위는 단지 고정환율제도의 소멸을 재촉했을 뿐이다.

미국의 금리 인상이 촉발한
1세대 라틴아메리카 위기

1세대 외환위기, 즉 1981~1982년의 라틴아메리카 위기는 이런 상황을 잘 보여주었다. 칠레, 브라질, 멕시코, 아르헨티나는 미국 달러에 대하여 총칭 '타블리타*Tablita*'라고 불리는, 미리 발표된 평가절하 계획의 형태로서 '크롤링 페그*crawling peg*'라는 이름으로 알려진 고정환율제도를 채택하고 있었다.

이들 신흥국에 갑자기 핫머니가 유입되었을 때, 1979년 말 폴 볼커*Paul Volcker* 신임 연준 의장 시절의 미국이 1970년대 2차 오일 쇼크의 여파로 발생한 인플레이션을 억누르기 위해 금리를 인상하면서 이런 흐름이 반전되었다. 금리가 오르자 차입 비용이 증가해 라틴아메리카 국가들은 외채를 조달하기가 더욱 어려워졌다. 게다가 미국 채권 금리가 오르면서 더 나은 수익을 보장하자, 자금이 다시 미국으로 유입되기 시작했다. 달러화에 대비하여 고정된 타블리타 환율은, 특히 이 환율을 채택한 라틴아메리카 국가들과 미국 사이에 있는 상당한 인플레이션 격차 때문에 상승 압박을 받았다. 이러한 라틴아메리카 경제의 인플레이션은 통화의 평가절하를 뛰어넘을 정도로 상승해 수출 경쟁력을 약화시키고 국제 수지에 악영향을 미쳤다.

이 원자재 수출국들이 1970년대 후반에 1,250억 달러에서 8,000억 달러로 급증한 외채의 이자를 지급할 수 없다고 선언하면서 위기가 발생했다. 세계적인 경기 침체로 고금리와 원자재 가격 하락이 맞물리면서, 이 국가들은 채무불이행의 위험에 처했다. 이후로 7년 동안 라틴아메리카 국가들은 채권자들과 협상을 벌였다.

1989년 3월이 되어서야 당시 미국 재무장관 니콜라스 F. 브래디*Nicholas F. Brady*의 이름을 딴 브래디 플랜*Brady Plan*이 마침내 위기에 대한 해결을 이끌어냈다. 브래디 플랜은 미국의 국내 기업들이 채무를 이행할 수 없을 때 이들을 어떻게 처리할 것인지에 기초했다. 첫째, 은행 채권자들은 미국 재무부가 지급을 보증하는 브래디 채권의 대가로 부채 탕감을 제공할 것이다. 둘째, 부채 탕감은 경제 개혁을 전제로 할 것이다. 셋째, 채권자가 자신의 위험을 분산할 수 있도록 이 채권이 더욱 용이하게 거래될 수 있도록 할 것이다.

아르헨티나, 브라질, 불가리아, 코스타리카, 코트디부아르, 도미니카 공화국, 에콰도르, 요르단, 나이지리아, 파나마, 페루, 필리핀, 폴란드, 러시아, 우루과이, 베네수엘라, 베트남 등 남미 신흥국뿐만 아니라 그 밖의 국가가 발행한 브래디 채권은 총 1,600억 달러를 웃돌았다. 약 15년 정도가 지나자 채무국들은 대부분 브래디 채권을 교환하거나 재매입했다. 1994년, 브래디 채권은 신흥국의 채권 거래에서 61%를 차지했다. 이 비율은 2005년에는 겨우 2%에 불과할 정도로 감소했다.[5]

자기충족적인 선택,
2세대 유럽 외환위기 |

2세대 외환위기로 알려진 위기를 겪은 국가에는 라틴아메리카의 신흥 국들뿐만 아니라 유럽의 선진국들도 포함될 것이다.

브레턴우즈 체제가 종식되고, 유럽 국가들은 상대 국가의 통화에 대하여 환율을 고정시키는 것을 원했다. 유럽 내 무역이 증가함에 따라 유럽 국가들은 환율 안정이 가져다주는 장점에 주목했다. 1970년대에는 유럽 통합을 강화하기 위한 노력이 있었고, 이에 따라 1979년에 유럽 환율 메커니즘*European Exchange Rate Mechanism, ERM*이 만들어졌다.

처음 유럽 환율 메커니즘이 만들어졌을 때 가입한 국가는 벨기에, 덴마크, 프랑스, 독일, 그리스, 아일랜드, 이탈리아, 룩셈부르크, 네덜란드로 이 국가들의 통화 가치는 모두 기축 통화라 할 독일 마르크화에 고정되어 있었다. 이후로 스페인(1989년), 영국(1990년), 포르투갈(1992년) 등이 가입했다. 핀란드, 노르웨이, 스웨덴은 공식적으로 유럽 환율 메커니즘에 가입하지는 않았지만, 유로화의 전신이라 할 에큐*ECU, European Currency Unit*나 독일 마르크화에 대비해 자국의 통화 가치를 고정시킴으로써 사실상 고정환율제도를 운영했다.

이 국가들은 독일의 낮은 인플레이션이 1970년대에 그들에게 발생한 급격한 인플레이션을 억제하기 위한 외부의 귀감이 될 것이라고 믿었다. 문제는 자본이 투자자와 투기꾼에 의해 국경을 넘어 더욱 자유롭게 움직이는 1980년대 금융 자유화와 이 정책이 상충한다는 데에 있었다.

그러나 1990년대 초 독일이 서독과 동독 통일에 소요되는 자금을 충당하기 위해 통화 정책을 완화하면서 이 모든 것에 변화가 생겼다. 다른 유럽 국가들의 기대에 어긋나 독일에 인플레이션이 닥쳤고, 마르크화는 외부의 귀감이 되지 못했다. 이런 경제적 격변은 고정환율제도를 심각하게 붕괴시켰고, 결국 1992년 유럽 환율 메커니즘의 붕괴로 이어졌다.

이 모든 국가가 2세대 외환위기 모델에 잘 들어맞지만, 영국의 사례는 특별히 주목할 만하다.

1990년 유럽 환율 메커니즘에 가입하기로 했던 영국의 결정은 인플레이션에 맞서기 위한 정책에서 비롯되었다. 마르크화 대비 파운드화의 가치를 고정시킴으로써 독일의 낮은 인플레이션 규율을 수입할 수 있었고, 이는 인플레이션이 1990년의 최고 수준에서 통제되면서 한동안 효과가 있었다. 그러나 독일의 금리가 오르면서 모든 것이 변했다.

독일의 통일 비용은 주로 차입금으로 충당되었으며 독일의 중앙은행 분데스방크*Bundesbank*는 인플레이션을 통제하기 위해 금리를 크게 인상했다. 만약 영국이 환율 고정을 원한다면, 독일의 이런 정책을 따라야 했다.

고금리 정책은 당시 영국 경제에 적합하지 않았다. 영국은 심각한 경기 침체와 높은 실업률에 시달렸다. 영국이 경제에 활력을 불어넣고 실업률을 낮추려면, 저금리 정책이 필요했다. 영국이 실제로 독일의 금리가 오르고 있는 유럽 환율 메커니즘에 속한 이상 불가능한 일이었다. 따라서 영국이 고정환율제도를 포기해야 한다는 분명한 요구가 있었다.

정책 목표를 둘러싼 이런 갈등 덕분에 파운드화에 대한 투기적 압력이 커졌다. 만약 파운드화가 엄청난 매도 압력을 받는다면, 영국이 유럽 환율 메커니즘을 탈퇴하고 평가절하를 하는 게 합리적인 정책이다. 금리를 인상하는 방식으로 파운드화를 방어하는 것은 국내 경제 여건상 바람직하지 않을 것이다.

1992년 여름, 헤지펀드 매니저 조지 소로스*George Soros*는 파운드화에 압박을 가하던 사람들 중 한 명이었다. 그는 고정 환율의 신뢰성에 의문을 품고 외환 시장에서 파운드화 매도 주문을 하고 나중에 다시 매입하기로 하면서 100억 달러가 넘는 규모의 숏 포지션*short position*을 축적했다. 파운드화의 가치가 떨어진다는 데 내기를 걸었던 것이다. 소로스의 퀀텀 펀드*Quantum Fund*는 다른 투기 세력의 파운드화 대량 매도를 부추겼다. '검은 수요일*Black Wednesday*'로 알려진 1992년 9월 16일, 영국은행*Bank of England*이 파운드화를 한 시간에 20억 파운드나 매입할 정도로 대량 매도의 광풍이 불었다.[6]

그날 오전 11시에 존 메이저*John Major* 총리가 노먼 라몬트*Norman Lamont* 재무장관을 비롯한 주요 장관들이 참석하는 회의를 소집했다. 이 회의에서 처음에는 금리를 10%에서 12%로 인상하기로 결의했다. 하루가 저물 무렵에는 놀랍게도 15%까지 인상되었다. 이런 인상률로도 투기 세력의 공격을 막지는 못했다. 하지만 영국은 원한다면 금리를 이보다 더 많이 인상할 수도 있었다(예를 들어 스웨덴에서는 금리가 하룻밤 사이에 한때 5배나 인상되었다). 그러나 금리가 15%인데도 아무런 효과가 나타나지 않자, 영국 정부는 그날 저녁 7시 40분에 유럽 환율 메커니즘 탈퇴를 선언했다. 영국의 탈퇴 선언은 독일 마르크화 대비 영국 파운드화의 폭락을 초래했다.

여러 측면에서 보자면, 영국의 유럽 환율 메커니즘 탈퇴가 대단히 나쁜 결과를 초래한 건 아니었다. 급격한 금리 하락에 이어 파운드화의 평가절하로 영국의 경쟁력을 강화했다. 영국 경제는 성장하기 시작했고, 실업이 감소했다. 그래서 검은 수요일을 하얀 수요일이라고 부르는 사람도 있다.

검은 수요일 다음 날, 영국 언론이 파운드화의 평가절하로 10억 파운드 이상을 벌어들인 조지 소로스에 부정적인 기사를 내놓기 시작했다. 소로소는 "영국 은행을 턴 사람"으로 묘사되었다. 그러나 이후 영국 경제의 강력한 회복을 근거로 들며 런던에 있는 트라팔가 광장에 그의 동상을 세우라는 요구도 있었다![7]

유럽 환율 메커니즘 위기를 분석하면 2세대 외환위기의 중심에 있는 정책 목표들의 갈등이 보인다. 영국 정부는 유럽 환율 메커니즘 회원국 자격을 유지하기 위해 금리를 인상하려는 동기가 있었지만, 통화 정책을 완화하고 실업을 퇴치하기 위해 탈퇴하려는 동기도 있었다.

이런 선택이 2세대 외환위기를 자기충족적이라고 불리게 한다. 투기 세력이 특정 통화를 공격하기로 결정하고 그들의 행동을 조정할 수 있다면, 그런 공격은 평가절하를 강요하는 데 성공을 거둘 것이다. 이런 위기의 특징은 시간이 갈수록 정부가 고정환율제도를 포기할 것이라 기대하면서 이를 방어하기 위한 비용이 증가하는 데 있다. 정부가 실업을 퇴치하기 위해 고정환율제도를 포기할 것이라는 믿음이 커지면서 통화의 평가절하에 대한 기대가 더욱 커진다. 이는 파운드화 표시 자산을 보유하는 데 따르는 위험을 키운다. 따라서 이런 자산을 보유한 사람들에게 보상을 제공하고 고정환율제도를 유지하려면 금리를 더 많이 인상해야 한다.

이런 공격은 일단 시작하면 경제가 고정환율제도를 유지하는 데 따르

1장 빠르게 성장한 신흥국가들의 절망

는 비용이 증가하기 때문에 성공할 가능성이 높다는 점에서 자기충족적이다. 그러나 이런 공격은 정부가 경제에 해를 끼치더라도 금리를 인상해 환율 방어하기로 선택할 수 있고, 공격을 받지 않는 국가는 고정환율을 계속 유지할 수 있기 때문에 어느 정도 자의적인 측면이 있다. 이는 1980년대 라틴아메리카 국가들에서는 찾아볼 수 없는 것이었다. 경제적으로 기초 여건이 좋지 않아 자국 통화의 평가절하가 뒤따를 운명이었다.

그러나 조지 소로스와 같은 투기 세력이 정부가 고정 환율보다는 고용 촉진을 선택할 것이라고 믿는다면, 이 또한 통화의 대량 매도와 위기를 일으킬 수 있다. 이것이 바로 1세대 외환위기와는 다른 점이다.

아시아 경제를 집어삼킨 3세대 외환위기

3세대 외환위기는 앞선 두 위기와 다른 특징이 있는데, 매우 놀랍게도 빠르게 성장하는 아시아 국가에서 일어났다. 1997년 말부터 1998년 초까지 아시아의 5개국(태국, 말레이시아, 한국, 인도네시아, 필리핀)은 금융 자본의 대규모 유출로 인한 자국 통화의 급격한 평가절하를 맞았다. 이때까지 미국 달러화 대비 이 국가들의 통화 가치는 비교적 고정되어 있었다. 앞서 설명했던 위기들과 마찬가지로 통화의 급격한 평가절하가 있었던 것은 분명했지만, 그 밖에도 새로운 특징들이 나타났다.

아시아 경제 기적의 규모에 의문을 제기하는 사람들이 있었지만, 이 지역이 외환위기를 겪으리라 예상한 사람은 거의 없었다. 이번 위기는 1세대와 2세대 외환위기 모델이 설정한 전통적인 패턴을 따르지 않은 게 분명했다. 위기 직전 인플레이션은 낮았고, 라틴아메리카 위기에서 문제가 되었던 심각한 재정 적자는 발생하지 않았다. 실제로 아시아 국가들은 신흥국의 모델로 여겨졌다. '아시아의 기적'이라 불리던 국가들은 위기에 이르기까지 눈부신 성장과 낮은 실업률을 보였다. 이들은 고정환율제도를 포기해야 할 이유가 전혀 없었다. 1996년 중반, 아시아 지역에서 실시된 대부분의 위험 평가에서는 다음 달에 무슨 일이 닥칠 것인가에 대한 신호가 전혀 없었다.

1세대와 2세대 위기 모델과는 달리, 아시아 국가들은 외환위기가 자산 가격 하락과 은행 파산을 동반하면서 더욱 심각한 금융위기의 한 부분이 되는 것을 경험했다. 또한 이번 위기는 지역 전체로 전염되어, 무역을 통해 긴밀하게 연결된 동남아시아 4개국뿐만 아니라 그 정도로 긴밀하게 연결되지는 않았던 동아시아의 한국에도 영향을 미쳤다.

몇 가지 요인이 작용해 과거에 누렸던 막대한 자본 유입을 반전시켜 이 지역에서 투자금이 급속히 빠져나가게 했고, 이것이 위기를 일으키는 계기가 되었다. 1996년에 이 지역 경제로 흘러들어온 민간 자본의 순유입은 총 930억 달러였으며, 주로 민간의 채권과 주식 투자에 의한 것이었다. 공장과 같은 실물에 대한 직접 투자는 이런 유입에서 아주 적은 부분을 차지했다. 오히려 이 지역으로 유입된 민간 자본의 대부분(약 92%)은 단기적으로 빌려준 것이었다. 개발도상국들은 채권자들이 빠르게 회수할 수 있는 단기 대여보다 인프라를 구축하기 위한 장기 투자를 선호하고 있었기 때문에 이 비율은 그들의 희망과는 상당한 거리가 있는 것이었다.

이런 대규모 유입은 몇 가지 요인에 의해 장려되었다. 첫째, 가파른 경제 성장을 오랫동안 이어간 것이 외국인 투자자들에게 믿음을 주었다. 둘째, 광범위한 규제 철폐로 은행과 국내 기업이 국내 투자를 위해 외국 자본을 활용할 수 있었다. 셋째, 아시아 5개국의 환율은 미국 달러화에 고정되어 있어서 환율의 불확실성이 없었고, 이는 외국인의 대내 투자를 장려하는 데 도움이 되었다. 이 모든 것이 외환 차입에 대한 지급준비제도를 시행하지 않는 등 외국으로부터의 차입을 장려하는 정부 정책으로 뒷받침되었다.

아시아 5개국은 신흥국으로 분류되었다. 1988년 이후 신흥국의 상장 기업들로 구성된 신흥 시장 벤치마크 주가지수라는 지수가 생겼다. 많은 기관 투자자가 신흥 시장 지수를 추종하면서 이 국가들에 투자했다. 신흥국의 가파른 성장은 높은 수익을 의미했기 때문에 이 국가들은 투자자들에게 특히 인기가 많았다. 게다가 투자자들이 제조업에서 비용이 많이 드는 일본을 떠나면서, 이 국가들을 향해 세계 공급 사슬에서의 입지를 강화해주는 투자금이 유입되고 있었다. 이렇게 신흥 시장에 대한 관심이 급증하면서 1990년대는 '초세계화*hyper-globalization*의 시기'라고 불렸는데, 당시 다른 어떤 곳보다 아시아 지역에 대한 투자가 가장 빠르게 증가했다.[8]

그 결과 주식 가격이 폭등했다. 1990년대 전반에는 태국, 말레이시아, 인도네시아의 주식 가격이 300~500%나 상승했다. 동아시아 지역에서는 주식 가격이 1993년에만 2배로 뛰었다. 더불어 부동산 시장도 호황을 누렸다. 상장 기업들이 유력한 부동산 소유자라 부동산 시장의 호황이 주식 시장의 상승에 기여했다.

그러나 오랫동안 지속되던 자본 유입이 갑자기 반전되면서 위기가 발생했다. 1997년, 930억 달러에 달하던 아시아 5개국의 자본 순유입액은 반전되어 순유출액이 120억 달러에 달했다. 따라서 변화의 폭은 이 국가들의 전체 GDP의 약 11%인 1,050억 달러에 달했다. 외국인 직접 투자는 약 70억 달러 수준에서 일정하게 유지되었기 때문에, 자본 유입의 반전은 주로 민간 부문에서의 단기적인 자금 흐름, 즉 핫머니에서 비롯되었다.

투자자들의 신뢰를 저버린
아시아의 은행들 ▎

그러면 왜 이런 반전이 갑자기 일어난 것일까? 도취감을 일으키는 시장 상승 이후 필연적인 하락이 시작될 때, 기업과 은행 시스템에 내재된 여러 취약한 부분이 드러났다. 예를 들어 태국에서는 때로 금융 회사가 단기 자금을 미국 달러화로 차입한 후 투기적인 장기 투자자, 특히 부동산 투자자들에게 대여했다. 금융 회사가 단기 대여금을 회수할 때 투자자들은 자금이 장기 투자에 묶여 있어서 이를 상환하는 데 어려움을 겪었다. 다수의 아시아 국가에서 은행 시스템은 어두운 측면이 있었다. 대부분의 은행이 정부와의 유대를 강화했고, 만약 채무불이행이 발생한다면 정부의 명시적인 보증은 없었지만 은행 시스템 붕괴를 막기 위한 구제 금융을 시행할 것이란 믿음이 있었다. 이런 '정실 자본주의*crony capitalism*'

시스템은 큰 수익을 올리는 기회를 제공하는 위험한 투자로 이어질 가능성이 있었다.

이처럼 위험한 은행 대출은 특히 부동산과 주식 시장에서 자산 가격 상승의 원인이 되었다. 부동산과 주식 가격의 상승은 부동산 회사와 그 밖의 사업체가 이러한 자산을 담보로 더 많은 대출을 받을 수 있다는 것을 의미했다. 은행 시스템은 대출을 제공하기 위해 해외에서 자금을 빌릴 준비가 되어 있었다. 이 과정에서 은행 대출이 증가한 것은 부동산과 기업 부문이 해외 채권자들에게 더 많은 빚을 지게 된 은행에 점점 더 많은 빚을 지게 된 것을 의미했다. 그러나 이런 취약성은 담보물의 자산 가격이 높아서 대여금이 안전할 것이고, 혹시 문제가 생기더라도 정부가 구제에 나설 것이라는 암묵적인 믿음에 가려져 있었다.

은행 부문의 취약성은 자산 버블의 붕괴로 명백하게 드러났다. 은행들은 안전하게 여겨지던 자산을 담보로 대출을 진행했지만, 그 자산의 가격이 하락하며 담보로서의 가치가 하락했다. 결국 대여금을 제대로 돌려받지 못하는 문제가 생겼다. 또한 은행들은 해외에서 많은 자금을 빌려 왔고, 이를 회수하려는 해외의 채권자들에게 속수무책으로 당할 수밖에 없었다.

이 모든 것이 잠재적 위기의 원인으로 작용했다. 외국인 투자자들이 신뢰를 거두면, 은행들에 대여금 회수를 요구해 투자금을 회수하려고 할 것이다. 그러나 이젠 대여금 상환을 보증하던 담보물에 충분한 가치가 없어서 기업의 자산을 현금화하려는 은행의 시도는 일련의 기업 파산과 채무불이행을 낳을 것이다. 해외의 채권자들은 불안과 공포에 휩싸여 가능한 한 빨리 많은 대여금을 회수하려 할 것이고, 이는 경제 전체가 또 다른 파산, 채무불이행, 공포의 악순환으로 이어질 것이다.

외국인 투자자들의 신뢰를 잃게 된 데에는 여러 가지 요인이 있었다. 그 요인들이 취약한 경제 여건과 결합하면서 공포와 대규모 자금 유출로 이어져 끝내 위기를 초래했다.

1996년 말, 태국에서는 소비자 금융사들이 대규모 손실을 기록하기 시작했다. 이 금융사 중 다수가 소비자 대출을 제한하는 규제를 피하기 위해 태국 은행들이 설립한 곳이었다. 특히 솜프라송 랜드*Somprasong Land*의 해외 채권자를 상대로 한 채무불이행이 부동산 시장 붕괴와 부동산 투자자에게 거액을 대여한 금융사의 종말을 알리는 신호탄이 되었다. 1997년 6월, 태국 정부는 주요 금융사인 파이낸스 원*Finance One*에 대한 지원을 중단하며 (국내와 해외의) 채권자들이 손실을 입을 것이라고 발표했다. 외국의 금융기관들은 우려를 표했고 태국으로의 자금 유입이 급감했다. 태국 바트화에 대한 수요가 줄어들면서, 태국은행*Bank of Thailand*은 고정 환율을 유지하기 위해 분투했다. 1997년 7월, 이런 분투는 중단되었고 바트화 가치는 폭락했다.

한국에서도 기업의 파산이 잇따랐다. 1997년 초, 한보철강은 약 60억 달러의 부채를 지고 파산했다. 한국의 재벌 기업이 파산한 첫 번째 사례였으며, 삼미특수강과 기아자동차도 비슷한 운명을 맞이했다. 이에 따라 한국의 은행들도 커다란 압박을 받았다.

태국 바트화의 가치가 폭락한 이후 채권자들은 아시아 지역 전체를 경계했고, 이는 아시아 금융위기로 이어졌다. 말레이시아, 필리핀, 싱가포르의 통화는 6개월 만에 30% 혹은 그 이상으로 가치가 떨어졌다. 인도네시아 루피아화의 가치는 3분의 2가 넘게 떨어졌다. 홍콩도 영향을 받았다. 아시아 지역의 모든 국가가 주식 시장의 급격한 붕괴를 경험했다. 주식 가격이 30~60%나 하락했던 것이다. 부동산 가격도 폭락했다. 많은 외환이 아시아를 떠났다. 금융 규제가 효과적으로 작동하고 있던 싱가포르와 홍콩을 제외한 대부분의 지역에서 은행이 파산했다. 예를 들어 인도네시아 정부는 은행 16곳을 폐쇄했지만 위기에서 벗어날 수는 없었다. 결국 인도네시아 정부는 모든 은행의 부채에 대한 지급을 보증하고 은행 시스템을 구조조정하기 위한 기금을 설치했다.[9]

미국까지 영향을 끼친 아시아 금융위기

아시아 금융위기와 그 여파로 많은 이들이 두려움에 떨었다. 위기의 여파는 투자자들이 다른 신흥 시장에서 자금을 회수하는 것으로 나타났다. 1998년에는 러시아가 위기를 맞이했고, 1999년에는 튀르키예가 그 뒤를 이었고, 그다음에는 브라질과 아르헨티나가 위기에 처했다. 미국도 영향을 받았다. 미국 최대 규모의 헤지펀드사였던 롱텀 캐피탈 매니지먼트*Long-Term Capital Management, LTCM*에 구제금융을 제공해야 하는 상황을 맞이한 것이다.

LTCM에는 뛰어난 이력의 투자자들이 있었다. 살로몬 브라더스*Salomon Brothers* 출신의 유명한 채권 트레이더인 존 메리웨더*John Meriwether*가 이 펀드사를 설립하고 경영했다. 또한 노벨 경제학상을 수상한 경제학자 마이런 숄즈*Myron Scholes*와 로버트 머튼*Robert Merton*이 파트너로 참여했다. 메리웨더와 머튼은 고인이 된 피셔 블랙*Fischer Black*과 함께 스톡옵션을 평가하기 위한 선구적인 공식이라 할 블랙-숄즈-머튼 모델*Black-Scholes-Merton model*을 창안한 공로를 인정받아 경제학계에서 최고의 상을 받았다. 또한 LTCM은 그들의 파트너가 되기 위해 미국 연방준비은행 부총재직을 내놓은 데이비드 멀린스*David Mullins*도 영입했다.

1998년 초여름에는 LTCM의 신흥 시장 투자가 그리 대단하게 여겨지지는 않았다. 헤지펀드사들이 늘 그랬던 것처럼 호황기에는 수익률이 높았고, 차입 비율도 높았다. 그러나 아시아 금융위기가 신흥 시장 위기로 전염되던 8월에 러시아 루블화의 가치는 50% 넘게 하락했고, 러시아는 채무불이행을 선언했다. LTCM은 단기 차입금을 상환하기 위해 하락하는 시장에서 증권을 매각해야 했다. 이 매각은 LTCM 소유 다른 자산의 가격을 끌어내리는 결과를 초래했다. 증권을 염가에 매각하는 것을 보고 구매자들은 이런 증권의 가격이 계속 하락할 것이라고 생각하기 때문에 적극적인 구매자를 찾기 어렵다. 동일한 종류의 자산 가격이 모든 회사에 걸쳐서 동일하게 책정되기 때문에 다른 금융기관들도 대차대조표상의 손실을 입을 수 있었다. 다시 말하자면, LTCM은 자신과 함께 다른 금융기관들도 파멸시킬 수 있었다. 미국 정부는 문제가 있는 헤지펀드사가 전체 금융 시스템에 잠재적인 위협이 되리라 판단했고, 뉴욕 연방준비은행은 LTCM에 대출을 해준 은행 14곳에 35억 달러 상당의 융자금을 LTCM 주식으로 전환할 것을 요구했다. 결국 이 은행들은 LTCM의 지분 90%를 소유하게 되었고, 2000년에 LTCM을 해체시켰다.

IMF의 구제금융을 거부한
말레이시아의 방법　　　　　　　　　　　Ｉ

IMF가 태국, 인도네시아, 한국에 구제금융을 제공하면서 아시아 금융위기는 끝이 났다. 필리핀은 기존의 IMF 구제금융에서 더 많은 자금을 유치했다. 이번 구제금융은 그 규모가 상당해서 IMF의 기금을 고갈시킬 정도였다. IMF는 다른 초국가적 기구들과 마찬가지로 미국과 EU와 같은 채권국들이 내놓은 상당한 규모의 기금을 보유하고 있었다. 1998년 말, IMF는 기금을 증액할 필요가 있었고, 이해관계자들은 계속되는 위기에 맞서기 위해 이에 동의했다.

말레이시아는 IMF의 구제금융을 받지 않았는데, 구제금융 대가로 재정 긴축과 함께 시장 개방이라는 조건을 받아들이고 싶지 않았기 때문이다. 그 대신 말레이시아는, 당시에는 상당한 논란이 있었지만, 자본 유출을 막기 위해 자본 통제_capital control_를 실시했다. 그 결과, 외국인 투자자들은 자금을 인출할 수 없었다. 마하티르 모하맛_Mahathir Mohamad_ 총리는 조지 소로스 같은 투기꾼들을 비난하면서 그들이 위기를 일으킨 장본인이라고 주장했다.

대체로 어떤 국가가 세계에서 가장 큰 건물을 짓기 시작하는 시기는 경종을 울리는 하나의 지표가 된다. 이 신호는 투기꾼들이 버블에 주목하고, 불황을 맞아 해당 국가의 통화 가치가 폭락할 것이라 예상되는 그 통화를 공격하게 할 것이다. 말레이시아는 이런 폭락 직전에 이미 세계에서 가장 높은 건물을 지어 자랑했으며, 앞으로 세계에서 가장 긴 건물을 지을 계획이었다. 마하티르의 비난에 대해 소로스는 자신은 이런 경고 신호에도 링기트화를 매도하지 않았으며, 투기꾼들이 경제 관료들에게 보내는 경고 신호를 무시했던 말레이시아 정부를 상대로 일종의 충격요법을 가한 것이라고 주장했다. 위기가 벌어진 후, 말레이시아는 신기록을 목표로 한 건물 짓기를 보류했다.[10]

위기는 어떻게 전염성을 갖는가

아시아에서 위기의 규모는 상당히 컸지만, 경기 침체는 V자 모양으로 전개되었다. 1999년부터는 2세대 외환위기 이후로 유럽에서 그랬듯이, 그리고 유럽에서와 비슷한 이유로 급격한 침체가 지나고 경기가 빠르게 회복되었다. 아시아 국가들의 통화 가치가 급격하게 하락한 것이 수출 경쟁력을 크게 강화해, 경상수지가 크게 개선되면서 경기 회복을 뒷받침했다. 그러나 유럽과는 달리 아시아의 신흥국들 중 일부에는 구제금융을 지원할 필요가 있었다. 바로 이런 사실이 아시아 지역의 금융위기가 유럽보다 훨씬 파괴적이었다는 것을 말해준다.

역사 전반을 통틀어 외환위기의 충격이 한 나라에만 국한된 경우는 거의 없다. 라틴아메리카, 유럽, 아시아에서 볼 수 있듯이 그 주변국들이 비슷한 운명을 맞이하는 경우가 많았다. 지리적으로 가까운 국가들이 때로는 무역을 통해 서로 통합된다는 사실로도 외환위기의 지역적 특성을 설명할 수 있다. 한 국가의 통화 가치를 극심하고도 빠르게 떨어뜨리는 위기는 이웃한 국가의 경쟁력에도 심각한 영향을 미친다. 또한 지리적으로 가까운 국가일수록 비슷한 재화와 용역을 수출하는 경향이 있으므로 이들은 세계 시장에서 경쟁 관계에 있으며 동일한 세계 공급 사슬에서 한 부분을 차지한다. 따라서 어느 한 국가가 자국 통화에 대하여 대규모 평가절하를 단행하면, 다른 국가도 수출 경쟁력을 유지하려고 평가절하를 단행할 것이라는 추측이 가능하다.

이웃한 국가들이 비슷한 문화와 언어를 공유할 수 있다는 사실은 이들이 비슷한 경제 구조, 제도, 정책뿐만 아니라 비슷한 약점까지도 공유할 수 있다는 것을 의미한다. 아시아 금융위기는 아시아 전역에서 은행 부문에 대한 전반적인 신뢰가 부족해 널리 확산되었을 수도 있다.

3세대 외환위기가 주는 중요한 교훈은 어느 한 국가에서 발생한 충격이나 위기가 다른 국가로 확산하는 전염성을 띠었다는 사실이다. 예를 들어 아시아 금융위기는 남아메리카 지역에서 대규모 자본 유출을 불러왔다. 남아메리카 지역 경제가 아시아 지역 경제와 구조적으로 다르고, 지리적으로도 멀리 떨어져 있으며 단계적인 통로 역할을 하는 무역 혹은 금융 관련 연결 고리가 거의 없었는데도 말이다.

이런 전염성에 대한 한 가지 해석은 시장의 스트레스와 불확실성이 커지는 시기에는 위험을 감수하고 투자하려는 욕구가 줄어들 수 있다는 것이다. 신흥국은 가파르게 성장할 수 있지만, 개발 단계에서 공적 제도를 제대로 정립하지 않아서 경제가 충격을 받기 쉬운 관계로 성장의 토대가 취약할 수 있다. 신흥 시장에서의 자산은 더 높은 수익을 제공할 수 있지만, 그만큼 더 많은 위험을 감수해야 한다. 선진국들은 조금 다른 유형의 포트폴리오를 가지고 있다. 선진국 경제는 규모가 크고 부유하며 성숙해 투자 면에서 자산은 안정적이겠지만 상대적으로 수익은 낮다.

비록 신흥국들의 기초 조건이 서로 다를 수는 있겠지만, 모두 대체로 위험 회피 성향이 강해진 데서 영향을 받는다. 3세대 외환위기 모델을 살펴보면, 투자자들의 위험 회피 성향이 강해지면서 신흥국들이 위기에 처할 가능성이 높아진 것을 알 수 있다. 위기가 발생할 것 같으면, 투자자들은 자신의 포지션을 청산하기 전에 채무불이행이 발생할 가능성을 우려해 앞다퉈 떠나려고 할 것이다. 이런 조바심은 전염성이 있어서 투자자들 사이에서 외환위기를 촉발하는 '군집 행동herding behavior'이 발생할 수 있다.

금융 시장과 더불어
세계화된 금융위기 ▎

1980년대 초반 이후, 세계적으로 외환위기가 여러 차례 발생했다. 각각의 위기가 발생하기 직전, 환율을 고정적이고 안정적으로 유지할 것이라고 약속한 국가들로 핫머니가 과열되게 유입되었다. 라틴아메리카에서 발생한 1세대 외환위기와 유럽에서 발생한 2세대 외환위기는 고정환율제도를 유지할 것이라고 약속한 정부를 신뢰하지 않는 투기 세력에 의해 촉발되었다. 비록 아시아에서 발생한 3세대 외환위기는 부채가 도를 넘은 금융 시장에서 비롯됐다고는 하지만, 같은 이야기이다. 각 세대의 위기는 모두 이런 특성을 공유했다.

그러나 서로 다른 점도 있었는데, 그중에서 가장 큰 게 '위기의 여파'

였다. 신흥국들은 구제금융을 요구했지만, 영국 경제는 유럽 환율 메커니즘을 탈퇴한 이후 호조를 보였다. 영국 정부는 환율 정책을 180도 전환했지만, 금융 시장의 신뢰를 누렸다. 실제로 1990년대와 2000년대 초반은 유럽과 그 밖의 지역에서 나타난 낮은 인플레이션과 견실한 경제 성장의 시기를 표현하는 '대안정기Great Moderation'라고 알려졌다. 위기가 대폭락으로 이어지는 과정에서 비슷한 측면을 공유하더라도, 두 번째 단계인 '신뢰성'에 따라 위기 이후로 맞이하는 국가의 운명이 크게 달라질 수 있다.

3세대에 걸친 외환위기는 정책 입안자에게 다양한 교훈을 남겼다. 먼저 1세대 모델은 과도한 무역 적자와 재정 적자를 경계해야 한다는 것을 보여주었다. 1980년대 라틴아메리카 국가처럼 경제의 기초 조건이 취약할 때, 투기꾼들은 경제 붕괴를 예상하고 그 나라의 통화를 대량으로 매도하려고 했다. 2세대 모델은 1992년 유럽 환율 메커니즘 위기에서 알 수 있듯이 고정 환율 유지와 고용 유지 사이에서 갈등이 있었기 때문에, 투기꾼들은 정책 입안자의 의지를 시험하면서 외환위기를 일으킬 수 있었다. 따라서 신뢰할 수 있는 정책을 유지하는 게 중요하다. 이런 국가들은 경제의 기초적 여건이 건실해 위기를 피해 갈 수 있었기 때문이다. 마지막 교훈은 3세대 모델에서 얻을 수 있는 것으로, 바로 전염성이다. 1990년대 말, 아시아 금융위기가 널리 퍼진 데서 알 수 있듯이 투자자들은 신흥 시장에서 핫머니를 빠르게 유출할 수 있다. 투자자들이 신흥국들을 하나의 집단으로 취급할 수도 있기 때문에, 정책 입안자들은 자국 경제가 위기를 촉발할 수 있는 무분별한 매도에 휩쓸리지 않도록 차별화하는 것을 목표로 해야 한다.

여러 세대에 걸친 위기가 주는 교훈은 '금융 시장의 세계화'와 함께 이제는 지역에만 한정하지 않고 전 세계로 빠르게 퍼질 수 있는 '금융위기의 세계화'를 인식해야 한다는 것이다.

세계적으로 전염성을 보인 아시아 금융위기를 감안해 1999년 금융안정포럼*Financial Stability Forum*이 설립된 것에서 알 수 있듯이, 이제는 금융 규제를 설정하기 위한 세계적인 협력이 더욱 강화되었다. 금융안정포럼은 2008년 세계 금융위기 이후 금융안정위원회*Financial Stability Board, FSB*가 되었다. 금융안정위원회는 대형 금융기관에 적용되는 자본과 유동성 요건에 관한 기준을 설정했다. 실제로 이러한 세계적인 노력은 1980년대 초반 라틴아메리카 위기 이후에 개발되고, 지금까지 세계의 주요 은행들에 영향력을 미치는 국제 기준으로 자리 잡은 바젤 기준*Basel standard*(바젤은행감독위원회가 제안한 은행 규제와 관련된 권고안. 바젤 I, 바젤 II, 바젤 III으로 구성되어 있다―옮긴이)에서 알 수 있듯이, 훨씬 예전에 시작되었다. 이제 위기 관리는 세계적인 과업이 되었다.

아시아의 통화위기는 정부의 정책상 잘못 때문이 아니라,
서방 환투기꾼들의 농간 때문이다.

_마히티르 모하맛(전 말레이시아 총리)

시급한 외환 확보를 위해 IMF의 자금 지원을 받고,
다방면에 걸친 경제 구조조정도 받아들이겠습니다.
지금은 누구를 탓하기보다 모두 허리띠를 졸라매고
고통을 분담하여 위기 극복에 나서야 할 때입니다.

_김영삼(전 한국 대통령)

The
Great
Gatsby

2장

모기지론의 시작과 끝, 그리고 귀환

1980년대 미국 저축대부조합 위기

1980년대 저축대부조합 위기는 대공황 이후 미국에서 발생한 최악의 금융위기였다. 이는 1929년의 대폭락 이후 규제 및 예금보험 제도가 체계적으로 붕괴한 최초(이지만 최후는 아닌) 사건이었다. 이 위기로 저축대부조합 절반이 문을 닫았다. 프랭크 카프라*Frank Capra* 감독이 연출한 고전 영화 〈멋진 인생*It's a Wonderful Life*〉(1946)에 나오는 장면은 소박한 모기지 대부업체로만 여겨지는 저축대부조합으로서는 극적인 결말이었다. 지미 스튜어트*Jimmy Stewart*가 맡은 작은 마을의 은행가 조지 베일리는 자신의 신혼여행 자금을 사용해 헨리 포터라는 악덕 자본가가 지역 저축대부조합을 인수하지 못하게 한다. 세월은 빨리 흘러 1980년대에 찰스 키팅*Charles Keating*이 영화 속 헨리 포터의 실존 인물이 되면서, 저축대부조합의 이미지는 극적으로 달라졌다. 키팅은 끝내 파산한 링컨저축대부조합

*Lincoln Savings and Loan*에 대한 지원을 얻어내려고 미국 상원의원 5명을 매수한 은행가였다. 1979년, 키팅은 증권거래위원회*Securities and Exchange Commission, SEC*로부터 자신의 보험회사 주주들에게서 거액을 사취한 혐의로 고소당했고, 자신과 보험회사 직원들에게 1,400만 달러에 달하는 대출을 승인해 준 혐의로 벌금형을 선고받았다. 1984년, 키팅은 나날이 발전하는 저축대부조합 산업으로 무대를 옮겨 캘리포니아주에 본사를 둔 링컨저축대부조합을 인수했다. 불과 4년 만에 이 은행의 자산은 10억 달러에서 50억 달러가 넘게 늘었는데, 이는 그가 부정한 회계 관행을 따라 장부를 조작해서 가능한 일이었다. 예를 들어 키팅과 그의 파트너들은 다른 회사들과 공지空地를 거래했지만, 장부에는 이런 거래를 수익성이 있는 것으로 기재했다. 또한 그는 연방 차원에서 보장받는 예금의 3분의 2나 되는 거액을 정크본드*junk bond*(수익률이 아주 높지만 위험률도 높은 채권-옮긴이) 같은 위험한 자산에 투자했다.

키팅은 규제 당국의 조사를 받기 시작하자 100만 달러가 넘는 선거 기부금을 받았던 5명의 상원의원에게 선처를 요구했다. 심지어 그는 기자들에게 뇌물을 준 사실을 자랑하기도 했다. 그는 공화당의 존 매케인*John McCain*(애리조나), 민주당의 데니스 데콘시니*Dennis DeConcini*(애리조나), 우주비행사 출신 존 글렌*John Glenn*(오하이오), 앨런 크랜스턴*Alan Cranston*(캘리포니아), 도널드 리글*Donald Riegle*(미시간)을 일컬어 '키팅 파이브*Keating Five*'라고 했다. 이 상원의원들은 훗날 규제 당국에 링컨저축대부조합이 주요 고용주였으며 자신들의 지역구에 많은 일자리를 제공했다는 이유로 키팅이 했던 일을 눈감아주도록 압력을 가하는 부적절한 처신을 한 게 문제가 되어 상원 윤리위원회의 조사를 받았다. 2008년, 공화당 대통령 후보였던 매

케인은 나중에 "그때 일은 내 생애 최악의 실수였다"라고 말했다.[1]

이런 로비를 했음에도 링컨저축대부조합은 1989년에 파산했다. 링컨의 파산으로 예금보험공사는 30억 달러가 넘는 손실을 부담했는데, 1980년대 미국 저축대부조합 위기 동안 문을 닫은 1,000개가 넘는 저축대부조합들이 기록한 손실 중 가장 큰 금액이었다. 키팅은 73건이나 되는 사기 행위를 저지른 혐의로 체포되어 기소되었다. 그는 1991년에 수감되었고, 정부는 1억 5,600만 달러의 벌금을 부과하고 그의 집을 경매에 부쳤다. 1996년에는 기술적인 이유로 석방되었지만, 1999년에는 또다시 금융 및 파산 사기에 대하여 유죄 선고를 받았고 이제까지 구금된 기간을 선고받았다.[2]

저축대부조합은
어떻게 번성했나

키팅이 저축대부조합 위기를 상징하는 인물이 되었지만, 위기는 이보다 훨씬 더 광범위한 현상이었다. 연방 정부는 이 모든 붕괴로 1,240억 달러에 달하는 엄청난 금액을 지출해야 했다. 저축대부조합 산업은 상당히 소박한 사업으로 출발했다. 1830년대 펜실베이니아에서는 공동체에 소속된 사람들이 저축한 돈을 공동 출자해, 집을 구입하기에는 저축한 돈이 부족한 사람들에게 빌려주었다. 이후 상환된 자금은 공동체의 다른 사람들에게 빌려주는 데 사용되었다. 당시에는 상업은행들이 모기지 대출을 하지 않았다. 따라서 스리프트*thrift*라고도 불린 저축대부조합이 미국인들의 '내 집 마련의 꿈'을 실현하는 데 중요한 역할을 했다.

저축대부조합의 대출은 효과가 있었다. 100년이 지난 1932년 연방주택융자은행법*Federal Home Loan Bank Act*에서는 저축대부조합 산업을 공식적으로 확립했다. 연방 정부는 1929년의 대폭락으로 인한 은행과 저축대부조합의 파산을 또다시 반복하지 않기 위해 예금자들을 보호하는 예금보험제도를 도입했다. 1933년에는 은행 예금에 대한 지급을 보증하는 연방예금보험공사*Federal Deposit Insurance Corporation*가 설립되었다. 그리고 1년 뒤에는 저축대부조합 예금에 대한 지급을 보증하기 위해 연방저축대부조합보험공사*Federal Savings and Loan Insurance Corporation*가 설립되었다.

저축대부조합은 예금을 받아서 모기지 대출을 해주었는데, 두 상품 모두 은행보다 낮은 금리를 적용했다. 이 모델은 3-6-3 사업이라고 알려졌다.[3] 예금에 3%의 이자를 지급하고, 모기지 대출에 6%의 이자를 부과하고, 오후 3시까지 골프장에 도착한다는 것이다. 1970년대와 1980년대에 연방 정부는 증권화를 도입해 모기지 유통 시장을 크게 확대했다. 모기지 번들이 연방기관에 판매되었고, 이것이 대출기관의 장부에서 지워졌다. 이렇게 모기지 대출로 사용할 수 있는 자금을 늘릴 수 있었다. 또한 연방소득세법에 따라 모기지 대출 이자와 지방 재산세가 소득에서 공제되었는데, 이는 본질적으로 주택 소유자를 위한 보조금이라 할 수 있었다. 경제 성장의 황금기*golden age*라 할 1950년대와 1960년대, 저축대부조합 산업에서는 1945년부터 1965년까지 5년마다 자산이 대략 2배씩 증가했다.[4] 이후 증가의 속도는 둔화했지만 이전의 성과를 다시 회복했다. 1980년에는 미국 전역에서 약 4,000개의 저축대부조합이 영업을 하고 있었고, 이들이 보유한 자산은 총 6,000억 달러가 넘었다. 이 자산의 대부분(4,800억 달러)은 모기지 대출이었다. 실제로 저축대부조합 대차대조표의 약 80%는 모기지 대출이었다. 미국에서 저축대부조합은 전체 모기지 대출의 약 절반과 예금의 4분의 1 이상을 차지했다.

두 번의 오일쇼크가 촉발한
고금리 전쟁

저축대부조합은 다른 금융기관들과 마찬가지로 엄격한 규제를 적용받고 있었을 뿐만 아니라 규제에 의해 경쟁에서 보호받고 있었다. 예를 들어 이들은 자사 본점에서 80킬로미터 이상 떨어진 곳에 거주하는 고객에게는 모기지 대출을 할 수 없었다. 이는 저축대부조합이 자신의 구역에서는 외부 경쟁으로부터 보호받게 한 것이나 다름없었다.

1970년대에 두 차례의 오일쇼크가 있었다. 첫 번째는 욤 키푸르 전쟁에서 비롯했다. 1973년 10월, 닉슨 행정부가 이스라엘을 지원하자 석유수출국기구*Organization of Petroleum Exporting Countries, OPEC* 내의 아랍국가들은 미국에 대한 원유 판매를 금지하고 생산 감축에 돌입했다. 1974년 초, 원유 가격이 배럴당 2.90달러에서 11.65달러로 4배나 상승했다.[5] 그해 3월에 OPEC 회원국 간의 의견 차이로 미국에 대한 원유 판매 금지 조치가 해제되었지만, 유가는 여전히 높았다. 이후로 두 번째 오일쇼크가 발생했는데, 이 또한 중동 지역에서 비롯했다. 1978~1979년에 일어난 이란 혁명과 그다음 해에 일어난 이란-이라크 전쟁은 이란의 석유 생산 시설에 큰 피해를 입혔다. 이란은 주요 석유 수출국이라 유가가 크게 올랐는데, 1981년에는 배럴당 32달러에서 안정을 찾았다.[6]

이러한 두 차례의 오일쇼크가 인플레이션을 잡기 위한 고금리 시대를 열었다. 금리는 1960년대 중반부터 상승하기 시작했지만, 1973년에는 10% 아래로 유지되었다. 첫 번째 오일쇼크와 함께 금리가 급격하게 상승했다가 다시 하락했다. 그러다가 1979년 두 번째 오일쇼크와 함께 또다시 급격하게 상승했다가 이후로 3년 동안 주로 두 자릿수에 머물렀다. 급격한 금리 상승은 저축대부조합에 바람직한 일이 아니었다. 저축대부조합이 빌려준 장기 대출금, 주로 30년짜리 모기지 대출은 단기 예금으로 조달한 것인데 이 단기 예금은 예고 없이 인출될 수 있었기 때문이다.

은행 예금 금리는 1933년 이후로 상한이 정해져 있었고, 연방 의회는 1966년에 저축대부조합 예금 금리에도 이와 비슷한 상한을 설정했다. 레귤레이션 Q로 알려진 이 조치는 저축대부조합이 낮은 예금 금리와 모기지 대출의 고정 금리 사이에서 수익을 얻을 수 있게 했다. 다른 금융상품의 금리가 급격히 상승하면서, 저축대부조합과 은행은 신규 예금자들에게 가전제품과 같은 사은품을 제공하는 식으로 예금 유치를 위한 경쟁을 벌이기 시작했다.

1970년, 연방 의회는 저축대부조합을 지원하기 위해 재무부 발행 채권의 최소 액면 금액을 1,000달러에서 10,000달러로 인상해 예금자들이 저축대부조합의 예금을 인출해 정부 발행 채권을 구매하는 것을 저지했다. 저축대부조합 예금자들의 평균 예금이 약 3,000달러였기 때문에 의회의 이런 조치는 도움이 되었다.[7]

영국의 주택금융조합이 19세기 이후로 해왔던 것처럼 저축대부조합도 사업 모델 개선을 위해 변동 금리 모기지 대출을 원했다. 하지만 차입자들에게 이렇다 할 대안이 없을 때 저축대부조합이 모기지 대출 금리를 인상할 것을 우려한 연방 의회는 소비자 보호 차원에서 이를 허용하지 않았다.

금리가 오르고 저축대부조합과 은행의 수익이 감소하는 상황에서 머니마켓 뮤추얼 펀드*Money market Mutual Fund*가 예금자들에게 매력적인 대안이 되었다. 뮤추얼 펀드는 개인의 자금을 공동 출자하여 재무부 발행 채권과 양도성 예금증서*Certificate of Deposit*(은행에 6개월에서 5년 동안 돈을 맡기면 더 많은 이자를 지급하는 정기예금)와 같은 다양한 자산에 투자했는데, 즉시 인출이 가능한 당좌 예금보다 더 높은 수익을 제공했다. 뮤추얼 펀드는 현금화가 쉬웠고, 심지어 제한된 범위에서 당좌 예금으로도 활용할 수 있었다. 따라서 뮤추얼 펀드는 지급 보증을 받지는 않았지만, 대체로 고품질 자산에 투자하는 비교적 안전한 상품으로 여겨졌다. 이 뮤추얼 펀드 시장은 1970년대 후반에 빠르게 성장했다.

저축대부조합 위기가 도래하자, 레귤레이션 Q가 다소 완화되어 저축대부조합과 은행은 10,000달러가 넘는 예금을 최소 6개월 동안 예치한 고객에게는 시장 금리에 해당하는 이자를 지급할 수 있게 되었다. 그러나 뮤추얼 펀드 예금자들의 평균 예금은 4,750달러에 불과해 저축대부조합으로 넘어간 사람은 거의 없었다.[8]

연방 정부의
저축대부조합 구하기 작전 |

1980년대 초에는 저축대부조합 3분의 1 이상이 손실을 보고 있었고, 이 산업 전체의 손실 규모는 1,000억 달러에 달하는 것으로 추정되었다.[9] 연방저축대부조합보험공사가 확보한 준비금은 60억 달러에 불과해서 손실을 충당하기에는 턱없이 부족했다.[10] 연방 정부는 저축대부조합이 금리 압박을 견뎌낼 시간을 벌게 하고, 조합을 구제하는 데 납세자가 낸 돈을 사용하지 않으려고 1980년과 1982년에 각각 「예금취급기관 규제 철폐 및 통화관리법*Depository Institutions Deregulation and Monetary Control Act*」과 「간-세인트 저메인 예금기관법*Garn-St. Germain Depository Institutions Act*」을 통과시켰다.

이 법안들은 저축대부조합이 보유해야 하는 자본의 최소 요건을 낮춰서 더 나은 재무 상태를 보고할 수 있도록 했다. 또한 파산 위기에 처한 저축대부조합에 대한 집행 기준을 낮추었을 뿐만 아니라 규제 당국에 새로운 형태의 자본 요건을 인정할 권한을 부여했다. 이는 예전 같으면 파산했을 저축대부조합이 예전과는 다르게 보고할 수 있도록 해서 최후의 심판을 미루는 결과를 낳았다.[11]

또한 드디어 변동 금리 모기지 대출을 판매하고 전국적으로 대출을 할 수 있는 허가를 받았다. 연방정부의 허가를 받은 저축대부조합은 소비자 대출을 제공하고 신용카드를 발급할 수 있으며, 주정부의 허가를 받은 저축대부조합은 자산의 상당 부분을 상업용 부동산에 투자하고 상업 대출을 할 수 있게 되었다. 저축대부조합은 연방 정부의 허가를 받아서 영업하는 금융기관보다 훨씬 더 많은 영업 범위를 부여받는 경우도 있었다. 다시 말해, 저축대부조합이 상업은행처럼 될 수 있었다. 금융 당국은 저축대부조합이 모기지 대출을 포기하는 것을 걱정하지 않았다. 모기지 대출과 관련해 저축대부조합에 유리한 세제 혜택이 모기지 대출을 계속하는 충분한 동기가 될 것이라고 판단했다.

이런 조치들은 저축대부조합이 살아남을 수 있도록 돕기 위한 것이었지만, 새로운 위험도 초래했다. 금융 당국의 의도는 사업과 지역에서 다양성을 허용함으로써 저축대부조합이 단기 예금을 유치하고 현지의 차입자들에게 장기 모기지 대출을 제공하던 과거의 한정된 업무보다 더 우위의 위험 및 수익 전략을 채택할 수 있게 하는 것이었다. 그러나 차입자들은 모기지 대출이 아닌 다른 유형의 대출 및 투자에서 채무를 이행하지 않을 가능성이 훨씬 더 높았다. 더욱 골치 아픈 것은 부동산을 담보로 하는 모기지 대출과는 달리, 새로 허용된 대출 상품에는 무담보 대출 상품도 포함되어 있었다.

저축대부조합이 은행 영역으로 진입함에 따라 상업용 부동산 대출 사업에서 경쟁이 치열해졌고, 이것이 부동산 버블을 일으켰다. 게다가 저축대부조합은 이런 부동산 대출 사업을 해본 경험이 없어서 신중하게 성장 전략을 실행할 능력이 부족했다.

실제로는 파산한 것이나 다름없지만, 정부의 새로운 조치 덕분에 영업을 하고 있던 저축대부조합으로서는 과도한 위험을 감수할 만한 가치가 있었다. 저축대부조합은 유한책임법에 의해 보호받았고, 따라서 보유 지분에 대해서만 책임을 졌다. 또한 사업이 실패한다면, 예금보험기금이 그 손실을 메울 것이다. 사업이 성공한다면, 저축대부조합에 많은 보상이 돌아갈 것이다. 커지는 위험을 감시할 규제가 없다면, 이런 상황은 재앙으로 이어질 게 뻔했다.

1983년, 저축대부조합 10곳 중 한 곳이 파산했다. 이 파산으로 연방 저축대부조합보험공사는 지급 보증이 된 예금의 지급을 위한 250억 달러를 필요로 했지만, 확보한 지급 준비금은 4분의 1에도 미치지 못했다.

더 좋지 않은 소식은 효과적인 규제 시스템이 없어서 파산 지경에 놓인 저축대부조합이 좀비 기업Zombie Company(지속 가능한 수익을 창출하지 못하고 정부나 은행의 도움을 받아 유지되는 한계기업-옮긴이)처럼 계속 영업을 하고 있었다는 것이다. 이들의 대차대조표는 훨씬 더 나빠졌고, 이는 이제는 피할 수 없게 된 구제금융에 더 많은 자금이 소요되게 했다.

상업은행도 어려운 여건에서 벗어나지 못했다. 1984년에는 2008년 서브프라임 위기 이전까지 은행 부문에서 가장 큰 규모의 파산이 일어났다. 미국에서 일곱 번째로 큰 은행인 콘티넨털 일리노이Continental Illinois는 유가가 오르는 쪽에 내기를 걸었다. 유가가 그 반대 방향으로 갔을 때, 이 은행은 2년 만에 두 번째 뱅크런을 겪었다. 예금보험공사가 구제했지만 은행 이사진을 포함한 주주들은 손실을 입었고, 경영진은 평판을 잃었다. 콘티넨털 일리노이 은행은 좀비 저축대부조합과 마찬가지로 정부가 취한 다양한 완화 조치 덕분에 계속 영업을 할 수 있었다.

정크본드와 함께 무너진
하이 리스크, 하이 리턴

손실이 커지면서 저축대부조합의 소유자는 더 큰 위험을 감수하는 경향이 있었을 뿐만 아니라, 저축대부조합이 신중한 경영을 하게 했던 공동체 문화도 빠른 속도로 손상되었다. 새로운 진입자들은 파산 지경에 놓인 저축대부조합을 인수하거나 직접 저축대부조합을 설립했고, 정크본드와 같은 위험 자산에 투자해 상당히 빠른 속도로 성장할 수 있었다. 정크본드는 1980년대 투자은행 드렉셀 번햄 램버트*Drexel Burnham Lambert*에서 마이클 밀켄*Michael Milken*이 퍼뜨린 일종의 금융 '혁신'이라 할 수 있다. 영화 〈월스트리트*Wall Street*〉(1987)의 고든 게코라는 캐릭터는 일정 부분 밀켄을 모델로 삼았다. 영화 속에서 게코는 "탐욕은 좋은 것이다"라는 유명한 말을 했다. 1980년대의 시대 정신을 잘 포착한 말이다.

정크본드, 즉 고수익 채권은 기업들이 발행하는 비투자 등급 회사채로, 그중 상당수는 '추락한 천사*fallen angel*', 즉 이전에 주요 신용평가기관 중 한 곳으로부터 신용등급을 받아 발행된 적이 있는 채권에 해당한다. 이를 발행한 기업은 채무를 이행하지 않거나 계속 부진의 늪에 빠질 위험이 컸다. 정크본드는 이런 위험을 보상하기 위해 투자 적격 등급 회사채보다 3~4% 더 많은 이자를 지급했다. 규제 당국은 금융기관의 투자 적격 등급에 미치지 못하는 채권 보유를 금지했다. 따라서 은행과 보험회사는 채권이 '정크'가 되었을 때 매각해야 했고, 이로 인해 금리는 더 상승했다.

더 높은 위험에 대한 더 높은 수익은 정크본드가 잠재적인 구매자들에게 어떻게 여겨졌는지를 말해준다. 구매자가 다각화된 정크본드 포트폴리오를 사들이면, 어느 한 기업의 채무불이행으로 발생하는 손실을 메우고도 남는 이자 수익을 얻을 수 있는데, 이는 일종의 '공짜 점심*free lunch*'으로도 여겨질 수 있다.[12]

채권 발행자들이 단지 '추락한 천사'만 발행한 건 아니었다. 1980년대에는 차입 매수leveraged buyout(자금을 차입하여 기업을 인수하는 것)의 건수와 규모가 점점 커지고 있었는데, 그중 가장 악명 높았던 건은 처음에는 책으로 출판되고 나중에 영화로도 제작된 〈문 앞의 야만인들Barbarians at the Gate〉에서 보듯이, 콜버그 크래비스 로버츠 앤 컴퍼니Kohlberg Kravis Roberts & Company의 식품 및 담배 생산 대기업 RJR 나비스코RJR Nabisco 차입 매수였다. 이런 기업들은 다른 기업을 매수하기 위해 부채를 90%나 동원했고, 때로는 기업을 해체하거나 일부를 매각했다(RJR 나비스코는 RJR과 나비스코로 분리되었다). 기업 매수에 필요한 자금은 정크본드를 통해 조달되었고, 이들 중 상당 부분을 저축대부조합이 구매했다. 심지어 일부 저축대부조합은 기업의 인수 자금 모집을 위해 증권 인수업자 역할을 한 드렉셀 번햄 램버트와 협력하기도 했다. 모두 저축대부조합이 기업의 지분을 소유하는 것이 허용되었기 때문에 가능한 일이었다.

마이클 밀켄은 '정크본드의 제왕'으로 알려져 있었다.[13] 그는 드렉셀 번햄 램버트 시절에 정크본드 시장을 지배했다. 이 시장은 미국 재계의 모습을 바꿔놓은 차입 매수의 물결을 일으키기 위한 자금을 조달하는 곳이 되었다. 밀켄은 금리가 하락하고 경제가 성장하던 1980년대의 경제 여건을 최대한 활용해서 동료들에게 정크본드를 통해 자금을 조달할 수 있게 해 그들이 저축대부조합과 보험회사와 같은 금융회사를 지배할 수 있도록 했다.[14] 또한 밀켄은 기업가들에게 지급 확약서까지 제공하며 드렉셀이 필요한 자금을 모집할 수 있다면서 기업가들의 신뢰를 다졌다. 밀켄의 동료들이 어느 회사의 소유권을 얻게 되면, 드렉셀은 자사 네트워크가 지배하는 저축대부조합과 보험회사가 매입하게 될 정크본드를 발행할 것이다. 드렉셀은 투자자들의 자금을 출자해서 뮤추얼 펀드를 설립한 뒤, 인수한 정크본드를 사들이고 고객들이 정크본드를 발행할 때마다 인수 수수료까지 받았다. 또한 정크본드를 자체 뮤추얼 펀드에 판매해서 수익을 올렸고, 뮤추얼 펀드의 주식을 일반인에게 판매하면서 수수료를 부과했고, 뮤추얼 펀드 운영에 대한 관리 수수료도 부과했다.

놀랄 것도 없이, 밀켄의 동료들이 인수한 회사들 중 상당수가 그들이 발행한 정크본드에 대한 이자를 지급할 정도의 충분한 수익을 올리지 못했다. 밀켄은 그들이 미수채권에 대한 이자를 지급할 수 있도록 새로운 증권 발행을 지시했고, 밀켄의 저축대부조합 네트워크도 그 증권을 구매했다.[15] 밀켄이 꾸민 일은 연방 규제 당국이 단속하고 저축대부조합이 정크본드 구매를 중단할 때까지 계속되었다. 결국 1980년대 막바지에 정크본드 시장은 붕괴했다.

드렉셀 번햄 램버트를 통해 정크본드를 발행한 기업들 중 약 절반이 채무불이행 상태에 빠졌다. 드렉셀은 1992년에 파산했다. 정크본드를 소유한 이들은 평균적으로 자금의 3분의 1을 잃었다. 결과적으로 이러한 채권에서 얻은 추가적인 이자 수익이 부도로 인한 손실을 메우지 못한 셈이었다.[16] 세상에 공짜 점심은 없었다.

엄청난 손실을 입은 저축대부조합이 법에 저촉되는 일을 한 것은 아니었지만, 마이클 밀켄은 그렇지 않았다. 그는 교도소에 수감되었고 벌금 5억 5,000만 달러를 내야 했다. 밀켄은 1993년 출소한 뒤에도 여전히 엄청난 부자였다.[17] 그는 밀켄연구소*Milken Institute*를 설립했는데, 이 연구소는 베벌리힐스에서 연례 회의를 개최해 월스트리트의 옛 동료들을 끌어들이는 싱크탱크였다. 2020년, 도널드 트럼프*Donald Trump* 대통령은 밀켄을 사면했다. 이젠 그가 원한다면 증권거래위원회에 자신에게 가해진 활동 금지 조치에 대한 해제를 신청할 수 있다.

부동산 버블의 폭발, 저축대부조합의 추락

1985년 말까지 저축대부조합 산업의 규모는 불과 3년 전과 비교하면 50%가 넘게 성장했다.[18] 빠른 속도로 규모가 커지면서 위험을 감수하는 수준도 함께 높아졌다. 저축대부조합은 모기지 대출에만 집중하지 않고 상업용 부동산 구매자를 상대로 한 대출을 늘렸다. 모기지 대출 자산의 장부상 가치는 1,200억 달러가 증가했지만, 이것이 총자산에서 차지하는 비율은 1982년 67%에서 1985년에는 50%를 약간 상회하는 수준으로 하락했다.[19] 저축대부조합 산업은 위험한 자산에 투자함으로써 성장 동력을 얻었다.

키팅 스캔들에서 알 수 있듯이, 범법 행위도 성장을 부채질했다. 예를 들어 텍사스의 엠파이어저축대부조합*Empire Savings and Loan*은 불법 토지 전매와 그 밖의 범법 행위에 관여했다. '쓰레기에 현금을*cash-for-trash*'이라고 불리는 불법 토지 전매는 부동산 가격이 시장 가치의 2배 혹은 3배가 될 때까지 부동산을 전매하는 것을 의미했고, 이 과정에서 저축대부조합은 각각의 전매에 재융자를 제공해 자산의 가치를 더 높여주었다. 이런 대출은 애초에 채무불이행을 의도한 것으로, 즉 저축대부조합이 수익을 끌어냈기 때문에 '끌어낸 대출drag-away loans'이라고 알려졌다. 석유 붐의 중심에 있는 텍사스에 부동산 투자자들이 몰려들어 부동산 공급이 넘쳐나는데도, 엠파이어저축대부조합이 댈러스 근처 30번 주간州間 고속도로를 따라 흩어져 있는 콘도미니엄을 그 대상으로 제공했던 것이었다.[20]

이처럼 부동산을 전매하여 얻은 가짜 수익이 엠파이어저축대부조합의 발목을 잡았고, 결국 엠파이어는 파산하고 납세자들이 3억 달러라는 엄청난 비용을 부담하게 했다.

1980년대 중반 부동산 버블이 최고조에 달한 것도 세법 변경과 유가 상승 때문이었다. 세법 변경은 부동산의 내용연수depreciation period(부동산의 가치가 점차 감소하고 나아가서는 쓸모없게 될 때까지의 기간—옮긴이)를 단축한 것을 의미하는데, 이것이 부동산에 대한 서류상의 연간 감액을 늘려 과세 대상 수입이 줄어들게 해서 수익성을 증가시켰다. 그러나 1980년대에 투자자들을 기대에 차게 한 것은 유가가 그 어느 때보다도 더 오를 것이라는 전망이었다. 1981년, 유가가 배럴당 34달러로 정점을 찍은 뒤 점진적으로 하락했지만, 투자자들은 10년 안에 3배가 오를 것이라고 믿었다.[21] 따라서 투자자들은 상업용 부동산으로 몰려들었고 미국 남서부, 특히 텍사스에서는 저축대부조합이 주요 투자자가 되었다. 석유로 호황을 누리던 텍사스가 상업 부동산 붐의 중심에 있는 건 지극히 당연한 일이었다.

그러나 세제 혜택은 불과 몇 년 뒤 다시 바뀌었다. 연방 정부는 경기 침체 이후로 세수를 늘리기 위해 1986년 「조세개혁법Tax Reform Act of 1986」을 통과시켰다. 이 법은 부동산의 내용연수를 연장함으로써 이전의 세법 변경을 뒤집었다. 또한 부동산 투자자들이 간접적 손실 혹은 내용연수와 관련된 손실을 통해 절세하는 것을 제한했고[22], 이로 인해 부동산 가치는 하락했다.

부동산 가치 하락은 유가 하락과 시기적으로 일치했다. 1985년, 유가는 배럴당 100달러를 향하지 않고 1980년대 초보다 낮은 24달러를 기록했다. 1986년에는 이보다 훨씬 더 떨어졌는데, 여름에는 10달러 이하를 기록했다. 유가는 배럴당 약 15달러에서 안정 국면에 접어들었지만, 불과 몇 년 전의 최고치와 비교하면 절반에도 미치지 못했다. 이에 따라 상업용 부동산 가격도 하락했다.[23] 미국 대부분의 지역에서 부동산 가격이 완만한 하락세를 보였지만, 남부 지역은 훨씬 더 많이 하락했다. 전국적으로 사무용 건물 가격이 1983년의 최고치와 비교해 10% 하락했지만, 남부 지역에서는 3분의 1이 넘게 폭락했다. 아칸소, 루이지애나, 오클라호마, 텍사스를 포함한 남서부 지역의 상업용 부동산 가격은 이후 3년 동안 약 3분의 1만큼 하락했다.

놀랄 것도 없이, 석유로 호황을 누리던 텍사스는 부동산 가격이 가장 과열된 지역이었기 때문에 저축대부조합 위기로 가장 큰 타격을 입었다. 파산한 저축대부조합의 절반이 텍사스에 있었다. 부동산 버블이 터지면서 토지는 경매를 통해 헐값에 팔렸다. 이런 부동산 가치 하락이 유가 하락과 얽히면서 텍사스는 불황에 빠져들었다.

버블이 터지면 덧없는 광기 속에서 퍼진 사기 행위를 발견하게 된다는 것은 맞는 말이지만[24], 저축대부조합의 파산은 주로 불법 행위가 아니라 위험한 행위, 이들이 실행한 대출 모델의 제도적 취약성, 부적절한 규제 그리고 물론 부동산 가격이 끊임없이 상승할 것이라는 도취감에 들뜬 믿음에서 비롯된 것이었다. 투자자들에게는 재앙이었다. 그리고 그들의 자금을 관리하는 금융기관에도 재앙이었다. 불행하게도, 저축대부조합은 투자자이자 금융기관이었다.

대통령이 꺼내든
위기 해결 카드

1985년부터 더욱 엄격한 규제가 가해지면서, 저축대부조합의 가파른 성장에 제동이 걸렸다. 규제 당국이 더 많은 인력을 투입하면서 안정을 찾는 것으로 보였다. 그러나 이러한 노력에도 수년에 걸쳐 위험을 감수한 흔적은 여전히 남아 있었다. 남부 지역에서는 부동산 버블이 터지면서 저축대부조합의 손실이 증가하기 시작했다.

예금보험공사가 어려움에 처하자 규제 당국은 저축대부조합이 납부하는 예금보험료를 150% 인상했다. 같은 해, 규제 당국은 문제의 규모가 명백하게 드러나기 시작하자 예금보험공사에 더 많은 자금을 투입하려고 했다. 그러나 의회는 저축대부조합의 상황에 긴급성이 부족하다고 판단해 별다른 조치를 시행하지 않았다.

1987년 봄, 회계감사원*General Accounting Office*은 연방저축대부조합보험공사가 '우발채무*contingent liabilities*(현재는 채무로 확정되지 않았으나 가까운 장래에 돌발적인 사태가 발생하면 채무로 확정될 가능성이 있는 특수 채무—옮긴이)'로 부실 상태에 놓여 있다고 발표했다.[25] 부실 저축대부조합의 부채는 연방저축대부조합보험공사의 자산보다 더 많았다. 그러자 의회가 움직이기 시작했다. 그해 여름, 의회는 연방저축대부조합보험공사에 150억 달러의 추가 차입 권한을 부여했다. 그러나 댈러스 공항에서 시내로 가는 고속도로를 따라 즐비하게 늘어선 부실 저축대부조합을 정리하기에는 턱없이 부족한 금액이었다.[26]

1987년, 텍사스에는 손실을 기준으로 한 20대 저축대부조합 중 14개가 있었다.[27] 이 중에는 상당한 수익을 올린 저축대부조합도 있었다. 1988년에 저축대부조합의 3분의 2가 56억 달러가 넘는 수익을 올렸지만, 68억 달러가 넘는 손실을 기록한 나머지 부실 저축대부조합들에 비해 이들은 크게 주목받지 못했다.

텍사스를 비롯한 남서부 지역의 부동산 가격이 계속 하락함에 따라 정부가 더욱 적극적인 조치를 시행해야 했다. 정부의 조치는 1980년대 말까지 이어졌지만, 신임 대통령 조지 H. W. 부시*George H. W. Bush*는 이 부문을 개혁하고 구제했다. 1989년, 부시 대통령은 이와 관련된 연방규제기관과 부실 상태에 놓인 연방저축대부조합보험공사를 해체했다. 새로 설립된 정리신탁공사*Resolution Trust Corporation*는 저축대부조합 자산을 매각한 대금을 예금자들에게 지급하는 식으로 부실 저축대부조합 문제를 해결했다. 부시 대통령은 이 공사에 부실 저축대부조합을 정리하기 위해 500억 달러를 차입할 권한을 새롭게 부여했다. 또한 법무부의 범죄 기소에 필요한 재정을 지원하도록 했다. 이는 1930년대 이후 저축대부조합 산업에서 나타난 가장 극적인 변화였다.

"탐욕은 죽지 않는다"
저축대부조합의 귀환

저축대부조합 위기는 끝났지만 1,000개가 넘는 저축대부조합이 파산하면서 1,240억 달러에 달하는 엄청난 비용이 소요되었다. 이 비용은 주로 늘어난 세금과 저축대부조합 계좌에 부과한 부담금을 통해 납세자들이 충당해야 했다. 저축대부조합의 파산은 미래의 대통령 후보와 전직 우주비행사를 옭아매던 '키팅 파이브'와 관련한 정치적 스캔들과 함께 더욱 두드러졌다. 각종 헤드라인을 장식하고 영화로도 성공을 거둔 저축대부조합의 위기는 역사적으로 금융위기가 갖는 특징을 공유하고 있다. 특히 원유 가격과 함께 부동산 가격이 계속 상승할 것이라는 도취감에 들뜬 기대가 1980년대 저축대부조합의 위험한 행동을 부채질했다. 그러나 저축대부조합은 이미 그전에 곤경에 처해 있었다. 모기지 대출을 제공하기 위해 예금을 유치하고 예금 금리와 대출 금리의 차이로 돈을 버는 엄격한 영업 모델은 1970년대 후반에 금리가 급등하면서 쓰임새가 사라졌다.

규제 당국은 저축대부조합의 영업 모델을 완화하고 규제를 풀어줘 결국 일련의 왜곡된 보상 구조를 낳게 했다. 파산한 저축대부조합이 임원들에게 유한 책임을 전제로 상업용 부동산 대출 사업을 추진할 기회를 제공했다면, 그들은 생명줄을 붙잡고 있는 셈이었다. 저축대부조합은 위험한 행동으로 파산했다. 하지만 많은 이들이 그들을 대신해 재산을 날렸다.

규제 시스템의 신뢰성이 중요하다는 사실은 저축대부조합의 붕괴가 다른 금융 폭락과 공유하는 두 번째 특징이었다. 연방저축대부조합보험공사마저 해체된 것은 감독 시스템이 얼마나 낙후되었는지를 여실히 보여주었다. 다른 금융위기와 마찬가지로, 연방저축대부조합보험공사를 정리하는 과정에서 신뢰 회복과 함께, 훨씬 더 많은 구제 기금이 필요했다. 1989년의 조치는 무능한 감독기관을 해체하고, 부실 저축대부조합을 정리해서 저축대부조합 산업을 안정시킬 새로운 기관으로 대체한 것이었다. 그러나 위기가 끝나기까지는 또 다른 6년이 걸렸고, 1995년 12월 31일에 정리신탁공사가 드디어 그 역할을 다하고 문을 닫았다. 부실 저축대부조합을 정리하는 임무를 완료한 것이다.

위기의 여파로 납세자들은 고통스러웠지만, 경제적 피해가 지속되지는 않았다. 그 후 저축대부조합은 대형 은행에 환멸을 느끼는 소비자들까지 끌어들였다. 21세기에 들어서 저축대부조합은 공동체를 지향하는 모기지 대출 전문기관이라는 마케팅으로 또다시 커다란 성공을 거두었다.[28] 저축대부조합은 1,000개가 넘고 예금을 두 번째로 많이 보유한 기관이 되었다. 이 부문이 다시 등장하고 마이클 밀켄과 같은 인물들이 명예를 회복한 것은 F. 스콧 피츠제럴드*F. Scott Fitzgerald*가 했던 유명한 말, "미국인의 삶에는 제2막이 없다"를 반박한다.

탐욕은 항상 정당합니다. 나는 여러분이 그것을 알기를 원합니다.

탐욕은 건강한 것이고, 여러분은 탐욕스러울 수 있으며,

그것은 여러분에게 좋은 것입니다.

_이반 보스키 Ivan Boesky (금융업자·마이클 밀켄과의 내부 거래자)

3장

지금까지 계속되는
'잃어버린 n년'

1990년대 초반 일본 부동산 시장의 폭락

1980년대 후반, 일본은 20세기의 가장 큰 금융 열기 중 하나에 사로잡혔다. 미국과 경쟁하며 떠오르는 초강대국의 경제 호황에서 이른바 '잃어버린 수십 년'을 향한 경제 불황으로 추락하게 될 위기였다.

위기 이전의 몇 년 동안 사람들은 저렴한 금리로 쉽게 돈을 빌릴 수 있었고, 그 돈은 활활 타오르는 주식 시장과 부동산 시장으로 스며들었다. 당시 이런 모습은 일본의 전후 경제 기적을 구현한 것으로 여겨졌다. 그러나 현실은 무모하고도 통제할 수 없는 파티였다. 향후 일어난 폭락이 정치인, 관료, 사업가, 금융업자, 심지어 범죄 조직원 사이의 친밀한 관계를 드러냈는데, 바로 이런 관계가 부실한 재무 관리가 만연하게 했을 뿐만 아니라 이를 은폐하는 데도 일조했다.

고도성장기
일본 정부와 기업의 관계 |

제2차 세계대전 이후 일본 경제는 호황을 누렸다. 선진국이든 신흥국이든, 일본처럼 빠르게 성장한 나라는 없었다. 일본은 불과 40년 만에 소득 수준이 중하위권에 있는 경제에서 세계 2위의 부유한 선진국 경제로의 전환을 완료하며 경제 개발의 성공 모델이 되었다.

그러나 일본의 성공 신화는 여러 면에서 당시의 통념과는 배치되었다. 세계은행이 발간한 〈1991년 세계개발보고서*1991 World Development Report*〉의 부제는 '개발에 대한 도전*The Challenge of Development*'이었다.[1] 이 보고서는 1980년대에 걸쳐 뜨겁게 타올랐던, 신속한 경제 개발을 달성하기 위한 '국가 대 시장' 접근 방식에 관한 논쟁을 잘 요약했다. 그 중심에는 장기적으로 가파른 생산 증가를 유지하는 데 있어서 생산성 증진의 중요성이 있었다. 이 보고서는 정부가 제한적인 역할을 하고 개입을 삼가는, 정부의 개입은 투명하면서도 견제와 균형의 대상이 되어 개방적이고 경쟁적인 시장이 작동하는 '시장 친화적' 접근 방식을 주장했다. 오히려 정부의 역할은 민간 부문이 번창할 수 있도록 사회적·법적 및 경제적 인프라를 제공하는 것이었다.

세계은행은 이런 접근 방식을 보여주는 가장 좋은 사례로 일본과 함께 한국과 타이완 등 동아시아에서 빠르게 성장하는 국가를 제시했다. 이 국가들은 생산 기술을 향상하고, 생산성을 빠른 속도로 증진해 장기적인 성장을 이룩했다. 그러나 일본에서는 이것이 전체 그림의 일부분일 뿐이었다. 실제로 일본에서는 경쟁과 개방이 억제되었다. 정부는 마지못해 개입한 것이 아니라 통상산업성*Ministry of International Trade and Investment, MITI*이 주도하는 종합적인 산업 정책을 통해 적극적으로 개입했다. 사실, 일본의 성공은 정부가 개입할 것인가의 여부가 아니라 어떻게 개입할 것인가를 고민하는 '시장 비친화적' 접근 방식에서 비롯되었다.[2]

제2차 세계대전이 끝난 뒤, 일본은 노동력이 남아도는 국가가 되었다. 많은 노동자가 직물을 비롯한 단순 경공업 제품 생산에 투입되었다. 단기적으로는 일본이 이런 부문에서 비교우위가 있었지만, 장기적으로는 그런 우위가 생활 수준을 유럽이나 미국 수준 혹은 그 이상으로 올려주지는 못할 거라고 여겼다. 이는 1990년 4월 서울에서 열린 세미나에서 통상산업성의 오지미 요시히사大慈弥嘉久 차관이 했던 말이었다.

통상산업성은 자본과 기술을 집중적으로 투입해야 하는 산업으로 철강, 정유, 석유화학, 자동차, 항공기, 각종 산업기기, 전자, 컴퓨터와 같이 비교우위의 관점에서 일본에 가장 적당하지 않은 산업을 장려하기로 결정했습니다. 단기적이고 정적인 관점에서 보면, 이런 산업을 장려하는 것이 경제적 합리주의와는 배치되는 것으로 여겨집니다. 그러나 장기적인 관점에서 보면, 바로 이런 산업이 수요의 소득 탄력성이 높고, 기술 진보가 빠르게 진행되고, 노동 생산성도 빠르게 증진됩니다.[3]

오지미 차관이 했던 말은 일본이 '정적' 또는 단기적 성장에서 장기적 성공으로 옮겨가는 데 필요한 기간 산업을 전략적으로 확인하고 있다는 것을 시사한다. 그러나 이런 목표를 달성하려면 특히 처음부터 세계은행이 강력하게 권고했던 개방적이고 경쟁적인 시장 여건을 조성하지 말아야 했다.

1950년부터 1970년까지 일본의 국내 자본 시장은 엄청난 규제를 받고 있었고, 세계 자본 시장과는 단절됐었다. 정부와 그 산하기관만 해외로의 차입과 대출이 가능했다. 외국인 직접 투자는 엄격히 통제되었고, 외국 기업은 법적 또는 행정적 조치에 근거해 일본 기업의 지분 과반수 소유가 금지되었다. 통상산업성은 지나친 경쟁을 억제하기 위해 광범위한 산업 부문에서 다양한 형태의 카르텔을 형성하는 것을 장려했다. 이런 보호 정책은 해당 산업에서 기술 변화, 생산성 증진, 수출을 장려하는 데 중요한 역할을 했다.

일본의 금융 시스템은 주로 이런 목표 달성을 지원하기 위해 만들어졌다. 금융 시스템의 주요 방향은 장기적인 산업 고도화를 뒷받침하기 위한 저금리 자금 지원에 있었다. 일본 정부는 은행과 기업 간의 긴밀하고도 장기적인 관계 형성을 강력하게 장려했다. 따라서 은행 스스로 일본 정부의 경제 목표를 위해 헌신했고, 정부는 그 대가로 은행의 대출 사업에 암묵적인 국가 보증을 제공했다. 이러한 관계를 통해 발전한 거대 기업 집단이 '게이레쓰系列'다. 여기에는 일본에서 가장 규모가 큰 은행인 미쓰비시UFJ은행*MUFG Bank*도 포함되어 있다.

고도성장과 경제 기적을 달성하던 1960~1970년대 그리고 1980년대에는 일본 은행들의 관계 시스템이 서구의 금융 시스템, 특히 영미 은행의 방임적인 접근 방식과 비교해 긍정적으로 보였다. 그러나 이 시기의 고도성장은 일본 은행들의 관계 시스템, 특히 규제 측면의 결함을 감추는 데 기여했다. 이런 결함은 훗날 일본 은행들이 변화하는 경제 및 국제 정세에 치명적으로 노출되는 결과를 낳았다.

금융계를 장악한
무소불위의 재무성 ▌

일본이 높은 생활 수준의 부유한 국가로 빠르게 성장한 배경에는 경제에 개입한 정부가 있다. 경제 정책의 중심에는 재무성*Ministry of Finance*이 있었다. 연합국 관료들이 일본의 경제 재건을 위해 강력한 은행 시스템이 필요하다는 주장을 받아들인 덕분에 재무성은 별 탈 없이 등장했다. 따라서 고위급 관료 대다수가 숙청되었지만, 재무성 관료들은 대체로 무사했다.

실제로 재무성은 정책과 규제의 관할권에서 엄청난 영향력을 행사했다. 재무성의 권한을 미국의 상황과 비교하면 연방준비제도이사회, 재무부, 연방예금보험공사, 옵션결제회사*options clearing corporation*(거래소에서 거래된 옵션 거래를 결제하고 보증하기 위해 1972년에 설립된 조직−옮긴이), 연방신용조합국*Bureau of Federal Credit Unions*, 저축대부조합감독청*Office of Thrift Supervision*, 증권거래위원회, 국세청*Inland Revenue Service*, 관세청*U.S. Customs and Border Protection*, 전국보험감독관협회*National Association of Insurance Commissioners* 및 상품선물거래위원회*Commodity Futures Trading Commission*의 권한을 합친 것과 비슷하다. 정부의 경제적 지렛대가 각 부처에 퍼져 있는 미국의 시스템과는 달리, 재무성은 일본 경제의 거의 모든 측면을 통제하는 슈퍼부처였고, 때로는 관료 중의 관료로 묘사되었다.

제2차 세계대전 이후 일본 자유민주당(이하 자민당)은 정권을 독점했으며, 자민당의 장기 집권은 1993년까지 계속되었다. 사실상의 일당 체제와 슈퍼부처가 작동하는 상황에서 자민당과 재무성 사이의 긴밀한 사적 관계가 형성되는 것은 어쩌면 필연적인 일인지도 모른다. 재무성 관료가 되는 것은 공직자로서 가장 명예로운 일이라고 여겨졌는데, 그중에서도 예산국과 세무국 관료가 정치인들의 관심을 한 몸에 받는 가장 명예로운 자리였다. 재무성의 최고위 관료는 예산국과 세무국을 거치는 경향이 있었다. 정치적 중립을 지켜야 하는 최고위 관료 중 상당수가 공직을 떠나 자민당에 입당해 의원이 되었다. 저명한 정치인의 딸이 재무성 직원과 부부의 연을 맺는 등 각종 혼인 관계가 양대 조직 간의 관계를 더욱 공고히 했다. 이처럼 긴밀한 관계는 재무성에 정치적 보호막을 제공했다.

재무성의 영향력은 자체 업무 범위를 훨씬 뛰어넘어 확대되었다. '슈코出向'는 한 기관의 직원을 다른 기관에 임시로 파견하는 것을 의미한다. 재무성 직원들 중 상당수가 다른 정부기관에 파견되었고, 때로는 재무성이 이런 방식으로 다른 기관을 장악하기도 했다. 예를 들어 1998년 금융감독원이 금융 서비스에 대한 독립적인 규제기관으로 설립되었을 때, 직원 35명 중 24명이 재무성에서 파견되었다. 파견된 인원 중 실제로 규제 관련 경험이 있는 사람은 거의 없었다.

또한 재무성은 1990년대 후반까지 선진국에서 독립성이 가장 결여된 중앙은행으로 여겨지던 일본은행Bank of Japan에 강력한 통제권을 행사했다. 일본은행 업무의 대부분은 재무성 지침을 통해 법적으로 통제되었다. 통화 정책은 일본은행이 결정하는 것으로 되어 있지만, 이 결정은 일본은행 정책위원회 회의를 소집한 재무성 장관을 중심으로 이루어졌다. 여기서 일본은행을 대표하는 사람은 총재가 유일했다.

은행 시스템을 살펴보면, 일본에서는 인적 네트워크가 금융 정책의 결정과 규제에서 중요한 역할을 했다. 서구 선진국의 은행 시스템에서 볼 수 있는 공정하고도 독립적인 규제 프로세스가 아니라 비공식 네트워크에서 볼 수 있는 인맥이 중요한 역할을 했다.

은행 혹은 증권사에서 근무하면서 재무성과의 연락을 담당하는 사람들을 '모후탄モ フ ヶ ﾝ'이라고 한다. 그들이 하는 일은 기본적으로 재무성과 친밀한 관계를 맺고 협상을 하는 것이며, 종종 새로운 사업에 대한 암묵적이고도 비공식적인 승인을 구하는 것이었다. 모후탄이 매일 재무성을 방문하는 것은 흔한 일이었다. 그들은 자신이 맡은 관료들에게 술과 식사를 대접하면서 은행 혹은 증권사와 재무성 사이의 관계를 공고히 했다. 모후탄은 주로 30대 후반의 도쿄대 출신으로 고위 관리직이었다. 모후탄에게서 극진한 대접을 받는 것은 재무성 관료들에게는 일종의 특권으로 여겨졌지만, 모후탄은 금융 부문의 각종 현안에 대한 정보를 얻기 위해 자신의 인맥을 활용한 것이라고 주장하곤 했다.

'아마쿠다리天下り'(글자 그대로 '하늘에서 내려온다'는 의미)는 재무성이 퇴직 관료를 금융 부문으로 보내는 것을 의미한다. 아마쿠다리는 재무성 관료들에게 중요한 동기부여였으며 대체로 고용의 연장으로 여겨졌다. 공직자가 받는 연봉이 민간 부문보다 낮기 때문에 재무성을 퇴직하고 높은 연봉을 받는 자리로 가는 것은 본질적으로 이연 보상(처음에는 시장 임금보다 낮은 임금을 지급하고 나중에는 높은 임금을 지급하는 제도-옮긴이)의 한 가지 형태로 여겨졌다. 아마쿠다리 대상자는 연봉과 퇴직수당뿐만 아니라 직위에서도 상당히 높은 대우를 받았다. 은행 입장에서는 재무성 퇴직 관료를 영입하는 것이 재무성과의 소통과 업무 추진을 원활히 하는 방편이었다.

그러나 은행을 감독하고 규제하는 효과의 측면에서 보자면, 모후탄과 아마쿠다리 시스템은 역기능을 초래할 수밖에 없었다. 퇴직 후의 선택권이 전임자들의 호의에서 나온 것이라면, 현직 관료들은 이미 퇴직한 재무성 출신들과 우호적인 관계를 유지해야 하는 강력한 동기에 직면했다. 이는 정보를 공유하는 것뿐 아니라 전임자들의 잘못을 눈감아 주려고 했기 때문에 과거의 잘못, 혹은 문제를 덮어두는 것을 의미했다. 이런 관계가 은행에 대한 규제를 좌절시켰고, 이 문제는 훗날 위기를 맞이하면서 드러났다.

일본 금융 시스템의 성과와 한계 |

1990년대 중반까지 일본 은행들은 두 가지 방식의 규제를 받았다. 첫 번째 방식은 가격을 통제하는 것이었다. 예금 금리 상한 설정의 목적은 은행이 예금을 유치하기 위해 서로 경쟁하는 것을 방지하고, 제조업 부문에 저금리로 자금을 빌려주는 데 있었다. 두 번째 방식은 고소센단호시키護送船団方式에 기반을 둔 규제를 시행하는 것이었다. 트럭 호송과 마찬가지로, 어떤 은행도 뒤처지게 내버려두지 않았고 어떤 은행도 다른 은행의 생존을 위태롭게 할 정도로 빠르게 움직이지 말아야 했다. 한마디로 이 규제는 어떤 은행도 파산하지 않을 것이라는 확신을 주었다. 재무성은 진입과 이탈을 조율하며 은행의 수를 제한하고, 심지어는 지점 확장도 통제할 수 있었다. 실제로 은행이 지점과 본사를 열거나 닫거나 옮기려면 재무성의 승인을 얻어야 했다. 심지어 재무성은 은행 지점의 크기와 시설을 포함한 물리적인 부분까지 지침을 하달했다. 재무성은 은행 산업의 모든 측면에 관여했다.

한동안 고소센단호시키에 기반을 둔 규제는 잘 작동했다. 재무성은 기존 관계에 기반해 건전한 은행들이 건전하지 못한 은행들을 인수하는 것을 힘들이지 않고 주선했다. 건전한 은행은 규모에 대한 규제 한도에서 벗어나 지점과 예금자를 확대할 기회를 얻었기 때문에 재무성이 지원하는 구제 및 합병은 대체로 양측 모두에 좋게 진행되었다.

수익을 보장하고 경쟁을 제한하는 규제 시스템 덕분에 은행은 장기적인 안목에서 대출을 제공하고 기업과는 더욱 밀접한 관계를 형성할 수 있었다. '주거래 은행 제도'는 기업이 모든 금융 서비스를 하나의 은행을 통해서만 이용하게 해서 기업과 은행의 특별한 관계를 규정했다. 주거래 은행은 그 대가로 기업에 고정금리의 장기 대출을 제공하고 재정적으로 어려울 때 특별 지원을 제공할 것을 약속한다. 때로는 주거래 은행이 대출을 받은 기업의 주주가 되어 이사회에 참석하면서 관계는 더욱 두터워졌다.

기업은 주거래 은행 제도 덕분에 장기 자금을 안정적으로 조달할 수 있게 되었다. 이것이 특히 영미 은행 시스템과 비교했을 때 일본 기업의 높은 투자율과 평생 고용의 원인이 되기도 했다. 그러나 주거래 은행 제도하에서 은행은 사실상 대출을 받는 기업을 감독하는 책임을 졌는데, 이때 은행은 부실 대출을 해결하는 데서 느슨한 태도를 보였다.

은행 자체에 대한 공식적인 감독도 취약했고 은행의 지급 능력에 대한 감시도 대체로 없었다. 은행은 그다지 투명하지 않았다. 그리고 은행이 파산하지 않을 것이라는 암묵적인 정부 보증 덕분에 예금자들은 정보를 요구할 필요성을 거의 느끼지 않았고, 따라서 그런 요구를 거의 하지 않았다. 이 모든 것이 금융기관의 건전성을 분별하는 것을 어렵게 했다.

게다가 재무성 관료들은 대체로 산업에 관한 지식이 거의 없었고, 업계 현안에 대한 정보를 얻기 위해 금융 부문 내의 비공식 네트워크에 크게 의존했다. 재무성 내에서 금융규제국에 배치된 인력은 소수에 불과했고, 엘리트 코스를 밟는 관료들은 대체로 이곳을 거치지 않았다. 고소센단호시키에 기반을 둔 규제와 합병을 통한 구제의 유산은 위험 관리를 위한 실천 계획이 다른 선진국에 비해 취약하다는 것을 보여주었다.

이렇게 체계적인 결함이 있었지만, 일본의 금융 시스템은 1950년대부터 1970년대까지 안정적으로 작동했고 높은 수익을 거뒀다. 그러나 연간 약 10%씩 성장하는 실물 경제, 높은 투자율과 낮은 기업 파산율, 국제 경쟁으로부터 보호받는 시장, 대출 수요가 항상 공급을 능가하는 것을 의미하는 신용 할당, 낮게 고정된 예금 금리 등으로 일본 은행들은 어렵지 않게 높은 수익을 올렸을 것이다. 흠잡을 데 없는 실적 덕분에 1990년대까지는 재무성에 대한 의회의 압박도 없었다. 그러나 세계화와 규제 철폐 추세가 금융 시장의 복잡성을 극적으로 확대하기 시작하면서, 재무성의 접근 방식은 이미 위험할 정도로 뒤처져 있었다.

1980년대 일본은 세계 최고 수준의 제조업 경제를 달성했다. 그러나 금융 시스템은 상대적으로 그 수준에 미치지 못했다. 지난 30년간 금융 시스템이 경제를 성공적으로 지휘하고 조정할 수 있도록 지원했던 정치 네트워크 덕분에 이제 일본 경제는 금융위기를 맞이하게 되었다.

일본의 은행들은 어떻게
부동산 버블을 부추겼나 ‖

1985년 9월 22일, 미국·일본·영국·서독 및 프랑스로 구성된 G5 국가의 재무장관과 중앙은행 총재가 뉴욕시의 플라자호텔에 모였다. 미국 대통령 로널드 레이건*Ronald Reagan*은 두 번째 임기 중에 있었다. 당시 미국 재무장관은 제임스 베이커*James Baker*였는데, 레이건 행정부는 첫 번째 임기를 특징짓던 자유방임적인 입장에서 방향을 바꿔 더욱 적극적으로 개입하는 전략을 세웠다. 레이건은 항상 달러화 강세를 미국 경제에 대한 신뢰를 나타내는 지표로 보고 자유시장을 신봉했지만, 베이커는 좀 더 현실적으로 접근하려고 했다.[4]

이 회의의 목적은 1980년대 초반에 고평가되었고, 특히 일본·독일과의 무역 적자가 커지는 원인인 달러화의 가치를 낮추기 위한 국제 합의를 이끌어내는 것이었다. 그 결과, G5는 외환 시장 개입으로 달러화의 가치를 낮추기로 합의했다. 바로 플라자 합의*Plaza Accord*다. 그런데 머지않아 이 합의가 지나치게 효과적인 것으로 드러났다. 1986년 말까지 미국 달러화 대비 일본 엔화의 가치가 약 50% 상승한 것이다.

1987년 2월 22일, G7(G5에 캐나다와 이탈리아 추가) 재무장관이 파리의 옛 루브르 왕궁에 있는 프랑스 재무성에서 플라자 합의를 수정하기 위해 모였다. 7개 국가 중 6개 국가가 루브르 합의*Louvre Accord*에 서명하면서 (이탈리아는 거부했다), 달러화의 안정을 지원하기로 합의했다. 이에 따라 일본과 독일은 금리를 인하해 자국 통화의 가치를 떨어뜨렸다. 일본은행은 독립성이 강한 분데스방크보다 훨씬 더 적극적으로 움직여서 금리를

5%에서 사상 최저 수준인 2.5%로 인하했다. 일본에서 자금을 조달하기가 쉬워지고 이에 따른 비용이 낮아지면서 주식 시장과 부동산 시장에서는 이미 조성되고 있는 버블이 더욱 부풀었다.

1987년 8월, 일본은행이 긴축 정책을 추진할 것이란 기대가 널리 퍼졌다. 하지만 일본은행의 긴축 정책은 그해 가을 '검은 월요일(10월 19일)'이라 불리는 주식 시장 폭락과 세계적인 패닉으로 유보되었다. 1988년 말부터 1989년 초까지 일본 재무성 관료들은 금융 부문의 전개를 보면서 걱정이 깊어졌지만, 엔화 강세를 막으려면 루브르 합의에서 약속한 사항을 지키는 게 우선이었다. 재무성은 1989년 3월이 되어서야 긴축 정책을 추진하기 시작했다. 돌이켜보면, 이처럼 정책 행동을 유보한 것이 훗날 일본에서 발생한 폭락과 '잃어버린 수십 년'의 원인이 된 주요 정책 오류 중 하나로 여겨졌다. 금리 인상을 유보한 것이 당시 호황을 가능하게 했다. 1987년부터 1990년까지 GDP 성장률은 연평균 5.5%였고 실업률은 2%로 떨어졌다. 20,000에 미치지 못하던 닛케이 평균주가는 1989년 12월 29일에 39,000이라는 최고치를 기록하며 약 2배 가까이 상승했다.

일본 은행들은 종래의 영업 이익을 저해하는 두 가지 추세의 부정적인 영향을 상쇄하기 위해 1980년대의 호황을 누리고 있는 경제에 막대한 투자를 했다. 첫째, 1985년부터 금리 규제가 철폐되면서 50만 엔이 넘는 예금에 정부가 정한 금리가 아니라 시장에서 결정되는 더 높은 금리에 따라 이자를 지급해야 했다. 이는 은행의 자금 조달 비용을 상승시켰고 수익을 압박했다. 예전에는 규제의 적용을 받은 예금 금리가 시장 금리보다 낮아서 저렴한 비용으로 자금을 조달할 수 있었고, 보장된 수익을 올릴 수 있었다. 은행들은 금리 인상을 차입자들에게 전가하지 않고 도쿄 주식 시장에 투자함으로써 수익을 회복했다. 뜨겁게 타오르는 시장에서 얻은 막대한 자본 이익이 대출이라는 핵심 사업에서 발생하는 영업 이익의 점점 커지는 구멍을 메웠다.

1989년, 3월에 종료되는 회계 연도에서는 은행의 수익 중 42%가 유가증권에서 얻은 자본 이익으로 나타났다. 1984년부터 1990년까지 일본 은행들은 연평균 수익이 매년 13% 증가한 것으로 보고했다. 그러나 장기 증권 판매와 단기 주식 시장 거래에서 나오는 수익을 제외하면, 연평균 수익은 매년 겨우 1%만 증가했다. 일본의 경제 성장을 감안했을 때 은행의 핵심 사업에서 얻은 수익으로는 정말 보잘것없다는 것을 보여준 셈이다.

그러나 이 은행 수익들은 장부상의 거품에 불과할 때가 많았다. 순환 출자를 하는 게이레쓰 시스템에서는 대체로 은행이 고객사에서 다수의 주식을 보유하고, 반대의 경우도 마찬가지였다. 이는 차입자와 대출 기관이 장기적인 관계를 형성한다는 것을 의미했다. 또한 이 시스템에서는 은행이 수익을 얻기 위해 판매한 고객사의 주식을 그 회사의 주주이기 때문에 더 높은 가격으로 재구매했다. 은행은 수익에 대한 자본 이득세도 납부해야 한다는 사실을 감안하면, 현금 보유고는 보고한 수익을 통해 예상할 수 있는 것보다 훨씬 더 적었다.

국제결제은행*Bank for International Settlements, BIS*은 국제 금융 시장에서 초국가적 지위를 차지하고 있어서 중앙은행의 중앙은행으로 알려져 있다. 일본 은행들은 실현되지 않은 주식 이익의 45%를 자본으로 계상할 수 있도록 하는 BIS 규정으로 많은 도움을 받았는데, 영국은행이 강력하게 반대했던 상당히 논란이 많은 규정이었다. 이 규정에 따라 주식 시장의 상승은 은행 자본 비율을 증가시켰고, 이는 은행이 대출을 늘릴 수 있도록 해주었다. 대출이 많아지자 그 돈이 주식과 부동산으로 흘러가 가격을 올려놓았다. 자산 가격이 오르면서 은행이 이런 자산을 담보로 잡는 사례도 많아졌다. 이에 따라 은행 자본과 대출이 함께 증가하는 순환이 발생한다. 이 모든 것이 일본 은행들의 자본 포지션이 도쿄 주식 시장의 실적에 크게 의존하게 된 것을 의미한다. 또한 일본 은행들은 도쿄 주식 시장을 주도하는 지위에 있었다.

은행의 생존 가능성에 영향을 미치는 또 다른 요인으로는 전통적인 고객을 상대로 하는 대출이 감소한 것을 들 수 있다. 우량 기업들은 규제 철폐 이후로 세계 시장에서 은행 대출보다는 증권을 통해 점점 더 많은 자금을 조달하고 있었다. 이렇게 법인 대출 시장이 축소됨에 따라 은행은 소비자와 모기지 차입자에게 더 많은 자금을 빌려주었다. 부동산에 대한 은행 대출의 대부분은 주택금융전문회사인 주센住專과 같은 금융사를 통해 간접적으로 이루어졌지만, 1980년대 말까지 은행의 부동산 대출 참여는 상당히 두드러졌다.

봉건 사회의 잔재가 남아 있던 일본은 토지 소유를 사회적 지위와 동일시했다. 제2차 세계대전 이후로 토지 가격은 국채 가격보다 평균적으로 더 빨리 상승했고, 토지 가격은 상승만 한다는 신화가 널리 퍼져 있었다. 이런 신화는 부동산 시장 과열을 일으켰는데, 도시 계획에 따른 엄격한 용도 설정과 건축 규제로 토지가 부족했던 도쿄에서 특히 심했다. 부동산 시장 과열은 은행에 부동산 담보 대출이 부실 대출이 되지는 않을 것이라는 인식을 심어주었다. 따라서 부동산을 담보로 제공하면 자금을 쉽게 빌릴 수 있었다. 한편, 자금을 빌려서 부동산을 취득할 것을 장려하는 세제가 부동산의 가치를 떠받쳤다.

일본의 주식 시장이 정점을 찍던 1989년 말, 부동산 시장은 뜨겁게 타올랐다. 정부의 경영조정조사*Management Coordination Survey*가 냉정하게 추정한 결과에 따르면, 일본의 전체 부동산 가치는 2,000조 엔이 넘고 일본 GDP의 5배에 달하는 것으로 나타났다. 국토 면적이 일본의 25배에 달하는 미국 전체 부동산 가치 추정치의 4배에 달하는 금액이었다. 이에 따르면, 일본은 도쿄 23구를 팔아 미국 국토 전체를 사들일 수 있고, 황궁 부지에 건물을 짓는 것만으로 캐나다 국토 전체를 살 수 있었다. 농담으로 하는 이야기이지만, 일본의 부동산 붐은 역사상 일개 국가에서 가장 큰 부를 축적한 것이라 할 수 있다.

1985년부터 1991년까지 도쿄, 요코하마, 나고야, 교토, 오사카, 고베 등 6대 도시의 부동산 시장 가격을 종합하면 상업용 부동산은 300%, 주거용 부동산은 180%, 산업용 부동산은 160%나 상승했다. 1989년부터 1991년까지 일본에서는 160군데가 넘는 골프장이 생겼고, 건설 중이거나 건설 허가를 받은 곳도 1,200군데에 달했다. 그 당시 일본 전역에 건설된 골프장이 1,700곳, 회원권을 보유한 사람은 180만 명이나 되었다. 심지어 닛케이는 골프장 회원권 시세 지수도 발표했다.

일본의 은행 대출이 일본 본토에서만 부동산 시장을 뜨겁게 달군 건아니었다. 1983년, 재무성이 해외 투자에 대한 규제를 철폐한 이후로 일본은 세계적으로 신용 공급의 중심이 되었다. 1985년 플라자 합의 이후 엔/달러 환율이 250에서 120으로 하락했는데, 이는 일본 은행들이 보유한 자산의 달러화 가치가 2배로 커지고 해외 대출이 확대된 것을 의미한다. 1980년대 초, 일본 은행들은 세계 대출 시장의 4%를 차지했다. 1989년에는 40%로 급증했고 선호하는 목적지는 미국이었다.

놀랄 것도 없이 미국 골프장이 주요 목표물이 되었다. 1990년 9월, 일본의 부동산 개발업체가 캘리포니아의 페블 비치 리조트를 8억 3,100만 달러에 사들였다. 하와이가 인기 있는 장소였다. 일본의 부동산 개발업체들은 수익을 거의 생각하지 않고, 일본 은행들의 자금을 지원받아서 리조트를 건설했다. 그들은 1991년 9월에 개장한 마우이의 그랜드 하얏트 와일리아 리조트 앤 스파가 지금까지 건설된 가장 호화로운 호텔이라고 주장했다. 일본 은행들은 미국 부동산, 특히 캘리포니아의 부동산에 많은 자금을 빌려주었는데 로스앤젤레스의 거의 모든 주요 신축 건물 건설에 일본 은행의 자금이 쓰였다. 일본 은행들의 해외 대출 열풍은 미국의 부동산 열풍과 시기적으로 일치하는데, 이는 부동산 투자의 대부분이 시장의 정점 부근에서 이루어진 것을 의미했다.

부동산 버블의 폭발, 일본 경제의 추락

1988년 말, 루브르 합의 이후로 일본은행의 금리 인상을 저지하던 재무성 관료들은 금융 시장의 흐름을 보면서 걱정이 깊어졌다. 부동산 개발업체 및 건설회사에 대한 과도한 은행 대출, 점점 커지는 주식과 부동산 시장의 버블이 이제는 무시해서는 안 될 정도로 만연했기 때문이다. 1989넛 봄, 마침내 재무성과 일본은행이 칼을 뽑아 들었다. 그해 말, 닛케이 평균주가가 정점을 찍으면서 금리가 2.5%에서 3.25%로, 5개월 후에는 4.25%로 가파르게 상승하기 시작했다.

1990년에 금리가 또다시 6%까지 상승했지만, 그해 4월에 과열된 부동산 시장을 진정시키기 위한 대형 조치가 있었다. 일본은행과 재무성은 토지 가격의 질서정연한 하락을 약속했다. 토지 가격 상승이 '손쉬운 부'를 창출해 일본이 널리 자랑할 만한 열심히 일하는 문화를 해칠 수 있다는 정치적 우려가 있었기 때문에, 미에노 야스시三重野康 일본은행 총재는 토지 가격의 20% 하락에 기쁨을 감추지 못했다고 한다.[5] 재무성 은행국은 1991년 말까지 부동산 대출이 총대출보다 더 빠르게 증가해서는 안 된다는 행정 지침을 내렸다.

그러다가 전혀 생각지도 못한 일이 벌어지고 일본 부동산 시장은 붕괴했다. 닛케이 평균주가는 끝없이 추락하고 있었다. 지난 6년 동안 4배나 상승하며 1990년 초에는 거의 40,000에 육박하던 주식 시장은 연말에 거의 반토막이 났다. 믿기 힘든 호황에 이은 믿기 힘든 불황의 전형적인 사례였다.

이런 자산들을 담보로 엄청나게 많은 자금을 빌려준 은행들은 담보가치가 급락하면서 부실 대출이 급증했다. 주식과 부동산 버블이 한꺼번에 터지면서 은행과 기업의 대차대조표에는 문제가 생겼다. 금융 부문이 부실 채권 문제에 시달리면서 호황을 부추기던 신용 흐름이 갑자기 끊기고는 불황을 부추겼다.

앞에서 언급했듯이, 일본 은행들은 실현되지 않은 주식 이익을 자본으로 계상하지 않으면 BIS가 요구하는 8%의 자기자본비율을 달성할 수 없었다. 이처럼 일본 은행들에 부여되는 일종의 프리미엄이라 할 '재팬율*Japan rate*'은 세계 시장에서 널리 알려진 현상이 되었다. 이제 주가가 폭락하면서 일본 은행들의 자기자본비율도 함께 폭락해 대출 실적도 부진해졌다. 1990년 말에는 일본 전역에서 토지 가격이 하락하고 있었다. 캘리포니아 부동산 시장 폭락의 원인에는 일정 부분 일본의 투자자들이 현금을 확보하고 대차대조표를 개선하기 위해 해외 자산을 빠른 속도로 회수한 것도 있었다.

1990년 12월 말, 일본은행은 주식 시장의 하락 속도를 줄이고 경기 후퇴에 맞서기 위해 금리를 인하하기 시작했다. 금리는 1992년 4월까지 3.5%로 떨어졌지만, 이 금리로는 닛케이 평균주가가 계속 하락하는 것을 막기에는 충분하지 않았다. 그해 늦여름에는 닛케이 평균주가가 15,000 아래로 떨어졌다.

부동산 버블의 종말은 일본 은행들에게는 재앙이나 다름없었다. 토지 가격의 폭락은 담보물 소멸, 은행 파산, 국내외 자산 염가 판매 등 경제가 악순환에 빠져들게 했다. 일본의 부동산 시장은 아무도 팔려고 하지 않는 곳에서 아무도 사려고 하지 않는 곳으로 바뀌었다. 그 결과, 금융 부문에서 부실 채권이 무서운 속도로 증가했다. 1991년 살로먼 브라더스*Salomon Brothers*는 부실 채권을 연구한 후, 일본 은행들은 거의 항상 토지를 담보로 대출을 해주었기 때문에 부실 채권이 20조 엔에 이를 수 있다고 주장했다. 이는 2장에서 살펴본 미국의 저축대부조합 위기만큼이나 재앙으로 작용할 것이다. 사실, 이런 추정치가 실제로 발생한 부실 채권의 합계를 보수적으로 추정한 것으로 드러났다.

신용 흐름이 끊기면서 일본 경제는 침체의 늪에 빠져들었다. 1991년 4분기부터 1999년 말까지 GDP 성장률이 연평균 1% 미만이었고, G7

국가 평균의 절반에도 못 미치는 속도로 성장하면서 G7 국가 중 실적이 가장 좋은 국가에서 가장 나쁜 국가로 전락했다. 계속 이런 속도로 성장한다면 경제 기적을 달성했던 국가 일본은 세계 2위라는 경제 대국의 지위를 새롭게 부상하는 중국에 넘겨주게 될 것이었다.

금융업계를 뒤흔든
은행발 스캔들

주식 시장과 부동산 시장이 무너지면서 금융 부문의 각종 스캔들과 사기 행위가 폭로되었다. 대중은 펀드 매니저들이 VIP 투자자들에게 보장된 수익뿐만 아니라 손실에 대한 보상까지 제공하는 '에이교토킨營業特金' 계좌의 존재를 알고는 엄청나게 분노했다. 1980년대 일본에서 이 계좌는 자금을 관리하기 위한 고유의 특징이 되었고, 영업을 위해 꼭 필요한 도구로 여겨졌다. 손실 보상의 과정은 본질적으로 세계 전역에서 채권을 판매하고 환매하는 행위를 통해 이루어졌는데, 여기서 펀드 매니저들은 당초 고객에게 판매한 것보다 더 높은 가격으로 동일한 채권을 환매했다. 이 과정에서 펀드 매니저들은 세무 당국의 눈을 쉽게 피해 갈 수 있었다.

빠르게 상승하는 시장에서는 손실 보상이 대체로 비현실적이었지만, 이제는 손실이 비현실적이지 않았다. 시장이 폭락하면서 대중은 작은 물고기가 손실을 입었지만 큰 물고기는 구제되는 모습을 보고 분노했다. 금융 부문에서 특별 대우를 받는 투자자들은 이런 식으로 보호를 받았지만, 일반 대중은 엄청난 손실을 입었다. 보상을 지급한 사례가 잇달아 폭로되면서 스캔들이 끊이지 않았다. 이러한 행위가 본질적으로 손실의 위험에 대한 보증을 제공해 주식 시장의 과열을 부추긴 것으로 여겨졌다. 미국 푸르덴셜증권*Prudential Securities*의 일본 지점장 제임스 월시*James Walsh*는 특정 투자자들에게 유가증권에서 발생한 손실의 보상을 지급하는 관행을 스테로이드를 복용하는 운동선수에 비유했다.[6]

재무성은 이런 스캔들에서 좋지 않은 모양새로 빠져나왔다. 닛케이 평균주가가 1989년의 마지막 거래일에 사상 최고치를 기록하기 전에 손실 보상을 금지하는 내용의 지침을 내리기는 했지만, 증권사들이 기존에 제공하던 보증을 유지하는 것을 허용하고 주식 시장이 무너질 때 진행 중이던 손실 보상을 묵인한 혐의를 받고 있었다. 그러나 세무 당국은 그렇게 독단적이지 않았고, 이런 문제를 묵인하지 않았다. 손실 보상은 형사상의 범죄로 여겨졌지만, 재무성의 대처는 대체로 너무 느리게 행동했다는 평가를 받았다.

또 다른 스캔들의 물결에서는 범죄 조직이 일본 금융업계에 침투한 사실이 드러났다. 주식과 부동산 시장에서 엄청나게 많은 수익이 발생해 금품 갈취, 매매춘, 마약 밀매에 관여하던 조직 폭력배들이 이곳으로 몰려들었다. 그들 중 일부는 '소카이야總会屋'라고 불리는 전문적인 갈취범이 되었다. 그들이 즐겨 사용하는 수법은 금품을 제공하지 않으면 회사의 연례 총회를 방해할 것이라고 위협하거나 불편한 질문이 나오지 않도록 일종의 '보호비'를 요구하는 것이었다. 일본에서는 체면을 세우는 것이 상당히 중요하기 때문에 기업 경영진은 이런 종류의 갈취에 취약했다.

도쿄에서 두 번째로 큰 범죄 조직 이나가와카이稲川会의 두목 이시이 스스무石井進가 노무라증권野村證券과 닛코증권日興證券을 찾아가 주요 철도회사인 도큐주식회사東急株式会社에 자금을 지원하게 한 것도 이를 통해서였다. 1989년에는 이시이가 노무라와 닛코의 계열사를 통해 빌린 360억 엔으로 6개월 만에 도큐 지분 2%를 사들였다. 이시이가 지분을 사들인 이후 도큐의 주가는 2개월 동안 164%나 상승했다. 노무라증권의 지점 네트워크가 도큐의 주식을 대대적으로 홍보했다. 1989년 10월, 노무라 증권의 일부 지점에서는 모든 주식 거래 중 도큐 주식이 차지하는 비중이 90%에 달하기도 했다. 재무성이 공개적으로 의혹을 제기했지만, 이시이는 수사를 받기 전에 뇌졸중으로 사망했다.[7]

범죄 조직과 금융업계의 또 다른 연결 고리에는 야쿠자가 있었다. 야쿠자는 비조직 범죄가 조직의 형태를 띠게 하고 변호사를 통하지 않고도 분쟁을 해결했기 때문에 일본 사회에서 비공식적으로는 어느 정도 인정받는 위치에 있었다. 은행은 부실 채권을 야쿠자에게 할인가로 판매했다. 심지어 야쿠자 조직원이 오사카에 있는 은행 이사회의 이사가 되기도 했다.

일본의 유명 은행 중 하나인 스미토모은행住友銀行의 회장은 1970년대 초 스미토모가 인수한 무역회사 이토만イトマン의 이사회에 야쿠자 조직원을 이사로 앉힌 것을 사실상 인정했다. 이렇게 이사가 된 이토 스에미쓰伊藤寿永光는 토지 거래에 얽힌 분규 이후로 이사회의 해결사 역할을 했지만, 실제로는 암흑가에서 활동하는 한국인 사업가 허영중의 얼굴마담 노릇을 하는 사람이었다. 이토가 이토만 이사회 이사에 영입되면서 다수의 의심스러운 투자가 발생했다. 이토만은 허영중의 처남에게서 하와

이에 있는, 값어치가 별로 없는 땅을 실제 가치보다 훨씬 더 비싼 가격에 매입했다. 또한 허영중의 형제가 소유한 유령회사 두 곳에 대출을 해주었다. 이 유령회사들은 부동산 개발업체 두 곳에 대출금을 전달했다. 이토만은 예술품 투자를 시작해 허영중이 소유한 회사들로부터 다수의 그림을 부풀린 가격에 매입했다. 이토만이 이처럼 낭비에 가까운 투자에 필요한 자금을 조달하는 과정에서 다수의 은행은 그 배후에 스미토모은행이 있다고 생각해 기꺼이 자금을 빌려주려고 했다. 이렇게 빌린 자금이 부동산, 예술품, 골프장 투기에 쓰였다. 1990년 9월, 금융 당국은 5개월에 걸친 조사를 마치고 스미토모은행에 총부채가 1조 4,000억 엔으로 추정되는 이토만을 구제해야 할 의무를 부과했다. 1991년 8월, 이토와 허영중 일당은 구속되었고 이토만을 통해 빌린 돈을 개인적으로 사용한 혐의로 기소되었다.[8]

일본 은행들이 폭력적인 범죄 조직에 의해 약탈당하기만 했던 건 아니었다. 1991년 7월 25일, 세계에서 세 번째로 규모가 큰 은행인 후지은행富士銀行의 도쿄 지점 중 세 곳에서 2,600억 엔 상당의 위조 예금 증서를 발급해 준 사실이 세상에 알려지면서 회장 하시다 다이조端田泰三가 회장직에서 물러나야 했다. 당시 이 예금 증서는 14개의 비은행 기관으로부터 자금을 빌리기 위한 담보로 쓰였고, 이렇게 얻은 자금 중 일부는 야쿠자가 연루된 부동산 회사로 흘러 들어갔다. 후지 스캔들이 터지고 불과 며칠 후, 도카이은행東海銀行과 교와사이타마은행協和埼玉銀行도 후지은행과 마찬가지로 비은행 기관으로부터 부동산과 골프장 투기에 필요한 자금을 빌리는 데 사용할 위조 예금 증서를 발급해준 사실을 인정했다.[9]

후지 스캔들은 한동안 일본에서 은행이 일으킨 가장 큰 규모의 금융

사기 사건이었지만, 그다음에는 일본산업은행이 오사카의 레스토랑 두 곳을 소유한 61세의 오노우에 누이尾上縫가 일으킨 사기 사건에 연루된 사실이 드러났다. 일본산업은행은 오노우에에게 2,400억 엔을 빌려주었다. 1980년대 도쿄 주식 시장에서 가장 큰 개인 투자자라 할 오노우에는 일본산업은행의 주식 310만 주를 보유해 이 은행의 최대 개인 주주가 되었다. 오노우에는 일본의 우량 기업들을 대상으로 수백만 주에 달하는 주식을 보유했는데, 그녀의 전략은 우량주, 특히 은행주를 대량으로 매입하여 보유하는 것이었다. 오노우에는 증권업계에서 유명 인사였고, 증권사에 납부하는 수수료만 해도 엄청나게 많았다. 1991년 8월, 오노우에는 위조 예금 증서를 포함한 허위 서류로 대출을 받은 혐의로 구속되었다. 그녀는 오직 혼자 힘으로 일본에서 최대 규모의 금융 사기 사건을 일으켰다.[10]

일본 언론은 은행업계를 뒤흔든 일련의 스캔들을 앞다퉈 보도했다. 각각의 스캔들이 은행과 경영진에 대한 신뢰를 무너뜨렸지만, 이미 자산 가격이 폭락해 비난에 직면해 있던 재무성은 대중이 부실한 은행 감독에서 그 원인을 찾을 것이라고 판단해 스캔들의 여파를 축소하는 데 여념이 없었다. 자민당에도 비난이 쏟아졌다. 이어진 1993년 총선거에서는 반反자민당 연합이 승리를 거두었고, 이에 따라 자민당의 약 40년에 걸친 정권 유지는 종식되었다.

이런 스캔들은 정부가 금융 부문을 구제하고 정화하기 위해 납세자가 낸 돈을 사용하는 것을 정치적으로 매우 어렵게 했다. 개별 기관들은 대체로 사적인 영역에 있지만, 전체 금융 시스템은 상당히 공적인 영역에 있고 경제가 작동하는 데 꼭 필요한 것이다. 결론적으로 이번 위기가 일본 경제에 엄청난 손상을 일으키게 된 원인은 수많은 스캔들과 일본 은행들의 엄청난 부실 대출을 처리하는 과정에서 정부가 적극적으로 나서지 못한 것에서 찾을 수 있다.

IMF의 연구 보고서에 따르면, 무너진 경제가 장기적으로 회복될 것인가를 결정하는 데에는 폭락 이후로 10개월이 상당히 중요하다.[11] 이 보고서는 정부가 느리게(4년 혹은 그 이상) 행동했을 때, 국민이 겪는 고통이 컸다고 전한다. 일본은 행동하는 데 8년이 걸렸다.

정부와 재무성이 신속하게 행동하지 않은 원인은 비공식적이고도 관계에 기초한 규제 관행으로 상황의 진정한 심각성을 깨닫지 못한 것에서도 찾을 수 있다. 유령회사와 계열사로 부실 대출을 넘기는 방식으로 장부를 꾸민 경우도 있었다. 은행이 부실 채권을 장부에서 지울 때에도 담보물을 시장 가격으로 평가하지 않고 구매 가격에 회수한 것으로 처리하는 경우도 있었다. 아마도 재무성은 은행 사이를 떠돌아다니는 부실 대출의 규모를 인정하고 싶지 않았을 뿐만 아니라, 경제가 회복해 모든 문제가 해결될 것이라는 헛된 희망 속에서 시간을 벌기 위한 필사적인 시도로 그와 같은 행동을 공모했을 것이다.

연이은 은행 파산의 도화선, 저수익과 부실 대출

핵심 사업에서 수익성이 낮은 것은 1980년대 호황기에도 일본 은행들이 가진 고유한 특징이었다. 1980년대 후반부터 1990년대 초반까지 예금에 대한 고정 금리를 단계적으로 폐지한 것이 규제에서 발생하는 수익의 원천을 차단했지만, 은행들은 정부로부터 납세자의 호주머니에서 나오는 보조금을 지원받고서 대출 금리를 결정하는 금융기관들과의 경쟁으로 대출 금리를 인상하기가 어려웠다. 은행들 스스로도 기업에 적용하는 장기 대출 금리 인상으로 수익성을 회복하는 것을 원하지 않았다. 일본산업은행 총재를 지냈던 구로사와 시오黑澤洋는 1998년 2월 〈유로머니Euromoney〉와의 인터뷰에서 이렇게 말했다.

수익은 상당히 중요하지만, 우리가 얻는 수익은 매우 적습니다. 그러나 수익이 일본산업은행의 궁극적인 목표는 아닙니다. 우리 일본산업은행은 상업은행이 아닙니다. 우리의 철학은 고객과 일본 제조업을 위해 봉사하는 것입니다. 수익이 발생해야 하지만 합당한 만큼만 발생하면 됩니다. 우리가 너무 많은 수익을 올리면 고객에게 가야 할 수익을 가져오는 것이 됩니다. 우리는 수익을 극대화하는 것을 원하지 않습니다.[12]

이제는 수익이 부족해지면서 과거의 유산을 현금화하는 식으로 버텨낼 수가 없고, 경제가 어려워지면서 새로운 사업을 할 기회가 사라지고, '일본 프리미엄Japan premium'의 결과로 자금 조달 비용이 증가함에 따라 일본의 금융기관들은 재무성이 그들에게 보여준 놀라운 인내에도 자신의 문제를 해결할 가능성이 거의 보이지 않았다. 예대금리차가 줄어들고 부실 대출로 인한 손실이 증가함에 따라 일본 은행들은 현재의 수익만으로는 손실을 감당할 수 없었다.

1997년 11월에 접어들며 일본 은행들은 문제의 규모를 더 이상 숨길

수가 없었다. 산요증권三洋証券은 제2차 세계대전 이후 파산한 최초의 증권사가 되었다. 17일에는 일본에서 열 번째로 큰 상업은행 홋카이도타쿠쇼쿠은행北海道拓殖銀行도 부실 대출의 무게를 견디지 못하고 파산했다. 24일에는 네 번째로 큰 규모의 증권사 야마이치증권山一證券이 사실상 파산했다. 그리고 같은 달 26일에는 도쿠요시티은행德陽シティ銀行이 문을 닫았다.

금융기관의 연이은 파산은 재무성이 통제하고 있던 대중의 인식을 크게 흔들었다. 파산한 금융기관에서 발견된 부실 대출은 예상보다 훨씬 더 많은 것으로 나타났다. 홋카이도타쿠쇼쿠은행은 1997년 3월에 당기순이익을 공시했고 배당금을 지급했음에도 파산을 선언했다. 파산 당시에는 자본금이 3,000억 엔이라고 신고했지만, 이후 조사 결과 역자산 *negative equity*(담보로 잡힌 자산의 가격이 갚아야 할 대출금 액수보다 낮은 상황―옮긴이) 규모가 1조 2,000억 엔에 달하는 것으로 밝혀졌다. 총 1조 5,000억 엔 규모의 분식회계를 한 것이다. 마찬가지로, 야마이치증권도 증권 투자에서 발생한 2,600억 엔 규모의 손실을 숨긴 것으로 확인되었다. 자기자본의 50%가 넘는 금액이었다.

일본 금융기관들의 연이은 파산은 이들의 재무제표와 감독에 관한 의혹을 증폭시켰다. 일본 은행들은 주식 가격이 하락하고 자본비용이 증가하는 것을 경험했다. 일본 경제는 '신용 경색'에 빠져들고 기업 투자, 소비 및 부동산 투자가 감소하고 경기 침체와 신용 제약의 악순환이 시작될 심각한 위험에 처해 있었다.

1997년 11월 29일, 하시모토 류타로橋本龍太郎 총리가 "이것은 정책의 전환이 아니다"라고 주장했지만, 마침내 은행을 안정시키기 위해 납세자가 낸 돈을 사용한다는 결정이 내려졌다.[13] 1998년 2월에 제정된 금융구조조정법에 따라 파산한 금융기관의 예금자를 보호하고 은행에 새로운 자본을 투입하는 데 30조 엔이 할당되었다. 이런 자금 투입은 초기의 낙관론에도 불구하고 위기를 해결하는 데 실패했다. 일본 정부는 이번 자금이 '구제금융'이 아니라 '투자'라고 주장했고, 은행들이 그 자금을 받아들일 것을 강요하지는 않았다. 그러나 이 자본 재조정 프로그램에 대한 대체적인 시각은 〈이코노미스트*the Economist*〉가 "역사상 가장 비싼 붕대"라고 지적했던 바와 같이 또 하나의 임시방편에 지나지 않는다는 것이었다.[14]

은행 시스템에 대한 신뢰를 회복하지 못한 것은 이제 기업에 심각한 영향을 미치고 있었다. 1998년 여름, 구조조정과 파산 절차에 들어간 기업이 눈에 띄게 늘어 실업률이 사상 최고치인 4.3%에 도달했다. 1998년 9월, 미국 재무부 로버트 루빈*Robert Rubin* 장관과 래리 서머스*Larry Summers* 차관은 미국 헤지펀드사 LTCM이 파산지경에 이른 이후 아시아 금융위기와 세계 주식 시장 변동성이 확대됨에 따라 일본 정부에 생존 가능한 은행을 대상으로 자본재조정에 나설 것을 강력히 촉구했다.

1998년 10월에 열린 G7 재무장관 회의에서 일본은 취약한 은행의 자본재조정을 위한 조치를 시행하고, 이를 위해 공적 자금을 투입하라는 요구를 받았다. 그해 10월 말, 일본 정부는 금융 시스템의 정화淨化 작업에 투입될 공적 자금으로 30조 엔에서 2배 늘린 60조 엔을 할당했다. GDP의 12%에 달하는 금액이었다. 「은행자본재조정법*Bank Recapitalization Act*」에서는 이를 위해 소요되는 자금을 25조 엔으로 증액했다. 이번에는 은행들이 보다 적극적으로 신청했고, 일본산업은행 총재 니시무라 마사오西村正雄는 은행의 사회적 책임에 관하여 다음과 같은 유명한 말을 남겼다.

자본재조정은 어느 한 은행을 이롭게 하는 것이 아니라 일본 경제 전체를 이롭게 하는 것입니다. 우리가 하지 않으면, 하도록 강요받을 것입니다. 따라서 우리는 자본재조정을 반드시 해야 합니다. 정부는 25조 엔을 준비했고, 우리는 그것을 받아야 할 사회적 책임이 있습니다.[15]

나머지 35조 엔은 「금융재활성화법Financial Revitalization Act」에 근거하여 조성되었다. 이 자금은 예금보험을 제공하고 은행의 국유화·합병·폐쇄에 필요한 비용을 충당함으로써 파산한 은행의 질서 있는 정리를 목표로 했다. 이 법에 따라 장기신용은행長期信用銀行과 일본신용은행日本信用銀行은 각각 1998년 10월과 12월에 국유화되었다. 「은행자본재조정법」과 「금융재활성화법」은 금융 시스템을 안정시키고 일본 경제가 서서히 회복하기 위한 기반을 조성하는 데 도움이 되었다. 합병을 촉진하고 은행 시스템을 통합하는 것은 '일본 프리미엄'이 줄어든 것을 의미했고, 이 모든 것이 이전 해에 경제를 뒤덮던 심각한 금융위기를 완화하는 데 도움이 되었다.

그러나 당시 진행되고 있던 문제들은 여전히 심각했다. 1992년 3월부터 2001년 9월까지 일본 은행들은 일본 GDP의 약 15%에 달하는 75조 엔 규모의 부실 대출을 손실로 처리했다. 그런데도 신설된 금융청金融廳에 따르면 2001년 9월 말에 밝혀진 은행들의 부실 대출은 여전히 36조 엔에 달하고, 밝혀지지 않은 것은 68조 엔에 달한다고 했다. 은행 부문의 만성적인 저수익성은 1994년부터 1999년까지 매년 대출 손실이 총수익을 초과한 데서 비롯되었다. 2001년, 미쓰이스미토모은행三井住友銀行의 니시카와 요시후미西川善文 회장은 이러한 상황을 두고 "우리는 전쟁 이후로 축적한 것을 거의 모두 잃었습니다. 이제 우리는 뼈밖에 남지 않았습니다"[16]라고 했다.

일본이 10년을 넘어 '30년'을 잃어버린 이유

1980년대 후반, 주식 시장 상승과 저금리 기조로 저리의 자금이 경제 전체를 휩쓸었다. 1986년 말부터 1991년 초 사이, 투자와 자본 지출은 일본의 경제 성장에서 자그마치 3분의 2를 차지했다. 이런 규모를 가늠하자면, 일본 경제는 매년 한국의 GDP가 더해지고 5년 만에 프랑스의 GDP가 더해지는 수준이었다. 그리고 이런 시절이 끝날 무렵, 일본 경제는 유럽 최대 규모를 자랑하는 독일의 약 2배에 달했다.

주식과 부동산 버블이 터지면서 1990년대에 잃어버린 수십 년의 첫 번째 10년이 도래했다. 주택을 소유한 수백만 명이 자신의 자산이 마이너스가 된 것을 깨달았다. 도쿄의 주택 가격이 워낙 비싸서 교외로 밀려난 많은 사람이 이제는 팔리지도 않는 집에서 직장까지 2시간이 걸리는 출근을 해야 했다. 또한 경제 성장률이 4%에서 1%로 급격히 하락하면서 이제는 18년마다가 아닌, 70년마다 2배씩 증가하는 소득에 적응해야 했다. 이것이 바로 일본인들이 경험한 잃어버린 10년, 아니 '30년'이었고 앞으로도 계속 경험할 경제 성장의 둔화가 평균 소득에 미치는 극적인 영향력이었다.

일본 은행들은 자산 가격의 변동성에 취약해 부실 대출을 흡수할 만한 여력이 부족했다. 공적 자금 투입이 정치적으로 인기가 없었고 자민당이 선거에서 승리한다는 보장이 없었기 때문에, 문제를 좀 더 신속하게 해결하고 시장에 대한 불신을 거두며 자본 적정성을 회복하기 위한 자본 투입을 주저했다. 이는 시장과 경제가 회복되면 문제가 해결될 것이라는 희망을 품은 채 규제를 보류하고 뒤늦게 부실 대출의 실제 규모를 깨닫는 결과를 낳았다. 결과적으로 부실 대출이 증가했고, 이로써 일본 은행들의 대차대조표가 손상되고 일본 경제는 침체의 늪에 빠졌다.

성장을 회복하고 디플레이션을 퇴치하기 위한 분투가 계속되고 있는 상황에서 일본 내 금융위기의 여파는 유난히도 고통스럽게 밀려왔다. 소비자들이 물가 하락을 예상해 구매를 뒤로 미루면서 수요를 위축시켰고 회복을 더디게 했다. 그리고 이는 오랫동안 고착될 수 있는 현상이었다. 아베 신조安倍晋三 총리는 두 번째 재임 기간이던 2012년부터 2020년까지 '아베노믹스Abenomics'라는 경제를 되살리기 위한 일련의 개혁을 시도했다. 개혁은 어느 정도 성과가 있었지만, 일본 경제는 체계적 금융위기의 오랜 충격이 어떠한지를 생생하게 보여주었다.

일본의 금융위기는 역사를 통틀어 다른 금융위기들과 공유하는 특성인 주식 시장과 부동산 시장의 과열, 그리고 이에 따른 버블의 붕괴와 함께 촉발된 측면이 있었다. 일본의 정책 입안자들은 대공황 당시에 저질렀던 오류들 중 상당수를 되풀이했다. 그들은 너무 느리고 소극적으로 대처해 디플레이션을 고착시켰고 폭락이 오랜 침체로 이어지게 했다. 특히 일본 경제는 30년에 걸쳐 성장이 둔화되고 디플레이션이 지속되면서 회복이 더뎠다.

　동시에 일본의 폭락과 그 여파는 신뢰성이 중요하다는 사실을 보여주었다. 일본 정부는 금융 시스템에 내재한 부실 채권 문제를 해결하는데, 특히 은행 자본을 재조정하고 예금자를 위한 안전망을 강화하고 파산 지경에 이른 은행을 관리하고 이들의 자산을 처분하는 임시 기구를 설립하기 위해 공적 자금을 이용하는 데 지나칠 정도로 늦게 대처하는 모습을 보였다.[17] 재무성의 늦장 대처는 위기를 악화시키고 신뢰를 손상시켰다. 일본 국민들은 재무성에 대한 신뢰를 잃었고, 은행을 구제하기 위해 납세자가 낸 돈을 사용하는 것을 반기지 않았다. 하지만 일본 정부는 일본 경제를 멈추게 할 수도 있는 체계적인 은행 위기에 직면해 다른 선택의 여지가 없었다. IMF가 나서서 구제하기에는 일본의 경제 규모가 너무 컸기 때문이다. 재무성이 신뢰를 잃은 것이 금융위기의 수습을 어렵게 만들었고, 그 고통이 오래가게 했다.

　일본의 위기는 역사를 통틀어 금융 폭락의 특성이라 할 과열과 신뢰성의 상실을 보여준다. 그러나 이 책에 나오는 위기들 중에서 일본의 위기는 지속성의 면에서 두드러진다. 1990~1992년 폭락의 여파가 30년이 지난 지금도 남아 있기 때문이다.

The
Great
Gatsby

4장

무지, 낭비,
거대한 흥분의 결과

2000~2001년 닷컴 폭락

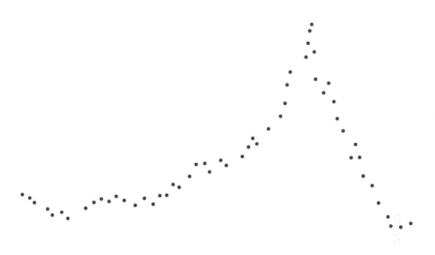

닷컴 폭락은 가장 극단적인 형태의 도취감을 보여주었다. 1990년대에 전자상거래는 새롭고도 매력적인 산업으로 떠올랐다. 사람들이 인터넷에 손쉽게 접속할 수 있게 되자 제품을 온라인으로 판매할 기회가 생겼다. 제품을 구매하려면 반드시 오프라인 상점에 가야 했던 당시의 사람들에게는 웹 사이트에서 물건을 살 수 있다는 사실이 혁신적으로 다가왔다.

소비자들에게 직접 제품을 판매하기 위한 닷컴 기업이 우후죽순으로 생겨났다. 아마존은 도서 판매로 유명했고 다른 기업들은 애완동물용품, 의류 등을 판매했다. 심지어 전자제품, 보석 등을 상당히 비싼 가격에 판매하지만 제품 가격의 50~100%를 리베이트(일종의 소비 장려금으로, 소비자가 제품을 구매하기 위해 지급한 금액 중 일부를 돌려주는 마케팅 방법-옮긴이)로 제공하는 사이버리베이트*CyberRebate*라는 닷컴 기업도 있었다. 구매 고객들 중 절반 정도만 시간을 들여 우편으로 리베이트를 신청했으므로 사이버리 베이트는 많은 돈을 벌 수 있었다.[1] 새로운 인터넷 경제가 떠오르고 있었고, 투자자들은 이렇게 좋은 기회를 놓치지 않으려고 했다.

닷컴 폭락은 역사를 통틀어 금융위기가 가진 특성을 고스란히 보여 주었다. 투자자들은 인터넷 주식에 자금을 쏟아부으면서 전자상거래 업종이 도약하기를 기대했다. 2000년 봄, 버블이 터질 때까지 펫츠닷컴 *Pets.com*과 이토이즈닷컴*eToys.com* 같은 닷컴 기업들은 결코 수익을 내지 못했지만 수백만 달러의 투자금을 모았다. 오늘날 기술 스타트업들은 손익계산서상의 흑자와는 거리가 아주 먼 상태에 있기 때문에 이런 이야기가 낯설지 않을 수도 있다. 새천년이 시작될 때, 투자자들은 인터넷에 대한 도취감에 들떴다. 하지만 웹 사이트 방문을 수익으로 전환하는 것이 초기 단계에 있었고, 대부분의 가정에서는 아직도 상당히 느린 다이얼 접속을 사용하고 있어서 닷컴 기업이 마케팅 메시지 노출 횟수로 수익을 창출할 수 있는지는 결코 분명하지 않았다. 그렇다고 하더라도, 이런 사실은 웹 브라우저 회사인 넷스케이프*Netscape*가 뉴욕 증권거래소에 신규 상장을 하던 1995년에 기술주 중심의 나스닥지수가 440%나 치솟는 것을 막지 못했고, 2000년 3월과 10월 사이에 시장이 78%나 폭락해 버블이 터지는 것 역시 막지 못했다. 이는 '비이성적 과열*irrational exuberance*'이라는 용어가 만들어졌을 때의 일이었다.[2] 닷컴 폭락이 불황으로 이어졌기 때문에 이 책에서는 이를 한 장을 할애해 살펴보려고 한다.

'춘추전국'의 닷컴 시대와
최종 승자 ❙

닷컴 시대의 전형으로 여겨지는 기업이 바로 펫츠닷컴이다.[3] 펫츠닷컴은 애완동물용품 업계에서 가장 가치 있는 도메인 이름을 소유했으며, 아마존이 전체 지분의 50%를 가지고 있었다. 펫츠닷컴은 1999년에 메이시스 추수감사절 퍼레이드*Macy's Thanksgiving Day Parade*를 맞아 강아지 모양의 양말 꼭두각시 인형으로 멋지고 호화로운 마케팅 캠페인을 펼쳤다. 펫츠닷컴은 매년 텔레비전으로 중계되는 화려한 축제에 닷컴 기업으로서는 처음 등장했고, 불과 몇 달 후에는 신규 상장에 들어갔다. 하지만 이듬해 11월에 1억 4,700만 달러의 손실을 기록하고 사업을 접었다. 신규 상장을 하던 당시 11달러였던 주가가 상장 이후 약 30%나 급등해 14달러가 되었다. 그러나 곧 1달러로 폭락했고 사업을 접을 때까지 주가는 오르지 않았다. 펫츠닷컴은 2000년 12월 펫스마트닷컴*PetSmart.com*에 매각됐지만, 양말 인형은 포함되지 않았다. 2002년에 자동차대출회사인 바넌*Bar None*이 상표권을 매입한 이후, 양말 인형은 새로운 주인을 찾아서 과거의 명성을 유지했다. 곧 텔레비전으로 돌아온 양말 인형은 이번에는 애완동물용품이 아니라 대출 상품을 팔러 다녔다.

펫츠닷컴을 설립한 사람은 그레그 맥클레모어*Greg McLemore*와 에바 우드스몰*Eva Woodsmall*이었다. 이들은 1994년에 새로운 기회를 발견하고는 당시 다른 기업들이 그랬던 것처럼 명사로 된 웹 주소를 등록했다(가든닷컴*Garden.com*, 이토이즈닷컴, 웹밴닷컴*Webvan.com*과 같은 다른 기업도 잠시 기회를 발견했다). 그들은 애완동물 주인을 위한 온라인 커뮤니티를 구축해 웹 사이트에서 전자상거래를 하는 데 관심이 있는 투자자들을 끌어들였다. 1998년에 는 노련한 CEO 줄리 웨인라이트*Julie Wainwright*가 합류했다. 웨인라이트 는 할리우드 비디오*Hollywood Video*가 1억 달러를 주고 인수한 릴닷컴*Reel.com* 을 성공적으로 이끈 적이 있었다. 웨인라이트는 2011년에 중고 명품을 판매하는 더리얼리얼닷컴*TheRealReal.com*을 설립했는데, 2020년대에도 여 전히 번창하고 있으며 기업 가치는 3억 달러에 달한다.

한때 펫츠닷컴을 경영하던 웨인라이트는 아마존에 회사 지분의 50% 를 넘겼다.[4] 아마존을 설립해 도서, 비디오, CD 등을 판매하고 있던 제 프 베조스*Jeff Bezos*는 사업을 다각화해서 소비자들이 온라인으로 구할 수 있는 것이라면 무엇이든 판매하려고 했다.[5] 베조스는 애완동물용품을 이러한 다각화의 한 부분으로 보았다. 베조스만 기회를 엿본 건 아니었 다. 펫츠닷컴은 사업을 재구성해서 온라인 쇼핑몰로 출발한 지 1년이 지난 1999년 말까지 벤처 투자자들에게서 약 1억 1,000만 달러의 투자 금을 모았다. 애완동물용품 시장은 규모가 매우 컸다. 당시 애완동물용 품 시장의 규모는 전 세계적으로 500억 달러 이상으로 추산되었는데, 미국 시장 전체의 절반에 가까웠다.[6] 미국 가정의 약 3분의 2가 최소한 한 마리의 애완동물을 길렀는데, 시간에 쪼들리는 주인들이 펫츠닷컴의 타깃이 되었다. 펫츠닷컴의 마케팅 캠페인에는 "애완동물이 운전을 할 줄 모르기 때문에"라는 슬로건이 등장했다.[7]

이 시장은 경쟁이 매우 치열했다. 펫츠닷컴은 고가의 광고뿐만 아니 라 온라인 경쟁업체보다 더 많은 종류의 제품을 제공하는 방식으로 소 비자의 눈길을 끌려고 했다. 심지어 독특하게도 흰족제비를 겨냥했다. 대부분의 다른 애완동물용품 업체가 개와 고양이에 집중했지만, 펫츠닷컴은 차별점을 두어야 했다. 따라서 당시 미국에서 세 번째로 인기 있는 애완동물에 집중한 것이다. 또한 잠재 고객층을 25만 명 이상으로 확대해 소식지를 발간했다. 이 소식지에는 애완동물 전문가, 사육사, 수의사는 물론이거니와 동물 문제를 전문적으로 취급하는 법률가의 조언까지 실었다.

이제 오프라인 애완동물 상점들이 움직이기 시작했다. 미국 전역에 퍼져 있는 기존 소매업체 펫스마트PetSmart는 펫츠닷컴과 같이 새롭게 떠오르는 온라인 상점과 경쟁하기 위해 웹 사이트를 개설했다. 오프라인 상점들이 전자상거래에 뛰어들면서 이미 경쟁이 치열했던 시장은 훨씬 더 치열해졌다. 얄궂게도, 펫츠닷컴이 파산하자 펫스마트가 인수했다.

펫츠닷컴만 이런 일을 겪은 건 아니다. 어느 시장 분석 전문가는 닷컴 기업들을 관찰한 뒤에 이렇게 말했다. "특정한 부문 전체가 하나의 아이디어에서 출발해 막대한 자금을 지원받고는 불과 1년 반 만에 사라지는 현상을 보는 것은 거의 전례가 없는 일이다."[8]

당시에는 펫츠닷컴이 가장 잘 알려진 닷컴 기업 파산 사례였지만, 온라인 식료품 배달 서비스 웹밴닷컴을 비롯해 닷컴 기업 파산 사례는 그밖에도 많았다.[9] 웹밴닷컴은 절정의 시기에 당시에는 흔치 않았던 유니콘unicorn(기업 가치가 10억 달러가 넘는 비상장 기업)이었다. 이런 면모는 1999년 11월에 실시한 신규 상장에서 증명됐는데, 당시 웹밴닷컴은 3억 7,500만 달러의 투자금을 모집했고, 기업 가치는 12억 달러에 달했다. 웹밴닷컴은 그해 여름에 창고를 확보하는 데 10억 달러를 투자하고, 1년 이내에 30곳 이상의 도시로 사업을 확장할 것이라고 발표했다. 웹밴닷컴의 주가는 30달러까지 치솟았지만, 2001년 7월에는 6센트로 곤두박질쳤다.

회사는 업무를 중단하고 직원 2,000명을 해고했다.

또 다른 온라인 소매업체 가든닷컴도 1999년 9월 신규 상장을 할 때 주가가 20달러 이상으로 치솟았지만, 1년 후에는 끔찍하게도 9센트로 떨어졌다. 가든닷컴은 그렇게 가상 세계의 문을 닫았다. 초기 소셜 미디어 웹 사이트 중 하나로, 사용자들이 홈페이지를 제작할 수 있게 해주는 더글로브닷컴*TheGlobe.com*은 1998년 11월에 극적인 신규 상장에 들어갔다. 더글로브닷컴이 제시한 가격은 주당 9달러였는데, 거래 첫날 사상 유례가 없는 600%의 급등을 기록했다. 그러나 2년도 채 지나지 않아 주당 1달러 밑으로 떨어지고 나스닥 증권거래소에서 상장 폐지가 되면서 분위기는 완전히 달라졌다.

그 밖에도 눈길을 끄는 닷컴 기업 파산 사례로 온라인 의류 소매업체인 부닷컴*Boo.com*을 들 수 있는데, 이 회사는 신규 상장을 하기도 전에 파산했다. 2000년 6월, 부닷컴의 자산은 헐값에 팔렸다. 부닷컴의 백엔드 *back-end*(사용자와 직접적으로 상호 작용하지 않고 프로그래머 또는 관리자만 접근할 수 있는 소프트웨어 시스템의 후면 부분—옮긴이) 기술, 유통 및 주문 이행 시스템 그리고 구축하는 데만 2억 달러라는 엄청난 비용을 투자한, 기반 시설이라 할 물리적 자산은 고작 40만 달러에 팔렸다.

또 다른 사례로는 이토이즈닷컴이 있었다. 1997년에 설립된 이토이즈닷컴은 사람들이 휴일 쇼핑을 하기 위해 많이 찾는 웹 사이트가 되었다. 1999년 5월에 의기양양하게 신규 상장을 해 2000년 2월에는 주가가 86달러까지 치솟았다. 그 후 주가는 9센트로 떨어졌고, 2001년 3월에 문을 닫았다. 이토이즈닷컴의 기업 가치는 가장 높은 시절에 77억 달러로 평가되었는데, 유력한 전통의 장난감 회사 토이저러스*Toys Я Us*

보다 35%나 많은 금액이었다. 1999년 이토이즈닷컴의 연간 매출액이 3,000만 달러였고, 당시 토이저러스가 단 하루에 그만큼의 매출액을 달성했기 때문에 이런 평가액은 놀랍기만 했다. 이토이즈닷컴은 파산한 뒤에 재고의 대부분을 540만 달러에 케이비토이즈_KB Toys_로 넘겼다. 이렇게 넘긴 재고의 소매 가치는 받은 금액의 8배에 달했다. 또한 케이비토이즈는 335만 달러에 이토이즈닷컴의 웹 사이트, 명칭, 로고를 넘겨받았다.

이토이즈닷컴은 당대의 시대정신을 뚜렷하게 구현했다. "신속하게 규모를 키우라. 그것을 구축하라. 그러면 사람들이 올 것이고, 비용이 감소할 것이고, 수익이 발생할 것이다."[10] 이토이즈닷컴의 CEO 토비 렌크 _Toby Lenk_는 이렇게 선언했다. "우리는 브랜드를 확립하려고 일부러 빠르게 손실을 보고 있어요."[11] 렌크는 고객을 확보하는 것이 핵심이라고 생각했고, 매달 매출이 40%씩 증가한다고 힘주어서 말했다. 이런 기운은 기업들이 시장을 차지하기 위해 분투하는 스타트업의 세계에서 지금도 자주 느껴진다.[12] 이는 물리적 상점과 비교해 웹 기반 기업의 진입 비용이 적게 소요되기 때문에 스타트업의 세계에 가해지는 경쟁 압력을 반영한다. 당시 경쟁 기업 토이저러스는 초기에 온라인 쇼핑에 뛰어든 전략이 극적으로 실패했고, 배송 보증을 이행하지 않았다는 이유로 연방통상위원회의 벌금까지 부과받은 상태였다.[13] 2000년에 토이저러스가 아마존과 제휴하면서 전자상거래 부문의 거대 기업이 토이저러스의 웹 사이트를 운영하게 되었고, 이것은 이토이즈닷컴이 아마존과 새롭게 제휴한 기업을 상대로 힘들게 경쟁해야 한다는 것을 의미했다.

닷컴 시대의 가장 큰 승자는 현재 세계에서 가장 성공한 전자상거래

소매업체 아마존이다. 아마존은 2002년까지는 수익을 내지 못했지만, 2000~2001년 닷컴 폭락을 견뎌냈다. 제프 베조스는 단기적으로는 손실이 발생하더라도 온라인 소매 시장을 독점하는 데 주력했다. 이런 전략은 극적으로 실패했던 다수의 닷컴 기업들과는 다르게, 그가 비용을 면밀히 주시했기 때문에 효과가 있었다.[14] 저명한 경제학자 존 케이John Kay가 지적했듯이, "실패한 기업들은 서로 닮았다. 성공한 기업은 각자 저마다의 방식으로 성공한다".[15]

'비이성적 과열'이 낳은 바람직한 결과

그렇다면 닷컴 버블은 왜 그렇게 극적으로 부풀어 올랐을까?

아마도 주식 시장 버블은 도취감의 특성을 보여주는 전형적인 사례일 것이다. 그리고 이런 도취감은 지나치게 과열된 나머지 기본적인 가치의 상승이 아니라 버블에 의한 자산 가격의 상승을 설명하는 '비이성적 과열'이라는 새로운 용어를 탄생시켰다. 어쨌든 주식 시장은 '기업의 미래 수익이 현재에 얼마나 가치가 있는가'에 기초해 기업을 평가하게 되어 있다. 다시 말하자면, 자산의 가치가 증가할 때 주가가 상승한다. 주가가 예상되는 수익 이외의 것에 기초하면, 버블이 형성된다. 역사 전반을 통해 사람들은 이런 현상을 설명하는 방법을 찾으려고 했다. 존 메이너드 케인스가 이 현상을 '야성적 충동animal spirit'이라고 했고, 이보다 100년 전에는 찰스 맥케이Charles Mackay가 '군중의 광기madness of crowds'라고 했다.[16] 오늘날 우리는 이 현상을 두고 '밴드웨건 효과bandwagon effect'라고 표현한다. 하나같이 모두 무모한 행동 과정을 표현하는데, 이 과정에서 투자자들의 과열된 행동은 다른 사람들이 무엇을 하고 있는지를 관찰하고 단순하게도 그에 동참하게 하는 결과를 낳는다.

물론 강세장(상승하고 있는 시장)은 특히 경험이 부족한 투자자들을 끌어들일 것이지만, 약세장(하락하고 있는 시장)은 신규 진입자들을 단념시키고 기존 투자자들을 이탈하게 할 것이다. 그러나 어떤 이유에서든, 투자자들이 차세대의 애플Apple과도 같은 기업이 등장할 수 있는 부문을 향해 가고 있다는 집단적인 믿음을 공유한다면, 그들은 도취감에 들떠 돈을 쏟아붓고 그 부문에서 활동하는 모든 기업의 주가를 부풀릴 것이다. 이것이 바로 닷컴 부문에서 일어난 현상이었다. 이 부문에서 활동하는 기업의 주가는 기본적인 가치와는 완전히 동떨어져 있었다.

이러한 도취감은 1990년대 전반에 걸쳐서 빠른 속도로 퍼졌고, 주식 시장을 뜨겁게 타오르게 했다. 미국에서는 주가가 1990년부터 2000년 3월 시장 최고치를 기록할 때까지 거의 5배나 상승했다. 1990년대 후반에는 주가가 연평균 21% 넘게 상승했는데, 1990년대 전반 5개년 동안 나타난 연평균 상승률의 2배에 달했다.[17] 1990년대 전반, 시가총액(회사의 가치 총액)이 2배로 증가한 이후 1995년에서 2000년 사이에는 3배로 증가했다. 이런 폭발적인 증가는 미국에서만 나타난 현상은 아니었다. 1990년대 후반에는 전 세계 주요 주식 시장에서 연평균 약 8%씩 증가했다.[18]

주식 시장의 폭락은 경제에 잠재적으로 파괴적인 영향을 미칠 수 있기에, 연준에서는 주식 시장의 동향을 긴밀히 살피고 있었다. 1994년에 연준이 금리를 인상했고, 1996년 12월 5일에는 앨런 그린스펀*Alan Green-span* 의장이 "비이성적 과열이 자산 가격을 과도하게 상승시켰을 때, 우리가 그 사실을 어떻게 알 수 있죠?"라는 질문을 하면서 비이성적 과열에 관한 유명한 말을 남겼다.[19] 그린스펀은 금융계에서 활동하는 경제학자들과 예일대학교의 밥 쉴러*Bob Shiller*와 같이 학계에서 활동하는 경제학자들로부터 과연 이러한 과열이 비이성적인가에 대한 의견을 들었다.[20] 그날 그린스펀이 했던 말은 정곡을 찔렀고, 이튿날 세계 주식 시장은 4%까지 하락했다. 다우 지수는 당장 5% 가까이 하락했는데, 조정에는 못 미치는 수준이었다. 이제 그린스펀은 이렇게 말했다. "우리는 바람직한 결과를 얻었습니다."[21] 그러나 그 바람직한 결과가 지속되지는 않았다.

1995년의 빠른 주가 상승은 연준의 관심을 끌었을 뿐만 아니라 여러 사람이 닷컴 버블이 그해에 시작된 것으로 보게 하는 결과를 낳았다. 많은 이들이 1995년 8월 9일 넷스케이프가 신규 상장을 한 것을 닷컴 붐의 시작으로 보고 있다. 넷스케이프가 네비게이터 브라우저를 통해 수익을 낸 적이 없다는 사실이 신규 상장에서 주가가 2배 넘게 오르는 것을 저지하지는 못했다. 넷스케이프의 기업 가치는 그날 거래 마감 시각에 27억 달러에 달했다.

모든 이들이 닷컴 붐의 시작일이 1995년 8월 9일이라는 데 동의하는 것은 아니다. 경제학자 브래드 드롱*Brad DeLong*과 콘스탄틴 매긴*Konstantin Magin*은 1998년까지는 의미 있는 버블이 없었다고 주장한다.[22] 그들은 나스닥에서는 1999년에 버블이 생성되었다고 생각한다. 당시 나스닥에서는 주식 가치의 의미 있는 상승을 뒷받침할 수 있는 중요한 뉴스가 될 만한 사건이 없는 상황에서 기업들의 가치 총액이 2배 넘게 증가했다.[23] 또한 그들은 시장이 폭락할 때에도 마찬가지로 이를 뒷받침할 만한 중요한 뉴스가 없었다고 지적한다. 버블이 언제 시작되었는지, 왜 시작되었는지, 왜 터졌는지 분석하는 것은 정말 어려운 작업이다. 우선 버블에 대한 분명한 정의가 없다. 때로는 버블이 터지는 것에 대한 다양한 원인이 제기되는데, 이것이 정책 입안자들의 버블 분석을 어렵게 한다. 심지어 그린스펀도 결국에는 '비이성적 과열'에 관한 자신의 주장을 철회했다. 그는 시장이 "수백만 투자자들의 판단을 반영하고 있으며, 그들 중 다수가 주요 주가지수를 구성하는 기업들의 전망에 정통하다"고 결론내렸다.[24]

닷컴 기업의 몰락을 낳은 수많은 요인

버블이 커지면서 투자자들의 관심을 끈 닷컴 기업은 넷스케이프 말고도 또 있었다. 1998년 휴가철에 아마존과 같은 닷컴 기업들은 수백만 달러의 수익을 올리고 있었다. 이는 1995년에서 1998년 사이에 174.5% 성장했고, 1998년에서 1999년 사이에는 68%라는 가파른 성장을 보인 인터넷 경제의 급속한 팽창을 반영한다.[25] 이런 성장 속도는 사람들을 온라인 쇼핑의 미개발 잠재력에 열광하게 했다. 1998년에서 2002년 사이에 약 5만 명의 기업가들이 닷컴 기업을 창업했다.[26] '닷컴 백만장자'의 출현이 이처럼 투자자들을 새로운 경제의 일원이 되도록 자극했을 것이다. 닷컴 기업들의 신규 상장에서는 확실히 이런 분위기가 감돌았다. 1975~2001년 사이에 신규 상장 첫날 주가가 가장 많이 오른 주식 10개는 모두 기술주였으며 1998년과 1999년에 신규로 상장한 주식이었다.[27]

그러나 얼마 지나지 않은 2000년 4월, 기술주 중심의 나스닥지수가 10% 넘게 하락했는데, 사람들은 이 하락을 하나의 조정으로 간주했다. 그러나 몇 년에 걸친 이례적인 호황을 지나 시장이 위축되고 있었고, 곧 역사상 최악의 폭락 중 하나를 맞이하게 되었다.

이번 폭락에는 다수의 원인이 작동하고 있었다. 분위기가 변하게 된 부분적인 원인으로는 인플레이션을 꼽을 수 있다. 소비자의 실질 소득 감소가 닷컴 기업의 매출 감소로 이어질 수 있었다. 주요 원인으로 1999년 11월에 마이크로소프트*Microsoft*를 조사하던 미국 법원이 불법 독점 기업으로 규정한 것을 들 수 있다.[28] 처음에 판사는 마이크로소프트에 해산을 명령했다. 이 판결은 기술 기업에 대한 투자 심리를 위축시켰고, 투자자들이 닷컴 기업의 사업 모델과 경영진에 대해 의문을 제기하게 했다. 더 나아가서는 판결에 대한 항소가 진행되고 있었는데도 시장에 찬물을 끼얹는 결과를 낳았다.

많은 이들이 빌 게이츠*Bill Gates*와 마크 저커버그*Mark Zuckerberg*가 마이크로소프트와 페이스북*Facebook*을 창업했을 때처럼 20대가 닷컴 기업을 경영한다고 생각한다.[29] 그러나 실제로는 경험이 풍부한 임원이 경영하는 경우가 더 흔하다. 성공한 스타트업 창업자의 평균 연령은 20세가 아니라 45세에 더 가깝다.[30] 닷컴 시대의 특징은 경영진이 자기 회사와 관련된 산업에 대한 경험이 부족하다는 데 있다. 펫츠닷컴의 경우 몇몇 관리자가 오프라인 애완동물 상점 펫코*Petco* 출신이었지만, 그 외의 관리자들은 다른 산업의 닷컴 기업 출신이었다. 관련 산업에 대한 경험이 없다면, 전통적인 기업은 실패할 가능성이 더 크다.[31] 닷컴 기업들의 경우, 경험이 풍부한 관리자들이 있었는데도 관련된 특정 산업에 대한 지식이 부족한 것이 실패의 원인으로 작용했을 수도 있다. 예를 들어 가든닷컴의 경영진은 원예 산업을 광범위하게 조사했지만 직접적인 경험은 없었고 원예 분야에 열정을 가진 것도 아니었다.[32]

게다가 다수의 닷컴 기업에서 문제가 될 만한 지출이 있었다. 많은 닷컴 기업이 신규 상장 전후로 상당히 많은 자금을 조달했다. 기업들은 이렇게 조달한 자금에서 안정감을 느꼈을 것이고 아마도 시장 점유율을 높이는 데 지출할 현금을 확보했다고 생각했을 것이다. 의류 소매업체인 부닷컴은 아직 원활하게 돌아가지 않는 것으로 드러난 웹 사이트 개설을 기념하는 캠페인에 4,200만 달러를 지출했다. 부닷컴은 상장 기업이 아니었다. 그래서 투자자들은 부닷컴이 영업과 마케팅에 얼마나 많은 돈을 지출했는지 알 수 없었다. 알려진 바에 따르면, 부닷컴은 비상장 기업으로서 약 1억 달러의 투자금을 모집했다고 한다. 그런데 웹 사이트 개설 기념으로 4,200만 달러를 지출한 캠페인에서는 잡지, 신문, 광고판 광고 집행에만 2,500만 달러를 썼다고 한다.[33] 한 가지 캠페인에 엄청나게 많은 돈을 쓴 것이다(이와는 대조적으로, 아마존의 순매출액 대비 마케팅 비용은 1999년에 10.7%였고, 2001년에는 4.4%로 하락했다).

경영상의 잘못된 결정은 그 밖에도 또 있었다. 예를 들어 펫츠닷컴이 직면한 문제는 유통 시스템에 있었다. 펫츠닷컴은 배송료로 4.95달러를 부과하고 약 5킬로그램이 넘는 제품에는 추가로 2달러만 부과했다. 그러나 유통센터는 캘리포니아주에만 있었다. 손해를 보면서 미국의 다른 주로 배송을 했다. 펫츠닷컴은 개 사료와 같은 인기 있는 제품을 포함해 애초에 이익이 적게 남는 제품을 팔 때마다 손해를 보고 있었다. 또한 값비싼 광고 때문에 이익이 많이 남지도 않았다. 그 유명했던 양말 인형 광고는 2000년 1월 슈퍼볼 경기에 등장했고 대중의 사랑을 받았다. 당시에는 다섯 번째로 인기 있는 광고로 뽑혔지만 220만 달러가 소요되었다.[34] 고객들이 그 인형을 사려고 웹 사이트를 방문했을 수도 있겠지만, 안타깝게도 다른 제품들을 사려고는 하지 않았다.[35] 양말 인형은 값비싼 광고비를 정당화할 만한 매출을 일으키지는 못했다.

경영상의 또 다른 잘못된 결정은 특히 크리스마스를 맞이해 제품을 적시에 배달하지 못하는 결과를 낳기도 했다. 이토이즈닷컴은 배송 용역업체 선정을 하나의 '재앙'이라고 표현했다.[36] 부모들이 크리스마스 아침에 실망한 자녀의 표정을 보고 나면, 이토이즈닷컴 웹 사이트를 다시는 방문하지 않을 것이다.

성장의 속도를 높이려고 분투하는 경영자들에 의해 이 같은 잘못된 결정이 더욱 빈번하게 이루어졌다. 펫츠닷컴은 불과 2년 만에 320명의 직원을 거느린 회사로 성장했다. 1998년에 5명의 직원으로 출발한 부닷컴은 1년이 지나 420명의 직원을 거느린 회사가 되었다. 이토이즈닷컴은 초기 2년 동안 직원 수가 13명에서 235명으로 늘었고, 신규 상장 이후로는 940명으로 증가했다.

무엇보다도 닷컴 기업들의 경우, 전자상거래에 대한 투자자들의 기대가 소비자와 기술의 가용성을 앞서가고 있어서 발전이 너무 빠르게 이루어졌을 수도 있다. 예를 들어 부닷컴은 웹 사이트에서 3D 그래픽을 제공했다. 하지만 극소수의 가정만 이를 처리하기에 충분한 대역폭으로 인터넷에 접속할 수 있었고, 대부분의 가정에서는 웹 사이트를 제대로 살펴볼 수 없었다. 이와는 대조적으로, 오프라인 상점인 펫츠앳홈 *Pets at Home*은 1991년에 설립되었지만 광대역이 널리 보급되던 2008년까지 웹 사이트를 개설하지 않았다. 아마 닷컴 기업들 중 일부는 10년 뒤에 설립되었더라면 살아남았을지도 모른다. 그들은 시대를 앞서갔을 뿐이다.

게다가 새로운 인터넷 경제에서 전문 투자자들과 함께 과열을 일으키는 소매 투자자*Retail Investor*(주식, 채권 등에 자신의 돈을 투자하는 개인—옮긴이)들의 욕구를 충족시켜주는 일종의 온라인 증권사 이트레이드*ETrade* 같은 플랫폼이 등장했고, 이를 통해 새로운 투자자들이 컴퓨터로 거래를 할 수 있었다. 그리고 인터넷은 소매 투자자들이 증권사를 통하지 않고도 투자를 할 수 있게 해주었다. 그러나 이건 문제의 일부분이었다. 소매 투자자들은 닷컴 기업들을 낙관적으로 보려고 했고, 주식 투자를 위해 자금을 빌리는 것을 포함해 더 커다란 위험을 감수하려고 했다. 이트레이드에서 거래하는 투자자들은 고객을 위해 신탁 업무뿐만 아니라 주식 거래 등 포괄적인 서비스를 제공하는 증권사 메릴린치*Merrill Lynch*를 이용하는 투자자들과 비교해 차입 투자를 할 가능성이 7배나 높았다.[37] 2000년, 주식 시장이 정점을 찍기 한 달 전만 하더라도 미국의 모든 상장 기업의 시가총액 중 인터넷 기업은 6%에 불과했지만 거래량은 20%를 차지했다.[38]

상장 기업 투자자들만 버블을 키운 건 아니다. 닷컴 기업이 비상장 기업일 때 초기 자금을 제공한 벤처 투자자들도 2000년에 경험이 부족한 건 마찬가지였다. 1990년대 초, 전체 벤처 투자 중에서 투자 경험이 5년도 안 되는 이들의 투자가 차지하는 비중은 10%였다. 2000년에는 이 비중이 40%로 증가했다. 닷컴 투자에서는 인터넷에는 익숙하나 투자 경험이 부족한 풋내기 벤처 투자자들이 노련한 투자자들과 비교해 상당히 많은 비중을 차지하고 있었다.[39]

이 모든 요인이 처음에는 벤처 투자자들이 상당히 많이 투자했지만, 2000년 2분기에는 현저히 적게 투자한 원인을 말해줄 것이다.[40] 소매 투자자들을 움직이게 하는 자금 조달 방식과 투자 심리의 변화가 수백 개의 닷컴 기업이 문을 닫게 했다. 2000년 1월부터 2001년 6월까지 문을 닫은 닷컴 기업은 564개에 달했다.[41]

완만한 불황 뒤의 완만한 회복

이후 10년을 살펴보면, 나스닥 지수가 1,000%나 상승하던 시절은 2000년 3월에 종말을 고했다. 나스닥 지수는 78% 하락했고, 2015년 3월에서야 폭락 이전 수준인 5,000선을 겨우 회복했다.[42] 호황기에 주식을 발행했던 기업들 중 절반 이상이 불황을 맞이해 문을 닫았다.[43] 실제로 닷컴주의 상승을 이끌었던 이른바 기술주의 '4인의 기사들Four Horsemen' 중 마이크로소프트만 10년 후 불황에서 회복했다.[44] 시스코Cisco 와 인텔Intel은 여전히 2000년의 최고점을 밑돌았고, 델Dell은 비상장 기업으로 전환된 후 재상장되었다. 가치 평가의 측면에서 보자면, 마이크로소프트 주식은 주가수익비율*price-to-earning*이 약 30배인 상태에서 거래되었는데, 닷컴 호황기와 비교하면 절반에도 못 미치는 가격이었다.[45]

미국의 다른 주요 주식 시장도 마찬가지로 폭락했다. 우량주로 구성된 다우 지수는 54% 하락했고, 더욱 광범위한 시장을 대표하는 S&P 500 지수는 48% 하락했다. 나스닥 지수만큼 하락한 것은 아니지만 약세장을 정의하는 20% 하락을 훨씬 초과했다. 지수 전반이 하락했고 닷컴주에서 집중적인 하락이 나타났다. 400개 닷컴주로 구성된 어느 지수는 1997년부터 2000년 3월까지 그 가치가 10배나 상승했고, 이후로 9개월 동안 80%나 하락했다.[46] 그러나 닷컴 버블이 기술주와 이와 관련된 부문에서 집중적으로 나타났기 때문에 이번 폭락이 경제에 미치는 영향은 제한적이었다.

닷컴 폭락은 기간이 짧고 완만한 침체를 낳았다. 당시 IT 부문은 경제의 다른 부문과는 비교적 동떨어져 있어서 닷컴 폭락이 GDP에 거의 영향을 미치지 않았고(불과 0.3% 하락하는 데 그쳤다), 경제에 지속적인 손상을 가하지도 않았다. 그러나 닷컴 폭락은 1991년 3월에 시작되어 정확하게 10년이 지나서 끝난, 미국 경제의 기록적인 장기 팽창을 종식시켰다. 미국 경기순환에 관한 공식적인 심판자인 전미경제연구소*National Bureau of Economic Research, NBER*에 따르면, 제2차 세계대전 이후로 불황이 아웃라이어*outlier*(평균치에서 크게 벗어나서 다른 대상들과 확연히 구분되는 표본—옮긴이)를 제외하면 평균적으로 9개월 동안 지속되었다고 한다.[47] 닷컴 폭락 이후의 불황은 불과 8개월 동안 지속되어 2001년 11월에 종식되었다.

깊은 불황 이후 강력한 회복이 뒤따르는 경향이 있으며, 이를 일반적으로 V자형 회복이라고 하지만, 완만한 불황 이후에는 마찬가지로 완만한 회복이 뒤따르는 경향이 있다. 닷컴 폭락이 발생했을 때도 그랬다. 2001년의 불황은 1969~1970년과 1990~1991년의 완만한 불황과도 비슷했다. 이 완만한 불황들은 모두 미국 경제의 장기적인 팽창 이후에 발생했다. NBER는 장기적인 팽창 이후에 발생한 불황기에 실질 GDP가 최고점에서 최저점에 이르기까지 약 1% 감소했고, 이와 비교해 다른 불황기에는 2.6%가 감소했던 것으로 추정했다.[48] 이런 역사적 유사성에도, 2001년의 완만한 불황은 이 시기에 9·11 테러라는 비극적인 사건이 겹치면서 그 여파가 남아 있을 것이라 예상됐다. 그리고 경제 분석가들은 미국 경제가 2001년의 마지막 3개월 동안 위축될 것으로 예상했다.[49] 그렇게 되지 않았던 것은 아마도 자동차 회사들이 수요를 유지하기 위해 특별 융자 프로그램을 제공한 것처럼 경기를 자극하는 조치가 이루어진 덕분이었을 것이다. 특별 융자 프로그램 덕분에 그해 10월 소형 자동차 판매량은 사상 최고치에 가까웠다고 한다.[50]

오히려 이전과는 달리 개인 소득은 1990년대 미국 가정이 축적한 부의 증가로 계속 늘어났다. 이러한 증가는 통상적인 생산성의 증가가 가처분소득의 증가로 이어지는 것보다 더욱 강력했다. 결과적으로 대부분의 불황과는 달리 소매 시장과 주택 시장은 2001년 전반에 걸쳐 안정세를 보였다.[51] 불황이 시작되기 전, 금리가 낮았던 것도 수요를 지탱하는데 도움이 되었다. 소득과 부가 증가했지만, 물가상승률 역시 1990년대 후반과 2000년대 초반의 '대안정기'라고 불리는 기간에는 낮았다. 이는 곧 연준이 저금리 정책을 유지할 수 있도록 했고, 저리 대출을 통해 소비를 유지하는 데 도움이 되었다.[52]

비록 실업이 급격히 증가하지는 않았지만, 여전히 닷컴 폭락으로 인한 불황으로 130만이 넘는 사람들이 일자리를 잃었다. 실업률은 2000년 말에 30년 만의 최저치인 4%를 기록했다가 2001년 4분기에 5.6%로 상승해 일자리를 잃은 많은 이들이 빈곤에 처하게 되었다.

닷컴 붐의 역사는
과연 반복될까

'버블'이라는 용어가 등장할 때, 많은 이들이 아마도 주식을 생각할 것이다. 닷컴 붐은 주가 상승을 주도하는 기업들이 그것을 정당화할 만한 사업 기반을 갖추지 못한 것으로 여겨지는 시장에서 발생한 급격한 붐의 전형으로 여겨진다. 닷컴 붐은 놀라운 상승이었고, 그 후로 규모와 속도 면에서 주목할 만했고, 약 1년 반 동안 모든 부문을 휩쓸었던 극적인 하락이 뒤따랐다. 그 후 나스닥 지수는 2010년대 후반 기술주가 상승하기 시작할 때까지 회복하는 데에만 약 15년이 걸렸다. 따라서 주식 시장과 주택 또는 외환과 같은 다른 자산 시장 간에는 많은 차이가 있지만, 주식은 확실히 역사 전반에 걸쳐 금융위기를 규정짓는 도취감의 특성을 분명히 공유한다.

1929년의 대폭락의 여파와는 달리, 닷컴 폭락 이후의 온건한 불황은 신뢰성의 역할도 입증했다. 금융위기의 이런 두 번째 공통적인 특성은 더 나은 결과를 보장할 수 있는 신뢰할 만한 제도와 정책의 중요성을 강조한다. 미국은 1929년의 대폭락과 1930년대의 공황으로 많은 교훈을 얻었다. 앨런 그린스펀이 '비이성적 과열'을 면밀하게 주시했던 것에서 알 수 있듯이, 연준은 닷컴 기업들을 주시하고 있었다. 또한 이 모든 것이 이후 불황이 깊어지거나 길어지는 것을 방지하고, 닷컴 폭락 이후의 경제를 뒷받침하기 위해 금리를 신속하게 인하하는 결과를 낳았다.

바로 이런 금리 인하가 그다음에 일어난 미국 주택 시장 버블의 원인이 되었지만, 이는 아마도 금융위기가 주는 또 다른 교훈이 될 것이다. 최근에 벌어진 위기에 대한 해결책은 때때로 다음 위기의 원인이 된다. 2001년, 수요를 지탱하기 위한 저리의 대출금은 하락하는 주식 시장이 아니라 상승하는 주택 시장으로 흘러갔다.

역사는 반복되고 있는가? 이 글을 쓰고 있는 2022년 말, 나스닥은 최근 기술주가 상승해 예전에 기술 기업의 시장 가치가 하락하면서 사라졌던 수조 달러 중 일부를 회수했다. '4인의 기사들'은 페이스북, 아마존, 애플, 넷플릭스*Netflix*, 구글*Google*로 이루어진 FAANGs로 대체되었다. 마이크로소프트, 애플, 아마존, 알파벳*Alphabet*(구글의 모기업), 메타*Meta*(페이스북의 모기업)가 미국의 벤치마크 주가지수 S&P 500에서 약 20%의 비중을 차지한다.[53] 닷컴 붐이 한창일 때, 기술주는 S&P 500에서 35%가 넘는 비중을 차지했다. 현재의 시장도 이와 비슷한 모습을 보이고 있어서 이처럼 상당한 비중을 차지하는 기술 기업들의 시장 가치가 폭락한다면 경제가 또다시 침체의 늪에 빠질 것이라는 우려가 있다.

수익을 전혀 내지 못한 기술 스타트업들에 높은 시장 가치가 부여되는 것에 대하여 투자자들이 애를 태우고 있는 것을 보면, 확실히 닷컴 붐의 여운이 아직도 남아 있다. 특히 시장 점유율을 얻기 위해 대규모의 고객 네트워크 구축에 집중하는 소프트웨어 기업들, 혹은 온라인에서만 활동하는 기업들은 수익성보다는 사용자 확보를 중요하게 생각한다. 그러나 시장이 하락하기 시작하면서 클라르나*Klarna*와 같이 '선구매, 후결제' 형태의 서비스를 제공하는 디지털 스타트업들은 투자자들의 요구에 따라 성장보다는 단기 수익성을 더 중요하게 생각하기 시작했다.[54]

아마존과 구글이 닷컴 폭락 이후로 단지 살아남았을 뿐만 아니라 지배적인 지위에 올랐다는 사실을 명심할 필요가 있다. 마찬가지로 다음 장에서 살펴볼 2009년의 대침체*Great Recession*에 이은 시장 붕괴 이후로 에어비앤비*Airbnb*, 왓츠앱*WhatsApp*, 결제회사인 스트라이프*Stripe*와 같은 스타트업이 등장했다. 오늘날 위대한 경제학자 조지프 슘페터*Joseph Schumpeter*가 말한 '창조적 파괴*creative destruction*'의 신호가 나타나고 있는데, 그 속에서 불황으로 기업 가치가 하락하는 기업이 있고 번성하는 최고의 기업도 있다.[55] 그리고 기업 가치가 하락하는 규모는 엄청나게 컸다. 핀테크 기업들(금융 서비스 부문의 스타트업들)은 2021년 11월에 최고점을 찍고 나서 6개월 만에 기업 가치가 80%가 넘게 하락했고, 소비자 인터넷 기업은 70%, 업무용 소프트웨어를 제공하는 기업은 65% 하락했다.[56]

최근 나스닥 지수가 상승한 것이 20년 전의 버블과 같은 것이든 그렇지 않든, 주식 시장의 위축은 기업 가치가 도취감에 들뜨게 하는 수준에서 내려왔다는 것을 의미했다. 주식 시장으로 들어오는 자금이 적은 경우, 우리는 어떤 기업이 닷컴 시대에서 중요한 교훈을 얻었는지 알 수 있을 것이다. 그것은 비용을 엄격하게 관리하는 것이 중요하다는 사실이다. 마크 트웨인*Mark Twain*이 말한 것처럼 "역사는 그대로 반복되지 않지만, 그 흐름은 반복된다".

The
Great

5장

다시 찾아온 붕괴,
겨우 회복한 신뢰

2008년 세계 금융위기

2008년 세계 금융위기 당시, 예전에 은행 최고경영자CEO를 지냈던 사람이 이렇게 말했다. "우리가 이번에는 시스템을 무너뜨렸는지도 모른다는 생각이 들었습니다." 실제로 당시 금융위기는 1929년의 대폭락 이후로 세계 경제 시스템 전체를 무너뜨릴 수 있는 잠재력을 지닌 첫 번째 사건이었다.

　미국에서는 주가가 78%나 폭락했는데, 시장이 최고점에서 최저점으로 약 90%나 폭락했던 1929년과 비교해 조금 못 미친 값이었다. 역사적인 유례로 따져봤을 때 약 80년의 시간이 지나 발생한 세계 금융위기는 2009년의 대침체로 이어졌다. 그러나 정책 입안자들은 1929년의 대폭락이 주는 교훈을 학습함으로써 대침체가 대공황으로 이어지는 것을 막을 수 있었다.

기술적인 정의에 따르면, 경기 침체는 경기 위축이 2개 분기에 걸쳐서 나타나는 것을 말한다. 공황은 이보다 훨씬 더 심각하다. 다수의 경제학자는 이렇게 말한다. "경기 침체는 당신의 이웃이 직장을 잃는 것을 의미한다. 공황은 당신이 직장을 잃는 것을 의미한다."

세계 금융위기의 신호탄, 리먼 브러더스의 파산

2008년 9월 15일 월요일, '1930년대 이후로 월스트리트에서 가장 중대한 날'에 투자은행 리먼 브라더스*Lehman Brothers*(이하 리먼)가 파산 신청을 했다.[1] 나는 그날을 똑똑히 기억한다. 그날 밤, BBC 라디오 4 생방송에 토론자로 참석해, 영국에서 1세기 만에 처음으로 뱅크런을 일으킨 영국은행 노던록*Northern Rock*의 파산 이후 1년을 되돌아볼 예정이었다. 프로듀서가 전화로 리먼이 파산 신청을 한 사실을 알려주면서 의제가 향후 어떤 일이 일어날 것인가로 바뀌었다고 말했다. 대답하기 상당히 어려운 질문이 될 것 같았다.

리먼이 파산한 이후에 일어난 사건들은 금융 폭락의 역사에서 무척 특별하게 여겨질 것이다. 리먼이 대규모 레버리지(부채를 통해 금융 거래를 위한 자금을 조달하는 것)를 활용해 모기지 시장에서 활동하는 '그림자' 금융기관들의 거미줄처럼 얽히고설켜 있는 망의 한 부분이었다는 사실이 분명해질 것이다. 여기서 '그림자 금융'은 공식적인 은행 부문 밖에서 이루어지는 금융 거래를 망라한다.

투자은행은 대체로 모기지 대부업체의 최전선에 있는 것으로 여겨지지는 않지만, 리먼은 '브로커-딜러*broker-dealer*(자신의 이득을 위해 혹은 다른 주체를 대신하여 증권을 사고파는 일을 하는 중개자-옮긴이)' 역할을 한 것을 포함해 그 밖의 금융 활동을 통해 모기지 시장에 깊숙이 관여했다.

리먼은 환매조건부채권*repo*(금융회사가 일정 기간이 지난 다음 확정 이자를 주고 재구매하는 조건으로 발행하는 채권-옮긴이) 시장에서 차입자와 투자자를 연결하는 역할을 했다. 이 시장에서는 현금이 남아도는 금융회사가 유동성이 필요한 금융회사의 차용증서를 사들이는데, 이것이 실제로는 남아도는 현금을 은행보다 이자를 더 많이 주는 다른 금융회사에 빌려주는 것이 된다.[2] 이 금융회사들은 대출 보증을 위해 모기지를 담보로 제공했다. 이런 거래는 소량의 담보에 기초해 다량의 채권을 창출했다. 미국에서는 담보의 140%로 제한되었지만, 영국에서는 상한이 없었다. 따라서 미국과 유럽의 은행들은 런던에서 거래를 하면, 많은 경우 레버리지를 최대 400%까지 활용할 수 있었다. IMF는 이런 방식으로 약 4조 5,000억 달러의 추가 부채가 발생한 것으로 추정했다.[3] 이렇게 주택 가격의 폭락이 은행 위기로 이어졌다. 주택 시장이 무너지면서 은행이 확보한 담보물은 그 가치를 잃었고, 이런 담보물이 보증하던 엄청난 규모의 부채가 지속 가능하지 않은 상황에 처했다.

리먼은 투자은행 중에서도 레버리지를 많이 활용한 축에 속했다. 리먼이 2008년 9월 파산 신청을 했을 때, 리먼이 했던 브로커-딜러의 역할은 금융 시장 전체에 충격을 주었으며 거의 한 세기 만에 최악의 체계적인 은행 위기를 촉발했다.

모기지의 증권화,
리스크의 구조화 Ⅰ

이 정도 규모의 위기에서 당연히 예상할 수 있는 것처럼, 그 뿌리는 수십 년 전으로 거슬러 올라간다.

다른 국가들과 달리 미국의 모기지 시장은 다수의 정부기관으로부터 지원을 받는다. 미국 정부는 1938년과 1970년에 각각 패니 메이*Fannie Mae*(연방주택저당공사)와 프레디 맥*Freddie Mac*(연방주택금융저당공사)을 설립, 모기지를 저렴하게 제공해서 미국인들이 주택을 어렵지 않게 소유할 수 있도록 했다. 패니 메이는 주택 구매자에게 직접 대출을 제공하지 않고, 상업은행을 통해 모기지를 구매하는 식으로 대부업체들을 위한 유통 시장을 조성했다. 패니 메이는 이런 구매를 통해 지급 능력이 있다고 여겨지는 '프라임' 차입자의 기준을 설정했다. 이 기준에서 벗어난 모기지는 '서브프라임'이라고 일컬었다. 이처럼 '모기지를 일으킨 뒤 판매*Originate-to-Distribute*'하는 모델은 대출 비용을 낮춰 미국인의 주택 보유 비율을 50% 미만에서 주택 가격 폭락 전 최고치인 69%로 끌어올렸다. 프레디 맥은 2장에서 논의했던 저축대부조합을 위해서만 패니 메이와 똑같은 일을 했다. 이 두 정부기관이 했던 일의 규모를 가늠하자면, 이들은 서브프라임 위기 이전에 전체 모기지 대출의 약 절반을 지원했다.[4]

'모기지를 일으킨 뒤 판매'하는 모델은 모기지를 일으킨 자들(상업은행)이 그들에게 자금을 제공하는 기관과 분리되는 과정인 '모기지의 증권화'를 가능하게 했다. 이 증권화는 모기지에 사용할 수 있는 자금을 늘렸다. 모기지를 판매한 은행은 패니 메이로부터 자금을 상환받았다. 패니 메이와 프레디 맥은 상환을 위해 '모기지저당증권*Mortgage-Backed Securi-ties, MBS*'이라고 알려진, 모기지를 기반으로 발행된 증권을 매각하는 방식으로 모기지를 투자은행에 전달했다. 두 정부기관이 했던 이런 일은 증권을 거래하는 부가적인 모기지 시장을 조성해 모기지 비용을 더 낮췄다. 놀랄 것도 없이, 아마도 투자은행들이 재빨리 선례를 따랐을 것이다. 따라서 모기지의 광범위한 증권화가 시작되었고, 이런 과정은 수십 년이 지나며 너무나 익숙한 일이 되었다.

1980년대의 저축대부조합 위기는 상황을 복잡하게 만들었으며 많은 투자자에게 위험을 분산시키려는 욕구를 불러일으켰다. 증권화는 다수의 은행이 모기지를 기반으로 발행된 증권을 소유할 수 있게 해서 이러한 욕구를 충족시켜주는 것처럼 보였다. 그 후 투자은행들은 모기지담보부증권*collateralized mortgage obligations, CMO*을 만들어 모기지저당증권을 다양한 위험 계층으로 분류했다. 이런 '구조화된 금융'은 최상위 계층의 증권이 담보물에 대한 최우선 청구권을 가지며, 위험도가 가장 낮다는 것을 의미했다. 트랜치*tranche*(증권을 여러 계층으로 분류해 투자자들에게 다양한 위험과 수익률 수준을 제공하는데, 이러한 계층을 트랜치라고 한다—옮긴이)는 아래로 내려갈수록 채무불이행과 조기상환의 위험이 더 높았다. 신용평가기관이 가능성이 없다고 판단한 집단 채무불이행의 경우를 제외한 최고의 트랜치들은 상환을 할 것이므로, CMO는 대체로 최고의 신용등급인 AAA 등급을 받았다. CMO의 5분의 1만이 AAA 등급을 받지 못했는데, 이런 사실이 구조화된 금융을 최고의 실적을 내는 기업이나 심지어는 (십여 개 국가만 AAA 등급을 받는) 전체로 본 국가들보다 더 안전하게 보이게 했다.

2000년대 들어 증권화가 빠른 속도로 퍼졌다. 자금 조달 비용이 낮아지면서 대출 기관들은 더 많은 차입자를 확보하려고 했다. 모기지 대부 업체들은 계약금을 낮추는 것 외에도 이자만 납부하거나 변동 금리를 적용하거나 처음 2~3년 동안 매우 낮은 '티저' 금리를 적용한 모기지를 포함한 다양한 상품을 내놓았다. 주택 시장은 (중산층의 교외 생활을 상징하는) 흰색 울타리가 설치된 집이든 그렇지 않은 집이든 주택을 소유해 아메리칸드림을 실현하려는 열의에 찬 사람들의 수요가 증가하면서 저리의 모기지 대출이 유행하고 있었다. 이처럼 열의에 찬 주택 소유자들은 대단한 도취감에 빠져들었다. 소유한 주택 가격이 계속 상승한다면 더 부유해질 것이고, 그들이 받은 모기지 대출은 더 나은 조건으로 재융자를 받을 수 있기 때문에 상환 부담이 덜할 것이다.

주택 버블이 터지기 직전, 소득·직업·자산이 없는 사람을 의미하는 닌자NINJAs, no income, no job or assets에 해당하는 차입자들이 많아졌다. 서브프라임 모기지 대출의 절반 정도는 서류가 완비되지 않았다. 그리고 약 3분의 1 정도는 이자만 납부하는 것이었는데, 이마저도 제대로 이행할 가능성이 크지 않은 사람들도 모기지 대출을 받았다.[5] 생애 최초로 집을 마련한 사람들만 주택 버블의 영향을 받은 건 아니었다. 주택 시장이 폭락하기 전에 새로운 모기지 대출의 약 3분의 1은 생애 최초로 집을 마련한 사람 혹은 집을 한 채만 소유하고 있는 사람을 위한 것이 아니었다. 캘리포니아와 플로리다 같은 주요 '버블 주'에서는 이런 비중이 거의 절반에 달했다.[6]

도취감에 취해 주택 시장을 바라보는 사람들은 1930년대 대공황 시기에 부동산 시장이 폭락했고, 필연적으로 바로 그 시기에 미국에서 체계적인 은행 붕괴가 마지막으로 발생했는데도 부동산 시장이 전국적으로 위축되는 일은 없으리라 믿었다. 다른 사람들은 주택 가격이 하락하더라도 주택 시장 전체가 동시에 폭락하지는 않을 것이라고 믿었다.

2007년 여름까지 서브프라임 모기지저당증권에 투자된 금액은 1조 3,000억 달러에 달했다. 은행들은 모기지저당증권을 구매하기 위한 재원을 예금이 아닌 도매 자금 시장에서 자금을 차입해 마련했다. 도매 자금 시장은 금융기관과 기업이 현금을 하룻밤에서 270일까지 단기간에 빌려주고 이자를 받는 곳을 말한다. 모기지는 상업은행의 대차대조표에서 정부 기관, 더욱 광범위한 금융 시장으로 이동하고, 이제는 심지어 도매 자금 시장에서 자금을 지원받았다. 주택 붐에서 느끼는 도취감은 금융 시스템 전반에 걸쳐 뚜렷이 나타났다.

경제 정책도 주택 붐을 뒷받침했다. 닷컴 버블의 붕괴와 함께 2001년 9·11 테러의 충격이 있은 뒤, 연준은 경기 침체를 완화하기 위해 금리를 인하했다. 저금리로 모기지 대출에 따르는 비용이 감소했고 주택 가격이 급등했다. 당연하게도 건설 경기가 호황을 누렸다. 주택 공급은 연간 210만 호에 달했는데, 이 수치는 미국의 인구 증가로 인한 수요뿐만 아니라 세컨드 하우스에 대한 수요, 화재나 폭풍우에 따른 주택 교체 수요를 약 40%나 상회하는 것이었다.[7]

2년 후 연준이 금리를 2004년 6월의 1%에서 5.25%로 인상했을 때, 차입 비용은 처음 예상했던 것보다 훨씬 더 적은 영향을 받았다. 모기지 대출 비용을 올리면 주택 붐이 가라앉을 것으로 예상했지만 그런 일은 일어나지 않았다. (1장에서 자세히 설명했듯이) 각국 중앙은행이 1990년대 말 아시아 금융위기와 이와 관련된 신흥 시장 위기를 겪은 뒤로는 미래의 외환위기에 대비한 방어용 안전 자산을 비축하면서 미국 재무부가 발행한 채권 수요가 증가했다. 이처럼 달러화 표시 채권에 대한 수요가 증가하면서 미국의 차입 비용이 감소했다. 이는 리먼이 참여한 그림자 금융 시스템의 성장과 함께 발생했으며, 모기지 대출에 사용할 수 있는 자금의 규모를 키우는 결과를 낳았다. 금리를 인상했지만, 주택 버블은 가라앉지 않았다.

물론 모든 버블이 그랬듯이, 금리 인상이 자리를 잡으면서 주택 버블도 가라앉았다. 미국 주택 시장은 2007년에 최고조에 달했고 이후로는 주택 공급이 감소하기 시작했다. 주택 시장이 위축되면서 GDP 성장률이 바로 급격하게 감소하지는 않았다고 하더라도 경제가 위축되며 주택 소유자들에게 미치는 영향은 극명하게 나타났다.

가장 커다란 타격을 입은 차입자들은 계약금을 최소한도로 낸 사람들이었다. 그리고 그런 사람은 상당히 많았다. 2006년, 전체 대출에서 서브프라임 모기지 대출이 차지하는 비중은 약 20%로 2년 전의 6%와 비교하면 상당히 증가했다. 서브프라임 모기지 차입자 대다수가 계약금을 적게 냈기 때문에, 일단 부동산 가격이 하락하기 시작하자 주택 가치가 대출 원금보다 낮아지며 자산은 마이너스가 되었다. 서브프라임 모기지 차입자들뿐만 아니라 소득이 낮은 변동 금리 모기지 차입자들도 차입 비용이 늘어 높아진 이자를 매달 내는 것이 버거웠다. 이제 생활고에 시달리게 된 주택 소유자들은 집을 팔아서 대출 기관에 빚을 완전히 상환하지 않아도 되기를 바라거나, 스스로 집을 나와서 집 열쇠를 대출 기관에 돌려줄 수 있기를 바랄 뿐이었다.

차입자가 상환을 중단하면, 중개업자로부터 이런 모기지를 사들인 투자은행이 환불을 요구할 수 있다. 그 결과, 모기지 중개업자들이 파산하기 시작했고[8], 투자은행 장부에는 수백억 달러의 상환되지 않은 모기지 채권이 남았다. 회계 용어를 써서 표현하자면, 이런 채권은 부실 대출 혹은 부실 채권이 되어 있었다.

은행은 자사 보유 자산에 대한 가치 평가를 통해 대차대조표를 작성했다. 따라서 이제 투자은행들이 모기지저당증권 판매를 원했지만, 부동산 가격이 하락하기 시작하면서 이런 자산에 대한 가치 평가가 더욱 어려워져 판매에 어려움이 따랐다. 가치를 평가하기 어려운 자산은 판매가 더 어려워졌고, 은행은 자신의 포지션을 개선하기 위해 할 수 있는 것이 거의 없었다. 시가평가*mark-to-market*(현재의 시가에 따라 자산 가치를 평가하는 회계 제도) 관행은 동일한 증권을 소유한 회사가 가장 최근의 시장 가격을 기준으로 증권의 가치를 평가해야 하는 것을 의미한다. 따라서 어느 한 투자은행이 모기지저당증권을 싼값에 팔면, 이 증권을 보유한 모든 이들에게 하향곡선의 그림자가 드리워졌다.

모기지의 증권화가 위험을 광범위하게 분산시킨 덕분에 그 영향이 금융 시스템 전반에 널리 퍼졌다. 투자자들은 전국의 다양한 지역에 있는 부동산에 프라임과 서브프라임 같은 다양한 종류의 모기지를 모아 놓았기 때문에 위험이 어느 한 유형의 차입자 혹은 지역에 집중되지 않는다고 믿었다. 그러나 주택 시장 전체가 무너지면 주택과 관련된 모든 자산이 가치를 잃고, 증권화는 이에 따른 손실을 분산시키는 데 지나지 않는다.

모두 손실을 본 것은 아니었다. 도이체방크*Deutsche Bank*, JP 모건*JP Morgan*, 골드만삭스*Goldman Sachs*와 다수의 헤지펀드사를 포함한 일련의 투자자들은 기본적으로 채무불이행에 대비한 일종의 보험으로 신용부도스와프*credit default swap, CDS*를 사들여 모기지저당증권에 대한 대규모의 숏 포지션을 축적했다. 그들은 주택 소유자들이 모기지 대출에 대한 채무를 이행하지 않을 것으로 예상했고 여기에 내기를 걸었다. 투자자들은 마이클 루이스*Michael Lewis*의 저작 《빅 숏*The Big Short*》에서 묘사한 것처럼, 예상이 현실이 되면서 엄청나게 많은 돈을 벌었다. 《빅 숏》은 영화로도 제작됐는데, 크리스찬 베일*Christian Bale*이 연기한 마이클 버리는 주택 시장이 무너지는 쪽에 내기를 걸어 8억 2,500만 달러를 벌었다.

이번 불황이 미국에서만 감지된 것은 아니었다. 외국인 투자자들이 증권화된 전체 모기지의 약 4분의 1을 보유했다. 중국은 패니 메이와 프레디 맥이 발행한 증권의 가장 큰 투자자였다. 외국인 투자자들이 보유한 1조 7,000억 달러 중 중국의 투자자들이 약 3분의 1을 차지했는데,[9] 주로 패니 메이와 프레디 맥이 발행한 비교적 안전한 모기지저당증권을 보유했다. 이와는 대조적으로, 유럽의 투자자들은 위험 자산을 보유했지만 전체의 3분의 1에는 미치지 못했다.[10] 유럽의 일부 은행들이 미국의 은행들처럼 행동한 사실이 분명하게 드러나면서 미국 서브프라임 위기는 세계 전역으로 확산되었다.[11]

연쇄적인 은행의 파산, 구제받지 못한 리먼

2000년대 초반의 저금리 기조 아래 유럽 은행들이 미국 모기지 시장에서 돈을 벌자 유럽에서는 시장의 과열이 분명하게 나타났다. 2007년,

자산 규모로 볼 때 세계 3대 은행은 미국이 아니라 유럽에 있었다. 프랑스의 BNP 파리바*BNP Paribas*, 독일의 도이체방크, 영국의 스코틀랜드 왕립은행*Royal Bank of Scotland, RBS*이다. 이렇게 된 한 가지 이유는 투자 자금을 제공하는 대규모 자본 시장을 가진 미국과 달리 유럽의 차입자들은 자금 조달을 위해 은행에 의존한 데에 있었다. 유럽 은행들의 규모는 자국의 GDP와 대비하면 상당히 컸다. 아일랜드 은행들이 가장 컸고, 부채는 아일랜드 GDP의 700%에 달했다. 영국과 프랑스 은행들은 GDP의 약 400%, 독일과 스페인 은행들은 300%에 달했다.[12] 또한 유럽 은행들도 미국 은행들과 마찬가지로 대출 사업을 위한 자금 조달을 소매 예금보다는 도매 자금 시장에 의존하고 있었다.

2006년 여름에 미국 주택 시장에서 버블이 터지기 시작했을 때, 유럽 주택 시장도 곧 그 뒤를 따랐다. 그다음 해에는 아일랜드, 스페인, 영국의 주택 가격이 계속 눈에 띄게 하락하기만 했다. 유럽의 주택 소유자들은 미국의 주택 소유자들과 마찬가지로 자산이 마이너스가 되자 지출을 줄이기 시작했다. 각 가정이 주택의 가치가 대출 원금보다 낮아진 상황에서 원리금 납부에 어려움을 겪었고, 주택 시장의 폭락은 경기 침체로 이어졌으며, 결과적으로 총수요가 감소했다.

UBS, 베어스턴스*Bear Stearns*와 같은 투자은행들은 모기지저당증권에서 계속 손실이 발생하자 펀드를 폐쇄하기 시작했다. 그러나 2007년 8월 9일에 BNP 파리바가 3개의 펀드를 동결한 뒤 "미국 증권화 시장의 특정 시장 세그먼트에서 유동성이 완전히 증발, 특정 자산에 대해서는 그 품질이나 신용등급과는 무관하게 가치를 공정하게 평가할 수가 없게 되었다"고 발표했을 때, 시장은 진정으로 흔들렸다.[13] 자금을 조달하기 위한 담보로 모기지 자산을 사용할 수 없게 되자, 유동성이 고갈되기 시작했다. 어느 은행 임원은 은행 경영에서 유동성이 얼마나 중요한지에 대해 이렇게 설명했다. "지금까지 살아오는 동안 수도꼭지를 틀기만 하면 물이 나왔다. 이젠 물이 없다."[14] 이제는 유럽중앙은행European Central Bank이 절실히 필요한 유동성을 제공하기 위해 개입할 수밖에 없었다.

유럽에서는 2007년 9월 14일에 영국 은행 노던록Northern Rock이 파산하면서 유동성 고갈 위기의 심각성을 뼈저리게 깨달았다. 노던록은 대출 사업을 위해 도매 자금 조달에 크게 의존하는 모기지 대부업체였다. 자금 조달의 4분의 3 정도는 도매 자금 시장에 의존했고, 예금은 4분의 1에도 미치치 못했다.[15] 도매 자금 시장에서 유동성이 고갈되자 노던록은 자금 조달에 애를 먹었다. 결과적으로 노던록의 자금 조달 문제는 영국에서 150년 만에 처음으로 뱅크런을 일으켰는데, 예금자들이 예금을 인출하려고 지점 밖에 줄을 서서 기다리는 모습에서 생생하게 나타났다.

은행들이 자금의 대부분을 고객에게 빌려주고 일부만 현금으로 보유하는 부분지급준비금제도fractional reserve banking system하에서 예금자들이 예금을 인출하려고 하는 것은 분별없는 행동이 아니었다. 정부가 지원하는 예금보험(은행이 파산할 경우 예금자들에게 예금의 일부를 지급한다)에 따르면, 최대 30,000파운드의 지급을 보증했다. 나중에 이 금액은 미래의 뱅크런을 예방하기 위해 85,000파운드로 증액되었다. 이렇게 금액을 올리면, 예금자들에게 예금의 안전이 은행의 대차대조표에 의존하지는 않을 것이라는 믿음을 줄 것이다. 노던록의 파산은 미국의 서브프라임 모기지를 보유했기 때문은 아니었고, 파산한다고 해서 전체 금융 시스템이 무너질 것 같지는 않았다. 그러나 노던록은 미국 투자은행들과 마찬가지로 도매 자금 시장에서 자금을 조달했고, 그들의 파산은 앞으로 불행한 결과를 초래할 수 있었다.

2008년 봄, 베어스턴스는 모기지저당증권이 갖는 위험에 심각하게 노출되어 자금 조달에 어려움을 겪고 있었다. 당시 베어스턴스는 미국에서 여섯 번째로 큰 투자은행이었다. 그럼에도 은행 채권자들은 대출 갱신을 꺼렸고, 투자자들은 지속적인 손실을 우려했다. 3월 13일, 베어스턴스는 단기 대출금을 상환할 현금이 부족했다. 베어스턴스가 2,000억 달러에 달하는 포트폴리오를 염가에 판매하자, 미국의 모든 은행은 베어스턴스가 막대한 손실을 입었다고 생각했을 것이다. 따라서 미국 정부는 신뢰의 붕괴, 더 나아가서는 시장의 붕괴를 막기 위해 개입해야만 했다. 뉴욕 연방준비은행은 베어스턴스의 가장 강한 악성 자산 290억 달러를 장부에서 분리시켜 또 다른 투자은행인 JP 모건 체이스가 베어스턴스를 인수하게 했다. 베어스턴스는 미국 정부의 지원을 받아 구제되고는 매각되었다.

이와는 대조적으로, 리먼이 그해 가을에 파산하게 내버려둔 것은 서브프라임 위기에서 가장 중요한 순간이 될 것이다. 리먼이 레버리지를 지나치게 많이 활용한 탓에 모기지저당증권의 가치가 급락해 순자산 가치가 하락한 문제를 해결하려고 또다시 자본을 유치하려고 하자, 은행들은 대출 갱신을 꺼렸다. 신뢰가 무너지면서 리먼은 담보물을 넘겨달라는 은행들의 요구에 직면했다. 그러나 리먼이 오랜 기간에 걸쳐서 장기 증권의 발행에 필요한 자금을 조달하기 위해 단기 자금에 의존했기 때문에, 이 담보물은 자금 시장에 접근하기 위한 수단이기도 했다. 이제는 만기가 도래한 부채를 재융자를 통해 상환하는 것은 파멸을 부를 정도로 비싼 대가를 요구했다.

리먼은 파산을 맞이하기 전에 누군가가 인수해주기를 기대했다. 뱅크 오브 아메리카*Bank of America*가 관심을 보였지만, 결국 메릴린치를 인수하기로 했다. 메릴린치는 도매 자금 시장에 심하게 노출되어 있었고, 그렇게 하지 않고는 영업을 할 수 없다는 점에서 리먼과 공통점이 있었다. 그러나 메릴린치는 뱅크 오브 아메리카의 마음을 얻기 위해 노력하면서 뱅크 오브 아메리카의 CEO가 오랫동안 추구해 온 사업 목표를 실현할 기회, 즉 상업은행과 투자은행의 기능을 모두 갖춘 '유니버설 은행*universal bank*'을 설립할 기회를 제시했다. 뱅크 오브 아메리카는 인수 대금으로 500억 달러를 지급했는데, 위기 이전 메릴린치의 기업 가치 3분의 1에 불과한 금액이었다. 다른 주요 은행들은 어려운 상황에 놓여 있었거나 리먼 인수에 관심을 보이지 않았다. 유일하게 관심을 보인 은행은 영국 은행 바클레이스*Barclays*였다.

그러나 영국 정부는 자국 은행 부문의 건전성을 우려했고, 고든 브라운*Gordon Brown* 총리와 알리스테어 달링*Alistair Darling* 재무장관은 주주들의 승인과 미국 정부의 지원 없이는 인수를 허용하지 않을 생각이었다. 달링 장관은 행크 폴슨*Hank Paulson* 미국 재무장관과 정기적으로 만났는데 훗날 이런 말을 했다. "그때 나는 그가 공화당원들에게 또 다른 은행의 국유화를 설득할 수 있을 만큼 충분한 정치적 자본을 가지고 있다는 생각이 들지 않았습니다."[16] 사실, 폴슨은 아주 중대한 은행 자본재조정 계획이라 할 부실 자산 구제 프로그램*Troubled Asset Relief Program, TARP*이 의회에서 통과될 수 있도록 최선의 노력을 기울였다. 이것은 은행의 대차대조표를 강화하기 위해 은행에 자본을 투입하는 것을 의미했다.

리먼은 곧 현금이 바닥나서 파산을 눈앞에 두고 있었다. 미국의 규제 당국은 리먼이 도매 자금 시장에서 하던 주요 '브로커-딜러'의 역할을 과소평가했고, 정부의 구제를 보장하는 대마불사의 지위를 갖는 것으로 여기지 않았다. 이런 지위는 일반적으로 경제에서 자금 조달을 원활히 하는 데 필수적인 역할을 하기에 문을 닫으면 파멸적인 결과를 일으키게 될 은행에 부여된다. 결과적으로 리먼의 파산과 이로 인한 위기는 세계 금융 시스템에서 그림자 금융의 불투명성을 부각했다.

2008년 9월 15일 월요일 오전 1시 45분, 164년의 역사를 지닌 리먼이 파산 신청을 했다. 미국 역사상 가장 큰 규모의 파산이었다. 미국에서 네 번째로 큰 투자은행이 파산한 것이다. TV와 컴퓨터 모니터에 비친, 종이 상자에 소지품을 챙겨 나오는 리먼 직원들의 모습이 수십 년 만에 맞이한 최악의 위기를 상징했다.

돌이켜보면, 리먼을 구제하지 않기로 한 미국 정부의 결정에 대해서는 계속 의문이 제기될 것이다. 특히 그림자 금융 시스템에서 브로커-딜러로서 리먼의 상호 연결성의 정도에 대해서는 더욱 그러할 것이다. 이 결정은 여러 해에 걸친 논쟁을 촉발했다. 많은 이들이 이를 2008년 세계 금융위기의 도화선으로 보고 있다. 리먼이 구제되었더라면, 폭락은 면할 수 있었을까? 그랬다 하더라도, 어쨌든 다른 은행이 비슷한 방식으로 시장에 큰 충격을 가하지 않았을까?

버블의 붕괴를 재촉한
신용 경색 ┃

리먼이 파산한 이후 신용 시장은 얼어붙었다. 은행들은 다음에 누가 파산할 것인지를 확신할 수가 없었기 때문에 거래를 중단했고 유동성은 고갈되었다. 이런 '신용 경색'은 머지않아 더욱 광범위한 경제에 영향을 미칠 것이었다. 위험이 급격하게 증가하면서 신용 시장에서 금리에 반영되는 위험 프리미엄도 급격하게 상승했다. 인터뱅크 시장interbank market(은행 간의 단기 자금을 거래하는 시장—옮긴이)에서의 차입 비용은 가장 안전한 자산인 미국 재무부 발행 단기 채권US Treasury bill과 비교해 최대 40배까지 증가했다. 고위험 채권 금리도 미국 재무부 발행 장기 채권US Treasury bond 금리와 비교해 급격하게 상승했다.

리먼이 파산한 후의 상황에서 파산 지경에 놓인 그다음 대형 금융회사는 또 다른 투자은행이 아니라 세계 최대 규모의 보험회사 아메리칸 인터내셔널 그룹American International Group, AIG이었다. AIG는 금융상품 사업부를 통해 수천억 달러어치의 신용부도스와프를 판매했다. 그중 상당 부분은 리먼의 채권자였던 기업들이 매입한 것이었다. 리먼이 파산하자 AIG가 손실을 보전해야 했다.

리먼이 파산한 날 AIG의 신용등급이 강등되었고, 이에 따라 AIG가 파산할 경우를 대비해 담보물을 돌려받기를 원하는 거래 당사자들이 추가 증거금을 요구margin call하기 시작했다. 담보 가치가 감소하고 대차대조표상의 손실이 커지면서 채권자들은 더 이상 AIG에 자금을 빌려주려고 하지 않았다. 정부의 구제금융이 없었다면 AIG는 수일 내에 파산했을 것이다.

미국 정부는 AIG가 나머지 금융 시스템에 미치는 영향을 고려해 파산하게 내버려 두면 안 된다고 생각했다. AIG가 보유한 파생상품과 환매조건부채권의 규모와 증권 업무의 파급력은 리먼보다 더 컸으며, 경제가 작동하는 데 매우 중요한 기능을 한다고 판단했다. 따라서 리먼이 파산한 다음 날 연준은 연준법 13조 3항에 의거하여 비상사태를 선포하고 AIG에 구제금융을 제공하기로 했다. 뉴욕 연방준비은행은 AIG를 상대로 수십억 달러의 담보물을 확보하고 최대 850억 달러에 달하는 신용공여를 결정했다. 그 대가로 연준은 79.9%의 지분을 확보했고, AIG의 주주들은 막대한 손실을 입었다.

그날은 또 다른 이유로 중요한 날이었다. 가장 오래된 머니마켓펀드 *money market fund, MMF*(고객의 일시적인 여유 자금을 금리 위험과 신용 위험이 적은 국공채, 어음 등에 운용하고 이러한 운용에서 발생하는 수익을 배당하는 대표적인 단기금융상품—옮긴이) 중 하나인 리저브 프라이머리 펀드*Reserve Primary Fund*가 연준에 고객이 투자한 모든 달러에 대하여 주당 1달러의 지급을 보증할 수 없다고 알렸다. 과거에는 결코 보지 못했던, MMF의 순자산 가치가 주당 1달러 아래로 떨어지는 순간이었다. 리먼이 파산한 후로 뮤추얼 펀드조차 모기지 저당증권에 노출되어 있지 않을까 걱정한 투자자들은 5,000억 달러를 인출해 미국 재무부 발행 단기 채권과 장기 채권 같은 안전자산으로 옮겨놓았다. 2008년 9월 19일, 미국 재무부는 MMF의 대규모 인출 사태를 막으려고 일정한 보험료에 대한 대가로 지급 보증을 제공한다는 놀라운 결정을 내렸다. 이를 위해 미국 재무부는 1930년대 뉴딜 정책에서 미국 달러화를 관리하기 위해 설치한 500억 달러 규모의 외환안정기금

*Exchange Stabilization Fund*을 신속하게 용도 변경해 사용했다.

이런 인출 사태는 '신용 경색'으로 이어졌다. 투자자들이 자금을 정부 발행 채권으로 옮기고 곤경에 처한 은행들이 대출을 줄이면서, 기업들이 활용할 수 있는 자금이 줄어들었다. 그 결과, 기업을 대상으로 은행이 공여하는 신용 한도액이 줄어들었고 이는 기업의 대차대조표에 더욱 큰 부담이 되었다. 유럽에서는 은행들이 도매 자금의 동결과 함께 손실을 인식해야 했다. 따라서 그들도 대출 사업에서 손을 뗐다. 유럽 은행들의 대출 사업 철수는 기업 대출뿐만 아니라 모기지 대출에도 영향을 미쳤다. '신용 경색'과 리먼 파산의 여파는 대서양 양쪽에서 주택 시장 버블이 터지기를 재촉했다.

2008년 여름, 당시 은행들이 어려움을 겪고 있었기 때문에 패니 메이와 프레디 맥은 새로운 모기지 대출 중 약 75%를 후원하고 있었다. 이두 정부기관은 총 1조 8,000억 달러에 달하는 모기지저당증권을 보유하고 있어서 파산을 눈앞에 두고 있었다. 그해 가을, 두 기관은 정부의 관리하에 들어갔다.

미국의 주택 가격은 2007년에 정점을 찍고 2009년까지 3분의 1만큼 하락했다. 900만 명이 넘는 주택 소유자들이 모기지 대출을 갚지 못하고 집에서 쫓겨났다. 2008년부터 2012년까지 주택 가격이 50%나 하락한 아일랜드에서는 시장 붕괴가 훨씬 더 두드러졌다. 영국에서는 주택 가격이 20% 하락했을 때, 주택 소유자 10%의 자산이 마이너스가 되었다.

공적 자금의 투입,
은행 자본의 재조정   I

폭락 초기, 정부 관료들은 은행들이 인수합병을 통해 스스로 잘 헤쳐 나가기를 바랐다. 예를 들어 2008년 영국 정부는 로이드 은행*Lloyds Bank*에 핼리팩스 스코틀랜드 은행*Halifax Bank of Scotland, HBOS*을 인수하라고 독려했다. 독일에서 두 번째로 큰 은행인 드레스드너방크*Dresdner Bank*는 더 작은 경쟁 은행인 코메르츠방크*Commerz bank*와 합병했다. 그러나 얼마 지나지 않아 구제에 나선 은행이 곤경에 처한, 인수한 은행 때문에 무너질 위험에 처해 있다는 사실이 분명하게 드러났다.

잠재적 구매자들은 이런 위험을 감안해 정부의 지원을 원했다. 미국에서는 일본의 미쓰비시가 지분 20%를 사들이는 조건으로 모건스탠리를 구제할 준비를 하고 있었다. 워런 버핏*Warren Buffett*은 골드만삭스에 50억 달러를 지원할 생각을 하고 있었다. 그러나 이 제안들은 모두 정부의 지원을 전제로 한 것이었다.

벤 버냉키*Ben Bernanke* 연준 의장과 행크 폴슨 재무장관은 이번 위기가 유동성에 관한 위기일 뿐만 아니라 좀 더 도발적으로 말하자면 지급 능력에 관한 위기라서 더 많은 자금이 필요하다고 생각했다. 은행에 자금을 투입하는 방식으로 자본재조정이 요구되었고, 그렇게 하려면 훨씬 더 많은 자금을 투입하기 위해 의회의 승인을 얻어야 했다.

미국 재무부는 수개월에 걸쳐 의미 있는 지원 방안을 고민했다. 재무부는 버냉키가 이끄는 연준과 협의해 폴슨 재무장관과 그의 보좌진이 '긴급한 상황을 타개하기*break the glass*' 위한 메모라고 부르는 것을 의회에 제출해 최대 7,000억 달러 규모의 부실 자산 구제 프로그램TARP에 대한 승인을 요청하기로 했다.[17] 승인 요청서의 분량은 단 3쪽에 불과했지만, 엄청난 금액을 요구하고 있었다. 폴슨은 이 법안의 승인을 얻기 위해 동료 공화당원들과 치열한 논쟁을 벌였는데, 이 프로그램을 실행하지 못하면 세계 금융 시스템이 무너질 수도 있다는 주장을 펼쳤다. 공화당원들은 이념적으로 정부가 구제금융을 제공하고 은행을 사실상 국유화하는 것에 반대했다. 폴슨은 민주당의 표가 필요했다. 법안은 민주당 의원들의 지지를 얻기 위해 금융업계에 손실을 보전하기 위한 세금을 부과할 것이라는 공약을 명시하도록 수정되었다. 불과 일주일이 지난 9월 28일, 금융업계에 세금을 부과해 납세자들의 손실을 보전할 것이라는 합의가 곧 이루어질 것처럼 여겨졌다. 그러나 이 법안은 다음 날 하원에서 통과되지 못했다. 찬성 205표 중 140표가 민주당에서 나왔고, 공화당에서는 겨우 65표만 나왔다. 금융 시장에 미친 충격은 금세 드러났다. 9월 29일, 다우 지수는 778포인트나 하락하며 1조 2,000억 달러라는 사상 최대 규모의 손실을 기록했다.

10월 3일, 하원에서 263 대 171의 표결로 통과되기 전까지, 의회를 상대로 납세자들이 손실을 입지 않고 은행들이 책임에서 벗어나지는 않을 것이라는 믿음을 주기 위해서는 더 많은 논쟁이 필요했다. 영국이 신뢰를 회복하기 위해 자본재조정에 집중한 데 영향을 받아, 7,000억 달러 규모의 자금을 사용해 악성 자산을 사들이거나 은행 보증을 제공하는 것보다는 자본을 투입해 은행 자본을 재조정하는 것으로 방향이 바뀌었다. 법안이 통과된 지 몇 시간이 지나 조지 W. 부시George W. Bush 대통령이 서명하며 정식 법률이 되었다.

잇따른
유럽 은행들의 위기 I

대서양 건너편에서 들리는 소식도 그다지 좋지 않았다. 영국에서는 1년 전에 노던록에 구제금융을 제공한 것이 앞으로 닥칠 일의 전조에 불과했던 것으로 드러났다. 영국 은행들은 미국 은행들과 마찬가지로 제대로 작동하지 않는 도매 자금 시장에 의존했으며, RBS와 같은 대형 은행들과 이보다는 규모가 작은 브래드포드 앤 빙글리*Bradford & Bingley*와 같은 은행들이 어려움을 겪고 있었다. 영국도 미국과 마찬가지로 정부가 '백기사' 역할을 하는 은행들이 구제에 나서도록 설득하려고 했다(스페인의 산탄데르 은행*Banco Santander*은 그해 9월에 브래드포드 앤 빙글리의 지점을 인수했다). 유럽의 다른 지역에서도 비슷한 소식이 들려왔다. 프랑스 정부는 덱시아*Dexia* 은행 때문에 골머리를 앓고 있었고, 독일 정부는 히포 레알 에스테이트*Hypo Real Estate* 은행 문제로 시달리고 있었다. 리먼과 비슷한 규모의 벨기에-네덜란드-룩셈부르크 은행 포티스*Fortis*도 어려움을 겪고 있었다.

9월 29일, 유럽의 위기는 절정에 이르렀다. 아일랜드의 3대 은행인 앵글로 아이리시 은행*Anglo Irish Bank*, 뱅크 오브 아일랜드*Bank of Ireland*, 얼라이드 아이리시 은행*Allied Irish Bank*이 전부 구제금융을 기다리고 있었다. 다음 날 오전, 아일랜드 정부는 6대 주요 은행들의 예금뿐만 아니라 모든 부채에 2년간의 지급 보증을 했다. 결국 아일랜드 정부는 4,400억 유로에 달하는 은행 부채에 지급 보증을 하게 되었고, 이런 구제금융에 필요한 자금을 조달하기 위해 무려 GDP의 32%에 달하는 금액을 빌려야 했다.

아일랜드의 상황은 규모가 작은 국가가 은행 위기를 억제할 수 있는

지에 대한 상당한 우려를 제기했다. 포티스를 구제한 네덜란드 정부는 유럽 각국에 GDP의 3%에 달하는 총 3,000억 유로 규모의 은행 구제 기금 조성을 제안했다. 프랑스는 이 제안을 지지했다. 니콜라 사르코지 *Nicolas Sarkozy* 대통령과 크리스틴 라가르드*Christine Lagarde* 재무장관은 은행들의 상호 연결성을 고려할 때 유럽 차원의 조치가 필요하다고 생각했다. 그러나 독일은 그렇지 않았다. 다른 나라들의 구제금융에 필요한 자금을 내놓고 싶어 하지 않았다. 유럽에서 미국의 노력에 상응하는 조치를 마련하지 않자 투자자들은 초조해졌고, 결과적으로 10월 초 유럽 주식 시장은 폭락했다. 미국은 10월 10일과 11일에 세계은행과 IMF의 연례 회의와는 별도로, G7과 G20 재무장관이 참석하는 긴급회의를 소집했다.

영국에서는 RBS가 문을 닫을 처지에 놓여 있었다. 이에 브라운 총리는 자신이 생각하는 은행 구제 계획을 밝혔다. 영국 정부는 은행들이 발행하는 새로운 채권을 보증하기 위해 2,500억 파운드의 기금을 조성할 것이라고 발표했다. 은행들이 일시적으로 자산유동화증권*asset-backed securities*을 정부 지폐와 교환할 수 있는 영국은행의 특별유동성제도*special liquidity scheme*에 따라 2,000억 파운드의 기금이 조성되었다. 영국의 8대 주요 은행들은 자본재조정을 추진하기 위해 500억 파운드 규모의 정부 기금을 이용하거나 스스로 자금을 모집할 수 있었다. RBS와 로이즈 TSB-HBOS와 같은 은행들은 직접 정부 기금을 받아서 정부가 주요 주주가 되었다. 영국 정부는 RBS에 150억 파운드를 투입하고 57.9%의 지분을 소유했으며, 로이즈 TSB-HBOS에는 130억 파운드를 투입하고 43.4%의 지분을 소유했다. 바클레이스와 HSBC는 이번 제도를 이용하지 않았다. 바클레이스는 카타르 국부펀드를 포함해 개별 투자자들을 통해 자금을 조달했다. 사업 기반이 주로 아시아 지역에 있어서 시장을 통해 자금을 조달할 수 있었던 HSBC는 미국 서브프라임 위기의 영향을 덜 받았다.

브라운 총리의 노력이 상황을 진정시킬 것처럼 보였지만, 세계 시장은 여전히 혼돈에 빠져 있었다. G7 재무장관 회의에서는 리먼을 구제하지 않은 미국을 성토하는 분위기가 지배적이었다. 각국 재무장관들은 시스템상 중요한 금융기관들이 시스템 전체를 무너뜨릴 위험이 있으니 파산하도록 내버려 두어서는 안 된다는 데 의견이 일치했다. 또한 인터뱅크 시장과 증권화 자산 시장이 얼어붙도록 내버려 두지 않고 다시 작동시킬 것을 약속했다.

위기 대응의 중심에 선 미국 연준의 활약 |

대서양 건너편에서는 미국의 9대 주요 은행들이 TARP를 통한 지원을 받았다. 정부가 우선주를 소유하는 조건으로 정부 자금을 받을 수 있었다. 또한 사업 관련 모든 당좌 예금에 대하여 연방예금보험공사의 보호를 받을 뿐만 아니라 새로 발행하는 채권도 일정 금액까지 보증을 받기로 했다. 그렇게 미국 은행들은 정부로부터 총 1,250억 달러를 지원받았다.

미국 재무부는 TARP를 널리 이용하도록 해서 지원을 받아야 할 취약한 은행들이 정부 기금을 받는 데 따르는 오명을 없애고, 이들이 시장에서 선별되어 매각되지 않게 할 필요가 있었다. 유력 은행들도 체계적 은행 위기에서 금융 시장이 얼어붙어 있다면 자사의 건전성이 중요하지 않다는 사실을 알고 있어서 이 프로그램에 기꺼이 참여했다. 그러나 TARP는 공포에 질린 투자자들로부터 시티은행Citibank을 보호하기에는 역부족이었다. 대차대조표에 3,060억 달러의 부실 자산을 포함하고 있던 시티은행의 시장 가치는 한 달 후 폭락 이전 가치의 10분의 1인 205억 달러로 떨어졌다. 위험에 노출된 다른 은행들과 마찬가지로 시티은행도 도매 자금 시장에서 자금을 조달하려고 분투 중이었다. 그리하여 시티은행은 11월 22일부터 23일까지 정부가 우선주를 소유하는 조건으로 200억 달러를 추가로 지원받았다(미국 정부는 한때 시티은행을 상대로 36%의 지분을 소유했다). 곧 뱅크 오브 아메리카도 선례를 따랐고, 미국 정부는 이 은행의 생존을 위해 소유 지분을 늘렸다.

2008년 세계 금융위기의 책임은 미국 은행들에게 있었지만, 결국에는 유럽 은행들보다 더 빨리 위기에서 벗어났다. TARP는 모든 주요 은행의 자본재조정을 추진했고, 시티은행과 뱅크 오브 아메리카에 추가 자본을 투입한 것이 금융 시스템의 스트레스를 완화하는 역할을 했다. 지급 보증을 하고 그 밖의 조치를 취한 것도 도움이 되었다. 이보다 덜 포괄적인 유럽 대륙의 노력과 대조를 이루는 움직임이었다. 당연히 중앙은행들도, 특히 신용 시장에서 장애를 없애기 위해 유동성을 공급하는 데 중요한 역할을 했다. 여러 측면에서 연준을 비롯한 주요 중앙은행들이 했던 역할은 놀랍기만 했다.

연준은 위기의 중심에서 금융 시스템을 뒷받침하기 위한 많은 계획을 수립했다. 2007년 가을에 위기가 조성되자 기간입찰 대출 창구*Term Auction Facility*를 설치, 은행들이 예전에는 주로 기업어음 시장에 의존하던 단기 자금을 조달할 수 있도록 했다. 다른 시장들과 마찬가지로, 보통 270일 이내에 만기가 되는 무담보 단기 채권의 형태로 거래가 이루어지는 기업어음 시장도 얼어붙었다. 연준은 자산유동화증권과 부채담보부증권*collateralized debt obligation*을 담보로 받아들였다. 기간입찰 대출 창구의 대차대조표 규모는 2009년 초 최고조에 이르렀을 때, 약 5,000억 달러를 기록했다.

2008년 여름, 연준은 4주 동안 모기지저당증권을 받고 미국 재무부 발행 단기 채권을 제공하는 기간증권 대출 창구*Term Securities Lending Facility*를 설치했다. 또한 연준은 공개시장조작 정책에서 핵심적인 역할을 하던 국고채 전문 딜러들이 광범위한 종류의 담보를 제공하는 조건으로, 하룻밤 사이에 유동성을 무제한으로 조달할 수 있도록, 국고채 전문 딜러 신용창구*Primary Dealer Credit Facility*도 운영했다. 연준은 런던에서 영업하는 미국 은행의 자회사들도 이런 프로그램을 이용할 수 있게 했는데, 이 정책이 영국 시장을 지원하는 데 많은 도움이 되었다.

연준은 기업어음 시장의 위기를 맞이해 이보다 한 걸음 더 나아가서 직접 금융회사에 자금을 빌려주기까지 했다. 연준은 최고 품질의 기업어음을 사들이는 기업어음 매입 창구*Commercial Paper Funding Facility*를 설치했다. 이 창구는 위기 동안에 7,370억 달러에 달하는 단기 대출을 제공했다. 자산유동화증권 시장도 얼어붙어서 2008년 11월에는 기간자산유동화증권 대출 창구*Term Asset-Backed Securities Loan Facility*가 설치됐다. 이 창구에서는 높은 등급의 소비자 신용 대출 및 중소기업 대출과 같은 광범위한 담보를 제공하는 조건으로 선별된 차입자들에게 5년 만기의 대출을 제공했다. 위험의 정도를 고려하면 710억 달러만 빌려줘 다행이라 할 수 있었다.

그 후로 2009년 초 연준은 양적완화_quantitative easing, QE_를 시작하면서 '비전통적' 통화 정책이라고 불리는 것에 착수했다. 양적완화는 중앙은행이 주로 기업이나 은행이 보유한 국채와 같은 자산을 매입하기 위해 돈을 찍어내는 것을 의미한다. 이제 기업이나 은행은 이렇게 받은 현금을 지출하거나 투자할 수 있다. 이 돈은 새로 찍어낸 화폐이기 때문에 양적완화는 통화 공급을 늘리게 되고, 경제에는 이용할 수 있는 자금이 더 많아지게 된다. 공개시장조작 정책은 대체로 중앙은행이 현금을 주고 자산을 매입하는 것을 의미하지만, 양적완화의 규모와 중앙은행이 매입하는 자산의 종류가 양적완화를 비전통적으로 보이게 만들었다.

연준은 미국 재무부 발행 채권을 매입했는데, 평소에도 하는 일이었다. 그러나 연준은 평소와 달리 모기지저당증권도 매입했다. 연준은 어려움에 빠진 시장을 지원하기 위해 이제는 문을 닫을지도 모르는 패니 메이와 프레디 맥이 보증하는, 품질이 더 나은 증권을 매입했다. 2010년까지 이렇게 해서 연준 장부에 오른 증권이 약 2조 달러에 달했다. 유럽 은행들이 서브프라임 시장에 얼마나 관여했는지를 보여주기라도 하듯이, 연준이 매입한 모기지저당증권의 절반 이상이 유럽 은행들의 대차대조표에서 나온 것이었다.

2007년 8월, 유럽 은행들이 익일물 대출 시장_overnight lending market_에 크게 의존하고 있는 것을 고려해 인터뱅크 시장에 최초로 유동성을 지원한 기관은 유럽중앙은행이었다. 1년 후, 유럽중앙은행과 영국은행은 상당히 많은 유동성을 지원하고 있었다. 그러나 유럽 은행들이 미국 도매 자금 시장에 노출되고 의존하는 것을 고려할 때, 그들이 원하는 것은 달러화였다. 연준은 1960년대에 브레턴우즈 체제하에서 고정 환율을 관리하기 위해 확립된 도구를 적절히 개편했다. 이를 통해 연준은 통화 스왑 라인을 활용해서 영국은행에 달러화를 빌려줄 수 있었다. 이는 연준이 그 대가로 보증금을 파운드화로 받는 방식으로 작동되었다. 두 중앙은행은 합의된 환율에 따라 미래의 특정 시점에 거래를 되돌려놓기로 약속했다. 연준은 이자 수입을 챙겼는데, 영국은행은 이 비용을 통화 스왑 라인을 이용하는 은행들에 전가했다. 따라서 은행들이 시장에서 달러화를 얻을 수 있더라도 함부로 이용하는 것을 방지했다. 통화 스왑 라인은 9·11 테러 이후를 포함해 간헐적으로 쓰였지만, 연준이 체계적 은행 위기에 직면하면서 상당히 확대해 사용했다.

유럽중앙은행, 스위스국립은행Swiss National Bank과의 통화 스왑 라인은 2007년 12월에 설치되었다. 2008년 9월부터 10월까지 일본은행, 캐나다은행, 오스트레일리아준비은행, 뉴질랜드준비은행을 비롯해 스웨덴, 노르웨이, 덴마크, 브라질, 멕시코, 한국 및 싱가포르의 중앙은행과의 통화 스왑 라인도 추가되었다. 이제 미국의 자금 시장에 의존하는 유럽과 그 외 지역의 중앙은행들도 달러화를 손쉽게 이용할 수 있었다. 유럽중앙은행은 지역의 일부 중앙은행이 심각한 상태에 놓여 있었기 때문에 연준의 통화 스왑 라인을 최대한 활용했다. 유럽의 14개 중앙은행들은 연준 대차대조표에서 한때 3분의 1 이상을 차지하던 (2008년 12월에 5,800억 달러로 정점에 도달하던) 통화 스왑 라인을 활용했다. 연준은 통화 스왑 라인에서 약 40억 달러의 수익을 올렸다.[18] 이러한 시스템은 미국 경제뿐만 아니라 세계 경제의 후원자라는 연준의 역할을 확고히 했다. 따라서 서브프라임 위기가 미국의 위기였음에도, 위기가 지속되는 동안 다른 국가들이 보유하기를 원하는, 세계의 준비 통화로서의 미국 달러화의 위상이 오히려 강화되었다. 예를 들어 중국의 미국 재무부 발행 채권 총매입액은 서브프라임 위기 동안 증가했다. 중국은 2009년에 1조 4,600억 달러 규모의 미국 재무부 발행 채권을 소유했는데, 이는 2007년의 약 9,000억 달러에서 상당히 증가한 규모였다.[19] 이런 사실은 안전 자산으로서의 미국 달러화 표시 자산의 중요성을 강조한다. 간단히 말하자면, 달리 선택의 여지가 없었다.

유럽이 공동으로
금융위기에 대처한 방법

위기의 여파가 계속되면서, 유럽연합*European Union, EU*은 곧 회원국들의 지원 요청에 직면했다. 2008년 10월 27일, 헝가리는 IMF 그리고 EU와 250억 달러 규모의 구제금융 프로그램에 합의했다. 헝가리 GDP의 5분의 1에 해당하는 엄청난 규모였다. 얼마 지나지 않아 아이슬란드, 라트비아, 우크라이나, 파키스탄, 아르메니아, 벨라루스, 몽골 등 EU 회원국들과 비회원국들도 그 뒤를 따랐다. IMF는 라틴아메리카 국가(코스타리카, 엘살바도르, 과테말라)뿐만 아니라 세르비아와 보스니아헤르체고비나를 포함한 다수의 국가에 예방적 차원의 신용을 제공했다. 또한 IMF는 예방적이고도 융통성 있는 신용 창구를 설치했다. IMF는 전면적이고 비용이 많이 소요되는 구제 프로그램을 사전에 방지하려고 이런 지원을 처음으로 제공했다. 이를 위하여 800억 달러가 넘는 자금이 콜롬비아, 멕시코, 폴란드에 제공되었다.

EU로서는 더욱 뼈아프게도 오스트리아와 스웨덴이 어려움을 겪고 있었다. 오스트리아 은행들은 동유럽에서 실시한 대출로 오스트리아 GDP의 절반이 넘는 부채를 안고 있었다. 스웨덴 은행들은 발트해 연안의 금융 시장을 지배했다. 두 나라의 은행들이 지역 최대 규모의 대부업체였기 때문에 이들이 철수하면 대출 시장이 무너질 수 있었다. 따라서 신속하게 행동할 필요가 있었다.

오스트리아는 브뤼셀의 조치를 기다리기보다는 세계은행, 유럽부흥개발은행European Bank for Reconstruction and Development, EBRD, 유럽투자은행European Investment Bank, EIB을 소집해 비엔나 이니셔티브Vienna Initiative를 이끌어냈다. 세계은행 등은 은행의 자본재조정과 신규 대출에 사용할 자금으로 245억 유로를 내놓았다. 이런 지원에 힘입어 17개 범유럽은행 그룹은 자회사들이 계속 영업을 하고 중부 및 동부 유럽에서 대출 사업을 계속 이어갈 것을 약속했다. 2012년에 IMF가 발간한 이 같은 자발적인 행동에 관한 조사보고서의 제목은 〈외국 은행과 비엔나 이니셔티브: 죄인을 성인으로 만들었는가?Foreign Banks and the Vienna Initiative: Turning Sinners into Saints?〉였다.[20] 보고서의 저자들은 은행이 위기를 일으킨 '죄인'으로 여겨졌지만, 많은 우려에도 불구하고 규모가 작은 유럽 국가들의 경제가 작동하는 데 꼭 필요한 대출 사업을 계속 이어갔다는 점에서 '성인'처럼 행동했던 것이라고 주장했다.

이런 보호막을 설치했지만 또 다른 취약한 연결 고리가 있었다. 아직 단일 통화에 가입하지 않은 EU 국가들이 유로화에 대해 환율을 고정시키고 있는 것이었다. 라트비아, 에스토니아, 리투아니아가 바로 유로존 국가가 될 것으로 기대하고 유로화에 대하여 환율을 고정시킨 국가들이었다. 그러나 이들이 자국을 떠나는 자금 때문에 환율을 계속 고정시킬 수 없다면, 비엔나 이니셔티브가 제공하는 자금으로는 충분하지 않을 것이다. 만약 이들이 자국 통화에 대하여 평가절하를 단행한다면, 슬로바키아와 불가리아처럼 비슷한 압박을 받는 다른 국가들도 그 뒤를 따를 수 있다. 그렇게 되면 스웨덴의 주요 은행인 스웨드뱅크*Swedbank*와 노디어뱅크*Nordea Bank*가 보유한 대출 자산의 가치가 하락해 대차대조표를 위태롭게 할 수 있었다.

유럽위원회*European Commission*는 바로 이런 연결 고리를 지적하면서 이 국가들의 평가절하 단행을 반대했다. IMF는 경제가 어려운 국가에 대체로 평가절하를 단행하지 않기를 권고했고, 그다음에는 이런 국가에서 대체로 부채에 대한 구조조정이 뒤따랐다. 예를 들어 라트비아가 자국 통화 가치가 30%까지 하락하게 둔다면, 세계 시장에서 수출품 가격이 30%나 더 저렴해질 것이다. 라트비아 기업들이 이런 평가절하 없이 경쟁력을 확보하려면 비용을 30%나 절감해야 하는데, 이는 노동자들의 임금을 낮춰 그들의 생계를 위태롭게 할 것이다. 라트비아는 평가절하를 단행하는 대신 유럽위원회, IMF, 세계은행, EBRD, 스웨덴과 덴마크 정부의 협력으로 구제되었다. 다른 유로존 국가들과 마찬가지로, 라트비아는 GDP의 무려 32%에 달하는 구제 프로그램을 받기로 하고 긴축을 실시했지만 유로화에 대한 환율은 계속 고정시켰다. 그러자 실업률이 30%로 상승했고, 교사의 3분의 1이 일자리를 잃었으며 공공부문 임금은 35%나 삭감되었다.

매번 신흥국들을 긴장시킨
연준의 조치 |

연준의 조치들이 금융 시스템을 안정시키기는 했지만, 시장에 수조 달러가 투입되면서 투자자들은 조달 비용이 저렴해진 자금으로 수익을 얻으려 했다. 서브프라임 위기에 빠지지 않았던 신흥국들은 더 높은 수익을 약속했고, 따라서 투자자들은 보유한 달러화를 신흥국으로 옮겼다. 2008년, 펀드 투자자들은 신흥 시장에 9,000억 달러를 투자했고, 6년이 지난 2014년에는 이보다 50%가 넘는 1조 4,000억 달러를 투자했다.[21]

2013년 6월, 벤 버냉키 연준 의장은 경제 지표가 계속 긍정적인 신호를 보임에 따라 9월에 열리는 차기 연준 회의에서 월별 자산 매입액을 850억 달러에서 650억 달러로 감액하는 양적완화 축소를 표결에 부칠 예정이라고 했다. 또한 2014년 중반에는 양적완화가 중단될 수 있다고도 했다. 사전에 연준이 몇 주에 걸쳐 신호를 보냈지만, 버냉키의 발언은 '긴축 발작_taper tantrum_(2013년 당시 벤 버냉키 연준 의장이 처음으로 양적완화 종료를 시사한 뒤 신흥국의 통화 가치와 주식 시장이 급락했던 현상─옮긴이)'을 일으켜 그해 여름 투자자들이 신흥 시장에서 투자금을 회수하게 했다.

투자은행 모건스탠리_Morgan Stanley_는 달러화 표시 부채가 가장 많은 국가로 브라질, 인도, 인도네시아, 남아프리카공화국, 튀르키예를 꼽고 '5대 취약국_Fragile Five_'이라고 불렀다. 이 국가들의 경제 상태는 외채가 많아서 투자자들의 갑작스러운 투자금 회수에 취약해, 1장에서 논의했던 1990년대 후반의 신흥 시장 위기를 떠올리게 했다. 따라서 이 5대 취약국은 금리를 인상해 투자자들에게 더 높은 수익을 제공하면서 그들이 떠나지 않도록 유혹했다. 또한 자본 통제를 부과했는데, 외국 자본이 떠나는 것을 제한할 수는 있었지만 완전히 차단할 수는 없었다.

2013년 9월에 열린 G20 회의에서 신흥국 재무장관들은 연준을 향해 연준의 정책이 세계 경제에 미치는 영향력을 생각해 줄 것을 권고했다. 그러나 연준의 정책은 미국 경제에 맞추어져 있다. 연준은 미국의 미래에 영향을 미치는 경우에만 세계 경제를 생각할 것이고, 바로 이것이 세계적인 위기 동안 미국의 중앙은행이 유럽의 은행들을 안정시키기 위해 나선 이유였다. 신흥 시장 위기에는 연준이 행동에 나설 만한 잠재적 영향력이 충분해 보이지 않았다.

그럼에도 9월 18일 연준이 양적완화를 축소하지 않고 금리를 최저 수준으로 유지할 것을 결정하자 인도 같은 일부 신흥국들의 통화는 안정되었다. 연준은 봄 이후로 경제 전망치를 안 좋은 방향으로 조정했고, 아직은 경제가 통화 지원 정책을 철회할 정도로 충분히 강건하지는 않다고 판단했다. 그해 10월, 당시 맡고 있던 BBC 프로그램을 위해 뭄바이에서 시카고대학교 교수이자 인도 중앙은행 총재인 라구람 라잔*Raghuram Rajan*을 만나 인터뷰를 했다. 그는 달러화 대비 루피화 가치가 사상 유례 없이 폭락하고 있던 9월 초에 총재직을 맡았다. 우리가 만났을 때 달러화 대비 루피화 환율이 60을 향해 가고 있었고, 70이었을 때보다는 강세를 보였다. 연준은 그간의 정책을 고수했고, 인도는 라잔이 은행 시스템을 개혁하고 재정적으로 어려움을 겪는 금융기관을 지원하는 데 주력해 위기를 비껴갈 수 있었다. 그는 '록스타' 경제학자라고 불리면서 인기를 얻었고, 여성 팬들에게서 편지를 받기도 했다. 그의 아내는 그런 일이 남편과 같은 학자에게는 상당히 유쾌한 일이라고 생각했다.[22]

그달에 연준은 또 다른 조치를 시행했다. 유럽중앙은행, 영국은행, 일본은행, 캐나다은행, 스위스국립은행과 통화 스왑 라인을 상설하기로 한 것이다. 은행들은 이 조치가 앞으로 계속해서 유동성을 지원하는 역할을 할 것이라는 데 의견을 같이했다. 비록 통화 스왑 라인은 이들 6개 중앙은행 사이에서만 가동되었지만, 달러화 유동성의 영향력이 다른 국가로도 간접적으로 확대되었다. 예를 들어 일본은행은 항상 연준에 의존할 수 있다는 사실만으로도 동아시아 지역에서 다른 국가들과의 통화 스왑 라인을 확장할 수 있었다. 연준이 취한 조치는 이런 방식으로 세계 경제 전체에 걸쳐 달러화를 제공하는 결과를 낳았고, 이는 세계 시장을 안정시키는 데 도움이 되었다. 미국에서 서브프라임 위기가 발생했지만, 이번에도 세계의 준비 통화로서의 달러화의 위상이 강화되었고, 세계 경제를 지탱하는 미국의 역할은 은행 시스템이 붕괴했음에도 그대로 유지되었다.

신흥국들에게는 환영할 만한 흐름이었지만, 금융위기에 이은 세계적인 경기 침체가 여전히 미국과 유럽이 대부분을 차지하던 그들의 주요 수출 시장을 위축시키고 있었다. 특히 중국과 같은 신흥국의 침체는 원자재 가격 붐commodities price boom의 종식에 기여했다(2000년대 초반 이후 신흥국의 공업화로 원자재 가격이 급격하게 상승한 현상을 두고 '원자재 슈퍼사이클commodity super-cycle'이라고 하는데, 이것이 2014년에 중단되었다). 원자재 가격 하락은 브라질과 같은 주요 원자재 수출국의 경제를 위축시켰다.

2015년의 위기에서
간신히 벗어난 중국 　　　　　　Ⅰ

서구 경제가 서서히 회복되는 반면, 신흥국 경제가 불황에 접어들면서 2015년에는 또 다른 전 세계적 경기 침체의 위험이 있었다. 이번에는 중국이 주목을 받았다. 유럽과 달리 중국의 금융 시스템은 미국과 연결되어 있지 않았다. 금융위기 내내 중국의 은행 시스템은 별다른 영향을 받지 않았지만, 수출 부문은 금융위기의 결과로 나타나는 대침체로 어려움을 겪었다. 중국의 금융 시장은 해외의 변화된 여건뿐만 아니라 국내의 더딘 성장으로부터 영향을 받았다.

2015년 6월, 중국 주식 시장이 하락하기 시작했다. 상하이종합지수 _Shanghai Composite Index_ 는 3주 만에 무려 30%나 하락하며 약세장에 접어들었다. 중국 주식 시장은 소매 투자자들에 의해 좌우되고 변동성이 심한 것으로 알려졌다. 중국 정부는 국가의 통제를 받는 투자자들과 그 밖의 투자자들에게 시장을 떠받치도록 요구하면서 시장을 안정시켰다. 그러나 8월에 주식 시장은 다시 하락했고 당연하게도 정부가 또다시 개입했다. 이런 현상은 9월에도 반복되었다. 2016년 2월까지 중국의 벤치마크 주가지수는 지난 여름 이후로 거의 절반 정도 하락했다.

5대 취약국의 위기는 미국 경제에 별다른 영향을 미치지 않았지만, 중국의 위기는 달랐다. 세계 2위 경제 대국의 경기 침체에 미국의 금융 시장이 반응하면서 2015년 8월 24일 다우 지수가 1,000포인트 하락했다. 재닛 옐런 _Janet Yellen_ 연준 의장은 한 달 뒤에 가진 기자회견에서 특히 중국과 같은 대외경제적 요인이 미국 경제에 미칠 잠재적 영향력을 고려해야 한다고 설명했다. 결국 중국이 미국처럼 세계 경제의 성장 동력이자 '가격 설정자*price maker*'였다. 중국의 수요와 공급은 미국과 마찬가지로 세계 시장의 가격에 영향을 미쳤지만, 다른 국가들은 대체로 '가격 수용자*price taker*'였다. 이는 다른 신흥국의 경제와는 다르게 중국 경제의 건전성이 세계 시장에 영향을 미칠 것을 의미했다. 미국의 성장률 전망치가 낮아지면서 연준은 이제까지의 정책을 고수했다. 그해 연말 미국 경제의 건전성이 회복되면서, 연준은 10년 전인 2006년 이후 처음으로 금리를 인상했다.

중국발 위기 우려로 2016년 초 원유 가격이 배럴당 29달러로 떨어졌다. 이는 약 15년 전에 시작된 원자재 가격 붐 이전에는 볼 수 있었지만, 이후로는 볼 수 없던 수준의 가격이었다. 원자재 시장은 규모가 큰 다른 신흥국들이 침체를 겪는 동안 원유를 비롯해 그 밖의 여러 종류의 원자재의 최대 수요국인 중국도 급격하게 침체의 늪에 빠질 수 있다는 사실에 빠짝 긴장하고 있었다. 공급 측면을 보면, 주로 미국에서 생산되는 셰일 오일도 원유 가격에 하방 압력을 가하고 있었다.

중국 정부가 어떻게 대응하는가에 많은 것이 달려 있었다. 금융 시장을 안정시키기 위한 중국 정부의 개입은 그다지 도움이 되지 않았다. 시장을 떠받치려는 중국 정부의 서투른 시도가, 특히 금융 시장에 대해서는 시장에 점점 더 많은 기반을 두게 되는 경제를 관리하는 데 있어서 미숙한 면을 드러냈다. 비록 중국 정부의 금융 부문에 대한 관리가 그다지 신뢰할 만하지는 않았지만, 재정 부양책과 신용 붐을 일으키기 위한 조치들은 이미 투자자들에게 더 익숙한 것이었다. 그 결과는 중국뿐만 아니라 공급 사슬이 있는 아시아 지역의 경제 성장으로 나타났다. 중국 경제가 회복되면서 원자재 가격이 반등했다. 중국의 경기 부양책이 중국과 세계 경제의 성장을 견인하면서 디플레이션, 즉 원자재 가격 하락과 수요 감소로 인한 물가 하락의 위협은 사라졌다.

연준은 2016년이 끝날 무렵 또다시 금리를 인상했다. 이 시점에 비로소 신흥국들, 특히 중국이 잠재적 위기를 피해 가고 경제 성장도 서서히 안정적으로 자리를 잡아가고 있는 것으로 보였다. 1937~1938년에 '더블 딥double dip'이라는 경기 침체를 겪었던 1930년대와는 다르게 2010년대에는 이를 피해 갔다. 이제 경제를 뒷받침하던 정책을 너무 이르게 철회하지 않으려면, 지난 역사를 통해 몇 가지 교훈을 얻어야 할 것이다.

위기의 원인을 제공했음에도, 신뢰를 회복한 미국

세계 금융위기는 여러 가지 면에서 도취감에 관한 교과서적인 사례였다. 주택 버블이 터지기 이전은 가격이 계속 오를 것이라는 믿음이 지속되던 특별한 시기였다. 사람들은 색다른 형태의 대출을 받아서 투자했다. 금융위기는 우리에게 미국 주택 시장이 어느 정도로 극심한 과열에 빠져들었는지, 거기서 돈을 벌기 위한 다양한 방법은 무엇인지를 가리키는 새로운 약어들을 남겼다.

그 여파는 놀라웠다. 제2차 세계대전 이후에 발생한 어떠한 금융위기도 세계의 금융 시스템을 붕괴시키지는 않았다. 하지만 이번 위기는, 특히 미국 도매 자금 시장이 세계의 자금 시장에서 아주 중요하게 작용했기 때문에 그렇게 할 수 있는 잠재력이 있었다. 2008년 9월, 리먼 브러더스가 파산 신청을 한 이후 며칠 동안 은행가들을 포함한 많은 사람은 은행이 결국 금융 시스템을 붕괴시킬 건 아닌지 궁금해 했다.

미국의 은행 시스템이 위기의 원인을 제공했는데도, 유럽보다 먼저 회복되었다는 사실은 놀라웠다. 바로 이 지점에서 미국에 대한 신뢰가 아주 중요하다는 사실은 입증되었다. 그리고 결정적으로 미국의 정책 입안자들은 1930년대에서 교훈을 얻었다. 미국에서 서브프라임 위기가 발생했지만, 결과적으로 세계의 준비 통화로서 달러화의 위상이 약화되지 않고 오히려 강화되었다. 이제는 세계를 상대로 유동성을 지원하는 연준의 역할이 분명해졌다. 미국 재무부와 연준이 유럽의 은행 시스템을 안정시키는 역할을 한 것이 미국의 금융 붕괴뿐만 아니라 세계적인 금융 붕괴를 저지하는 데에도 중요하게 작용했다. 미국의 기관들은 주택 버블과 이와 관련된 레버리지를 일으켰다고 해서 전혀 무능하게 여겨지지 않았고, 여전히 신뢰를 받고 있었다.

또한 연준은 너무 이르게 긴축 통화 정책으로 넘어가지 않았고 경제를 뒷받침하던 정책을 계속 유지했는데, 이는 1929년의 대폭락 이후 일어났던 것과는 정반대였다. 또한 은행 자본을 재조정하고 유동성을 신속하게 지원한 것도 주효했다. 대공황에서 중요한 교훈을 얻었던 것이다.

The
Great
Crashes

6장

단일 통화 블록의
재정 적자 딜레마

2010년 유로 위기

지난 2년에 걸친 중대한 사건 이래, 2010년 유로 위기는 유럽을 불황에 빠뜨렸을 뿐만 아니라 단일 통화 블록이 맞이하는 실존적 위기라 할 수 있었다.

유로화는 1999년 당시 15개 EU 회원국 가운데 11개국에 의해 채택되었고, 2001년 그리스가 유로존에 가입한 후 2002년부터 12개국의 법정 통화로 쓰였다. 마침내 유로존은 19개국으로 확대되었고, 대부분의 나머지 EU 회원국도 특정한 경제 조건을 충족하면 유로존에 가입할 예정이었다. 예외적인 국가로 덴마크와 영국이 있었는데, 둘 다 유로화를 채택하지 않았다.

유럽통화동맹*European Monetary Union, EMU* 회원국들은 유럽중앙은행이 정한 공동의 통화 정책에 따라 움직인다. 이런 통화 공유가 환율 안정을 모색하는 유럽 무역 당사국들의 노력이 빚은 첫 번째 결과물은 아니었다. 이보다 앞선 유럽 환율 메커니즘은 1992년에 붕괴했다. 그럼에도 같은 해에 체결된 단일 시장의 4가지 자유, 즉 재화, 자본, 서비스 및 사람의 자유로운 이동을 규정한 마스트리히트 조약*Maastricht Treaty*에서 알 수 있듯이, 더 큰 경제 통합을 향한 유럽의 움직임은 계속되었다. EU 내에서 국경을 넘는 무역과 금융이 성장하자 프랑수아 미테랑*François Mitterrand* 프랑스 대통령과 헬무트 콜*Helmut Kohl* 독일 총리는 경제 통합을 더 견고하게 하기 위해 유럽 환율 메커니즘과는 다른 일종의 통화 동맹을 추진했다.

유럽의 단일 통화를 향한 움직임

단일 통화를 향한 움직임은 벨기에 출신의 미국 경제학자 로버트 트리핀*Robert Triffin*의 영향이 컸다. 그는 1960년에 출간한 《금과 달러화 위기 *Gold and the Dollar Crisis*》에서 미국 달러화의 금 태환성에 의존하는 고정환율제도를 근간으로 하는 브레턴우즈 체제를 비판했다.[1] 그는 외국인이 보유한 달러화가 계속 증가하고 있고 금 보유고가 제한된 상황에서 달러화에 기초한 고정환율제도는 지속 가능하지 않다고 주장했다. 이를 '트리핀 딜레마'라고 한다. 그 후 10년이 지나 브레턴우즈 체제가 붕괴했지만, 달러화는 여전히 세계의 준비 통화로 남아 있었다.

트리핀은 미국에서 이런 경고의 목소리를 냈다. 그는 하버드대학교에서 존 F. 케네디와 함께 공부한 뒤 미국 정부 기관에서 잠시 일했다. 트리핀은 국제회의에 어떤 때는 미국 대표단과 함께, 어떤 때는 유럽 대표단과 함께 나타났다. 미국 재무장관 클래런스 D. 딜런*Clarence D. Dillon*이 케네디 대통령에게 이를 지적하자, 케네디는 이렇게 대답했다고 한다. "걱정하지 말아요, 더그! 그는 우리의 첫 번째 대서양 시민이고, 우리에겐 그런 사람들이 더 많이 필요해요."[2]

브레턴우즈 체제 이후, 유럽의 정책 입안자들은 EU의 전신이라 할 유럽경제공동체*European Economic Community, EEC* 혹은 '공동 시장*Common Market*' 내에서 무역을 활성화하는 데 안정적인 환율이 중요하다는 생각을 줄곧 했다. 트리핀은 대안을 찾기 위해 친구인 프랑스 정치인 장 모네*Jean Monnet*에게 일종의 유럽 통화 단위를 제안했다. 트리핀은 유럽위원회뿐만 아니라 모네가 이끄는 유럽합중국을 위한 행동위원회*Monnet's Action Committee for the United States of Europe*의 고문으로도 활동했다. 모네는 EU의 창시자였다. 그는 '공동 시장'의 전신이라 할 유럽석탄철강공동체*European Coal and Steel Community*의 토대를 제공한 〈쉬망 선언*Schuman Declaration*〉(1950)을 주도했다. 이 선언문은 다음과 같은 내용을 담고 있었다.

생산에서의 연대는 프랑스와 독일 사이의 어떠한 전쟁도 생각할 수 없는 일이며, 물리적으로 불가능한 일이라는 사실을 분명히 할 것이다. … 이번 제안은 평화를 유지하는 데 꼭 필요한 일종의 유럽연맹을 수립하기 위한 구체적인 첫 번째 토대를 구축할 것이다.[3]

유럽 통합을 더욱 강화하려는 이런 노력은, 1978년 유럽통화시스템

European Monetary System, EMS 구축에 결정적인 역할을 했던 발레리 지스카르 데스탱*Valéry Giscard d'Estaing* 프랑스 대통령과 헬무트 슈미트*Helmut Schmidt* 독일 총리에 의해 계속되었다. 그 중심은 유럽 환율 메커니즘으로 유럽 통화는 독일 마르크화에 고정되었다.

1992년 유럽 환율 메커니즘이 붕괴한 후, 유럽의 정치인들은 유럽 통화의 개념을 다시 논의했다. 트리핀은 단일 통화와 고정 환율 시스템은 모두 사람과 자본의 자유로운 이동과 같이 이들을 뒷받침하는 동일한 제도에 의존해야 한다고 생각했다. 모네는 더욱 강력한 유럽 통합을 지원하는 데 이와 같은 제도의 필요성을 확실히 인식했다. 그는 다음과 같은 유명한 말을 남겼다. "사람이 없으면 아무것도 가능하지 않으며, 제도가 없으면 아무것도 지속하지 않는다."[4]

유로화는 1999년에 출범했지만, 이런 제도를 만드는 것은 예상보다 훨씬 더 불확실한 계획일 것이었다. 2001년 12월, EU는 헌법을 제정하는 작업을 시작했다. EU 차원에서 다수결 원칙을 따르는 중앙 집권화된 의사결정기구를 설치할 것이고, EU를 구성하는 다양한 조약과 제도를 여기에 종속시킬 것이다. 또한 동유럽 국가들이 가입을 원할 때, EU가 어떻게 확장될 수 있는지를 공표할 것이다. 2005년에 프랑스와 네덜란드의 유권자들이 EU 헌법을 거부하면서 이 계획은 차질을 빚었다. 그 대신 정부 간 조약 체결 임무가 유럽이사회*European Council* 순환 의장국이 된 독일에 떨어졌다.

그 결과로 나온 것이 '리스본 조약*Treaty of Lisbon*'이었다. 2007년, 아일랜드를 제외한 모든 국가의 입법부가 이 조약을 승인했고, 아일랜드도 두 차례의 국민투표를 실시한 끝에 마침내 2009년에 이를 승인했다. 리스본 조약은 2009년 12월에 발효되었으며 EU의 근거를 지금과 같이 규정했다. EU는 이 조약 아래 브뤼셀의 중앙 집권화된 의사결정기구가 아닌, 회원국 간의 합의를 통해서 운영될 것이다(이처럼 다루기 힘든 시스템은 EU가 이듬해에 맞이했던 유로 위기에 느리게 대처할 수밖에 없게 했다. 종종 서로 달리 생각하는 EU 지도자들이 한자리에 모여 모든 의사 결정을 해야 했기 때문이었다). 유로화 감독은 유럽중앙은행의 역할이다. 유럽중앙은행 이사회는 의장을 포함해 이사, 각국의 중앙은행 총재로 구성된다. 유럽중앙은행은 유로 위기의 조성과 이에 대한 최종 해결에서 결정적인 역할을 했다.

유로존 가입 이후
차입 비용이 감소한 나라들

독일은 유럽중앙은행이 새로 발행된 유럽 국채를 매입하기 위해 돈을 찍어내는 것을 매우 우려했다. 독일인들은 이를 두고 정부가 과소비를 조장하는 계기가 되며 인플레이션을 유발할 수 있다고 보았다.

분데스방크의 반反인플레이션 편향은 1920년대 독일의 초인플레이션에 대한 기억에서 비롯되었다. 유로존에서 경제 규모가 가장 큰 독일의 입장은 유럽중앙은행이 현금으로 자산을 매입하는 데 영향을 미쳤다. 그래서 유로 위기 초기에 유럽중앙은행은 연준 및 영국은행과는 달리 양적완화에 착수할 수 없었다.

중요한 건 통화를 공유하는데도 은행들이 국가 차원에서 규제와 감독의 대상이 되었다는 것이다. 일종의 은행연합이 없는 상태에서 통화를 공유하는 정책을 채택하기로 한 결정은 은행들의 상호 연결성이 체계적 위협을 가하던 유로 위기 동안에 문제가 되는 것으로 드러났다.

이런 문제가 있음에도 유럽중앙은행은 환매조건부채권 모델, 즉 레포 *Repo* 모델을 운영하며 유로존 전역에 걸쳐 차입 비용을 사실상 일치시켰다. 하나의 정부가 발행하는 채권을 보유하고 있는 연준이나 영국은행과 달리, 유럽중앙은행은 설립 당시 EU 회원국 그 어디의 발행 채권도 거의 보유하지 않았다. 그 대신 공공 부문 혹은 민간 부문에서 발행하는 채권으로 유동성을 관리했다. 유럽 은행들은 주로 자국 정부 발행 채권을 매입했고, 유럽중앙은행에서 환매조건부를 통해 현금으로 바꿀 수 있었다. 유럽중앙은행이 환매 조건을 어떻게 설정할 것인가, 채권을 매입하면서 가격을 얼마나 깎을 것인가를 의미하는 '헤어컷*haircut*'의 크기에 따라 다양한 유로존 국가의 금융 시장에 대한 규제 요건이 설정된다. 헤어컷의 크기가 클수록 금융기관에 특정 정부 발행 채권에 대해 더 많은 자본을 보유하도록 요구할 것이고, 따라서 이 메커니즘은 포트폴리오에서 그런 종류의 채권을 덜 보유하게 할 것이다.

연준은 레포 시장에서 채권의 종류에 따라 헤어컷을 다르게 설정했다. 유럽중앙은행도 부채가 많은 국가가 발행한 채권에 더욱 엄격한 조건을 부과하기 위해 국가별로 서로 다른 헤어컷을 설정할 수 있었다. 하지만 그렇게 하지 않았다. 그 대신 단일 통화는 모든 사람에게 동일한 환매 조건을 부과하는 것을 의미하는 만큼 모든 유로존 국가에 동일한 차입 비용이 발생하도록 했다.

당장 그리스가 직접적인 영향을 받았다. 그리스는 유로존에 가입하기 전에는 독일보다 높은 차입 비용에 직면해 있었다. 하지만 유로존에 가입한 이후로는 유럽중앙은행이 그리스 국채를 독일 국채와 동일하게 취급했다. 다른 은행들도 이 선례를 따랐다. 그리스 정부의 차입 비용은 유로존에 가입한 이후 절반 이상 감소했다. 그리스만 그런 게 아니었다. 포르투갈, 스페인, 아일랜드, 이탈리아도 유로존에 가입한 이후 차입 비용이 감소했다.

유로존 국가들은 차입 비용이 감소함에도 처음에는 재정 적자를 GDP의 3% 이하로 유지하기로 합의한 마스트리히트 조약의 안정과 성장에 관한 협약*Stability and Growth Pact of the Maastricht Treaty*을 준수했다. 2000년대 초반, 유로존의 핵심 국가인 독일과 프랑스가 처음으로 이 협약을 위반했지만, 여전히 차입 비용이 낮았기 때문에 아무런 문제가 되지 않았다. 그러나 포르투갈과 그리스가 빠르게 유로존 양대 경제 대국의 전철을 밟았을 때, 그 결과는 훨씬 더 심각했다.

유로 위기의 서막, 그리스의 재정 적자 ┃

그리스처럼 유로존에 가입할 당시 정부 부채가 GDP의 100%에 달하던 국가들은 부채가 많은데도 공공 부문과 민간 부문의 차입 비용이 감소하면서 차입이 증가했다. 유로존에서 국가 간 대출은 차입 비용이 점차 일치하면서 급격하게 증가했다. 그리고 대출은 모두 유로화로 진행되어서 환율 변동이 대여금의 가치에 영향을 미칠 위험은 전혀 없었다. 결과적으로 유럽의 주택 시장 붐은 2000년대 초반 미국보다 더 크게 일었다. 2009년 7월, 그리스는 룩셈부르크의 장 클로드 융커*Jean Claude Juncker*가 이끌던 유로존 국가 재무장관들의 회의체 유로그룹*Eurogroup*에 재정 적자가 GDP의 10%를 상회해 안정과 성장에 관한 협약에서 합의한 3% 한도를 크게 웃돌 것이라고 알렸다.

추가 차입을 해도 그리스가 대규모 재정 적자를 감당하긴 어려울 것이라고 예상하는 이들도 많았다. 10월에 집권한 범그리스사회주의운동당*Panhellenic Socialist Movement Party, PASOK*의 게오르기오스 파판드레우*Georgios Papandreou* 총리는 재정 적자에 관한 수치를 수정하고 EU에 그해의 재정 적자는 놀랍게도 GDP의 12.7%에 달할 것이라고 공식적으로 통보했다. 이미 100%에 달할 정도로 높았던 그리스의 GDP 대비 부채 비율은 115%를 찍을 것이다.

그리스는 2010년에만 530억 유로를 상환해야 했지만, 채권자들은 그리스의 지급 능력을 의심했다. 그리스의 채권자들은 해외 채권자들로 (3장에서 다룬 일본의 금융위기에서 보았듯이) 국내 채권자들에 비해 대부분 관대하지 않았다. 그리스 국채 2,930억 유로 중 약 2,000억 유로는 EU 외부의 기관들이, 나머지는 유럽 은행들과 연금 및 보험 기금들이 보유했다. 유럽 은행들이 보유한 상당량의 그리스 국채는 유럽 은행 시스템 전체에 문제를 일으켰다.

파산에 직면한 국가를 위한 한 가지 해결책은 1장의 국채 위기에서 설명한 바와 같이, 국채를 구조조정하는 것이다. 대체로 국채를 상환할 능력이 없는 개발도상국은 IMF가 제시한 프로그램에 따라 국채를 구조조정할 것이다. 채권자들은 부분적으로 상환받거나 장기간에 걸쳐 전액을 상환받을 것이고, 어느 쪽이 되었든 손실을 입는다. 그리스 국채를 구조조정하면, 채권자들이 이와 비슷하게 손실을 입을 것이다. 그러나 그리스가 곧 깨닫게 되는 것처럼, 유로존에 있다는 사실은 이런 통상적인 방법에 따라 협상하는 것을 불가능하지는 않더라도 더욱 어렵게 했다. 그 대신 유로존은 초기에는 구제금융에 집중했다.

2010년 초, 유로존 지도자들이 구제금융의 규모와 조건을 논의하고 있었다. 포르투갈, 아일랜드, 스페인 같은 다른 국가도 2008년 세계 금융위기 이후로 성장이 정체되고 점점 커지는 부채 부담으로 어려움을 겪고 있었다. 외국 은행들이 이 국가들에 빌려준 돈은 약 2조 5,000억 달러에 달했다. 2008년 위기에서 아직 회복하지 못한 프랑스와 독일 은행들은 유로존 주변국들의 지대한 영향을 받고 있었고, 양국 정부는 자국의 대차대조표에 또 다른 타격이 가해질 것을 우려했다. 그러나 앙겔라 메르켈 독일 총리는 그런 우려를 해소하는 것만으로는 그리스에 대한 구제금융을 지지하기에 충분하지 않다고 생각했다.

메르켈 총리는 부채의 상호화를 배제함으로써 마스트리히트 조약의 '구제금융 반대' 조항을 강화한 리스본 조약을 작성하는 데 주도적인 역할을 했다. 다시 말하면, 독일이 그리스의 부채에 대한 책임을 거부한 셈이다. 앞서 말했듯이, 유로존의 재정 정책은 화합을 이루지 못했다. 각국 정부의 부채 상환은 각국 납세자들의 몫이었다. 이론적으로 유로존의 모든 국가는 유럽중앙은행이 정한 동일한 금리를 따랐지만, 각국 정부는 이에 따라 자체적으로 조세 및 지출 정책을 수립할 수 있었다. 실제로는 이처럼 간단하지 않았다.

그리스는 부채의 구조조정을 절실히 원했지만, 유로존 지도자들은 국채에 대한 채무불이행이 단일 통화에 대한 신뢰를 흔들 수 있다고 우려했다. 전액을 상환받지 못한 채권자들이 향후 좋은 조건으로 빌려주지 않을 수도 있다. 유로존에서 이런 일이 발생한다면, 유럽 금융기관에 수천억 달러를 투자한 미국 뮤추얼 펀드와 함께 유럽 은행들과 연금 및 보험 기금들이 어려움을 겪을 것이다.

모든 유럽 국가가 채권자의 손실을 크게 우려한 건 아니었다. 독일은 채권자들의 고통 분담 필요성을 인식했다. 메르켈 총리는 보통 어떠한 형태로든 구제금융에 관여하려는 IMF를 끌어들일 것을 제안했다.[5] 메르켈 총리의 제안은 많은 사람을 자극했는데, 특히 사르코지 프랑스 대통령은 이렇게 말했다. "IMF는 잊어라. IMF는 유럽을 위해 존재하지 않고, 아프리카를 위해 존재한다. 부르키나파소를 위해 존재한다!"[6] 그러나 3월 25일에 열린 EU 정상회의에서 메르켈 총리는 미국의 지지를 얻었다. IMF는 EU, 유럽중앙은행과 함께 유로존 국가들을 구제하는 데 관여하게 되었고, 이 셋은 '트로이카'로 불렸다. 트로이카는 메르켈 총리의 요청에 따라 리스본 조약을 준수했는데, 이는 그리스에 대한 지원이 개별 EU 국가들에 의해 자발적으로 제공되고 유로그룹을 통해 조정된다는 것을 의미했다. 마스트리히트 조약에서 인정되지 않는 구제금융이 아니기 때문에 대출은 양허를 기반으로, 즉 매우 낮은 금리로 제공되지는 않을 것이다.

대출 제공 국가들은 시장 금리와 수수료를 기준으로 자금을 빌려줄 것이다. 그리고 그리스가 채권시장에 접근하지 못하는 경우에만 대출을 제공할 것이다. 그럼에도 최소한 당분간은 채권 투자자들을 안심시키기에 충분했다. 그리스는 유럽의 기관들과 IMF로부터 지원을 받은 뒤 수익률이 7%에 조금 미치지 못하는 장기 채권을 50억 유로만큼 발행했다.

4월이 되자 상황은 중대 국면으로 치달았다. 신용평가기관 피치*Fitch*
가 그리스의 신용도를 하향 조정하자 벤치마크 채권*benchmark bond*의 수익
률이 7.4%로 상승하면서 자금을 빌리기 위해 10년 동안 이자를 지급해
야 하는 정부에 엄청난 부담이 되었다. 4월 22일, EU의 통계 작성 기관
인 유로스탯*Eurostat*은 그리스의 재정 적자가 증가해 GDP의 13.6%에 이
르렀다고 발표했다. 아일랜드가 은행을 구제한 결과, 재정 적자가 GDP
의 14.3%로 훨씬 더 늘어났다는 사실은 시장의 신뢰를 얻는 데 도움이
되지 않았다. 유로 위기가 본격화하고 있었다.

트로이카의 그리스 구제,
유럽중앙은행의 한계ㅣ

이번 위기는 채권시장에서 분명하게 나타났다. 정부는 채권을 매각해서
지출에 필요한 자금을 조달한다. 백분율로 표시되는 채권 수익률은 정
부가 자금을 빌리기 위해 채권자에게 얼마나 지급해야 하는지를 말해준
다. 채권 투자자들은 채권 상환 의무가 이행되지 않을 위험이 있다고 생
각하면 더 높은 수익률을 요구할 것이다. 국가의 위험도를 나타내는 지
표로 '스프레드*spread*'라는 것이 있는데, 독일 같은 안전한 국가의 차입
비용과 비교해 그 차이를 나타낸다. 그리스 채권과 독일 채권의 수익률
차이는 600베이시스 포인트*basis point*, 즉 6%로 급증했다. 엄격한 규칙은
없지만, 7%를 초과하는 수익률은 대체로 지속 가능하지 않은 것으로 간

주된다. 그리스 정부 발행 10년 만기 벤치마크 채권의 수익률은 9%까지 치솟았는데, 이는 불과 8년 만에 2배 증가한 것으로 사실상 그리스가 채권시장에서 자금을 조달할 수 없게 된 것을 의미했다. 국가 재정이 바닥나고 있었다. 5월 19일, 그리스는 채권자들에게 89억 유로를 상환해야 했다. 이제 그리스는 트로이카에 도움을 요청해야 했다.

5월 초, 트로이카는 그리스에 3년에 걸쳐 1,100억 유로를 투입하는 구제 계획을 발표했다. 이 중 800억 유로는 EU가 부담하고, 나머지는 IMF가 부담하기로 했다. 트로이카는 상당히 어려운 구제 조건을 제시했다. 그리스 정부는 엄청난 재정 적자를 흑자로 전환하기 위해 지출을 충분히 줄여야 했다(이는 GDP의 18%에 해당하는 믿기 힘든 반전을 이루어내는 것이었다). 긴축 조치에는 공공 지출의 삭감뿐 아니라 국가 자산 매각도 포함되었다. 선택의 여지가 없었던 그리스 정부는 이 구제 조건을 받아들여야 했다. 그리스 구제 계획은 여전히 유럽 개별 국가들의 의회 승인을 받아야 했다. 그럼에도 유럽중앙은행은 신용등급이 강등된 그리스 채권을 계속 매입해 유로존 중앙은행의 지속적인 유동성 공급에 의존해야 하는 그리스 은행 시스템에 생명줄을 제공함으로써 그리스 경제에 자금이 끊이지 않게 했다.

유럽중앙은행이 지금과 다르게 설립되었다면 더 많은 역할을 할 수 있었을 것이다. 유럽중앙은행은 양적완화를 실시할 때 연준이나 영국은행 같은 다른 중앙은행들의 운영 방식을 따르지 않았다. 미국과 영국의 중앙은행은 투자에 사용할 통화량을 늘리고 성장을 촉진하기 위해서 돈을 찍어 정부 발행 채권과 그 밖의 자산을 매입했다. 왜 그렇게 하는지와는 상관없이 중앙은행들의 채권 매입은 금융 시장에서 환영받았다.

중앙은행들은 어려운 시기에 또 다른 구매자가 되어 채권시장을 떠받쳤다. 이는 채권 투자자들이 연준과 영국은행과 함께 미국과 영국의 정부 발행 채권을 매입하고 있었기 때문에 더욱 커다란 믿음을 갖게 했다.

그러나 이것은 유럽중앙은행의 운영 방식이 아니었다. 유럽중앙은행은 돈을 찍어 정부 발행 채권을 매입하는 게 불가능해서 위기가 더 악화될 때까지 양적완화를 실시할 수 없었다. 그러나 이 시점에서 투자자들은 유럽중앙은행의 운영 방식을 연준 및 영국은행과 비교하면서 실망하기 시작했다.

'악순환의 고리'를 깨지 못한 유로존

그리스에 대한 구제금융 소식에 금융 시장이 침체되고 유로화 가치는 하락했다. 유로 위기는 유럽중앙은행의 지원이 제한적이라는 사실뿐 아니라 구제가 필요한 국가들을 신속하게 처리할 수 있는 초국적·제도적 구조가 미비하다는 사실을 드러냈다. 정책 수립에 대한 신뢰는 역사를 통틀어 금융위기가 전하는 변치 않는 교훈이다. 유로존은 대응이 느렸고, 시장을 상대로 행동할 준비가 되어 있다는 것을 설득하기 위해 분투해야 했다. 이런 점이 혼란의 시간을 길게 했다.

시장이 침체되었을 뿐만 아니라, 유로 위기가 여전히 미국 서브프라임 위기의 여파로 휘청거리는 취약한 세계 경제로 번질 것이라는 감염의 우려도 있었다. 5월에 열리는 EU 정상회의에 미국이 참석한 것은 상당히 이례적인 일이었다. 다시 IMF가 소환되었다. IMF는 선진국인 그리스를 구제했을 뿐만 아니라 유럽 국가들을 위한 새로운 구제 기금에도 기여했다.

2010년 5월 9일, EU는 유럽재정안정기금*European Financial Stability Facility, EFSF*이라는 구제 기금을 설립했다. 각국이 부채를 서로 분담하도록 의무화하는 범유럽주의에 입각한 어떠한 공약도 미연에 방지하기 위해, 각국 정부가 EFSF에 자금을 출자하고 EU를 통해 얼마 안 되는 자금이 들어왔다. 따라서 기금의 대부분(4,400억 유로)이 유럽 각국 정부에서 나왔고, 유럽위원회가 겨우 600억 유로를, IMF가 2,500억 유로를 제공했다. EFSF는 나중에 룩셈부르크에 본부를 두고 유럽의 IMF라고 불리는 상설 구제 기금인 유로안정화기구*European Stability Mechanism, ESM*가 되었다. 이는 위기에서 비롯된 과제의 결과물로 유로화의 토대가 어떻게 변화되고 강화되었는지를 보여주는 사례다.

결정적으로, 유럽 구제 기금 설립은 유럽중앙은행 총재 장 클로드 트리셰*Jean Claude Trichet*에게 유럽중앙은행이 최종 구매자가 되어야 한다는 것을 설득하기에 충분했다. 각국 정부가 구제 기금에 자금을 지원하고 있으니 유럽중앙은행의 역할은 채권시장의 안정을 유지하고, 필요하다면 채권을 사들이는 것이다.[7]

유럽중앙은행의 태도 변화가 시장을 진정시키는 데 도움이 되긴 했지만 오래가지는 못했다. 여름으로 접어들면서 그리스 경제가 4.5%나 위축되자 그리스와의 거래는 또다시 의혹에 휘말렸다. 실업률은 10%를 넘었고, 소득이 감소하면서 조세 수입이 감소했다. 구제금융의 효과에 대한 의구심이 커졌고, 그리스 채권과 독일 채권 사이의 스프레드는

937베이시스 포인트로 치솟았다. 봄일 때와 비교하면 훨씬 더 커진 수치였다. 그럼에도 트로이카는 구제 계획을 고수했다.

신뢰를 심어주려는 의도에서 그리고 미국의 선례를 따라 유럽은행감독청*European Banking Authority*이 은행에 대한 스트레스 테스트를 실시했다. 이에 따라 상업은행의 장부에 더블 딥이라는 경기 침체와 금융 시장의 혼란이 포함된 시나리오를 반영했다. 유럽의 지도자들은 채권 투자자들이 취약한 국가의 은행 시스템을 신뢰하지 않을 경우 그 국가에 투자하지 않을 것을 우려했다. 그래서 은행들이 악화하는 유로 위기에도 견딜수 있다는 신뢰를 시장에 심어주고 싶어 했다.

다수의 유럽 은행 대차대조표에는 자국 정부가 발행한 채권이 반영되어 있는데, 이것이 바로 '악순환의 고리'로 작용했다. 채권 수익률은 채권 가격과 반비례해서, 채권 수익률이 상승하면 채권 가격이 하락한다. 이렇게 자국 정부가 발행한 채권 보유고의 가치가 감소하면, 2008년 위기의 여파로 여전히 어려움을 겪고 있는 은행들의 대차대조표는 더욱 악화되어 은행들이 정부를 부추겨서 자본재조정을 추진할 것이라고 예상하게 한다. 은행들의 자본재조정을 하려면 정부는 자금을 빌려야 할 것이고, 이는 정부의 재정 적자를 더욱 악화시킬 것이고, 투자자들은 이 국가들에 자금을 빌려주면서 채권시장에서 더 높은 수익률을 요구하게 될 것이다. 차입 여건이 악화되면서 신용평가기관들은 정부 발행 채권의 신용도를 낮게 평가해 은행의 대차대조표를 더욱 악화시킬 것이다. 이런 악순환의 고리는 취약한 정부가 은행을 악화시키고 그다음에는 은행이 정부를 악화시키는 순환 속에서 경제를 점점 더 나쁜 상황에 빠져들게 할 것이다. 최악의 경우 정부 자체가 구제금융을 요구할 수 있는데, 바로 아일랜드에서 일어난 일이었다. 유럽은행감독청은 스트레스 테스트로 은행들에게 위기를 견딜 수 있도록 충분한 자본을 보유할 것을 요구해 이런 악순환의 고리를 깨려고 했다.

그러나 은행 부문은 국내의 문제였고, 세계 금융위기 당시 미국 은행들의 자본을 재조정하고 신뢰를 회복하기 위해 연준과 협력했던 미국 재무부에 상응하는 EU 기관이 유로존에는 없었다. 유로존의 노력은 제도적 구조 때문에 난항을 겪었다.

아일랜드 구제를 두고
벌어진 '손실' 공방 ㅣ

아일랜드의 경험은 악순환의 고리뿐만 아니라 유로존의 스트레스 테스트의 부적절성을 잘 보여주었다. 아일랜드 정부는 2008년 위기 당시에 모든 은행의 부채에 대한 지급을 보증했다(아이러니하게도, 은행들이 스트레스 테스트를 통과할 수 있게 해준 조치였다). 아일랜드 정부는 은행 시스템 전체가 무너질 것이라는 전망에 직면하자 은행을 구제하겠다고 선언했다. 아일랜드의 재정 적자는 GDP의 32%까지 치솟고, 이전에는 25%에 불과했던 GDP 대비 부채 비율은 아일랜드 경제가 침체에 놓이면서 거의 100%로 치솟았다. 아일랜드는 구제금융이 필요했다.

2008년 금융위기로 아일랜드의 재정 적자는 이미 GDP의 14%에 이를 정도로 컸다. 정부는 공공 부문의 임금을 최대 10%까지 삭감했고 각종 복지 수당도 축소했다. 그러나 이보다 더 심한 긴축이 구제 프로그램을 통해 진행될 예정이었다.

아일랜드 위기가 제기한 쟁점 중 하나는 호황일 때 이익을 본 주주들이 불황 동안에 발생한 손실을 공유할 것인가, 즉 납세자가 구제금융을 부담하지 않고 투자자가 손실을 부담할 것인가의 문제였다. 10월 18일 프랑스 도빌에서 메르켈과 사르코지는 떠오르는 쟁점에 대한 해결책을 빠르게 찾아냈다. 그들은 러시아 대통령 드미트리 메드베데프*Dmitry Medvedev*를 영접하고 있었다. 노르망디 해변을 산책한 메르켈과 사르코지는 다른 유로존 국가들, 유럽중앙은행, 미국과는 전혀 논의하지 않은 상태에서 유로존을 상대로 일련의 엄격한 제재를 가하는 데 의기투합했다. 나는 당시 블룸버그 TV 뉴스룸에서 광란의 속도로 유로 위기를 취재했지만, 메르켈과 사르코지가 채권자들이 손실을 부담할 것이라고 발표했던 그날의 기억만큼은 뚜렷하게 남아 있다. 민간 부문을 개입시키는 것은 채권자들이 헤어컷을 받아들인다는 의미이다. 따라서 채권자들의 손실을 초래할 것이다. 이렇게 되면 은행을 구제하기 위해 납세자가 부담해야 하는 금액이 줄어들고 해당 국가의 재정 적자 규모도 줄어들 것이다. 메르켈과 사르코지는 사실상 향후 2013년부터는 유로존 국가에 대한 구제금융에서 부채에 대해 최소한 어느 정도의 구조조정을 적용할 것을 인정했다. 아이러니하게도, 이런 논쟁은 그리스에 대한 구제에서 촉발되었지만 그리스 채권을 보유한 이들은 구제 기금을 통해 전액을 상환받았다.

갑작스러운 만큼 중요한 전개였다. 제2차 세계대전 이후로 채권자들은 선진국에 돈을 빌려주면 당연히 돌려받을 것이라고 생각했다. 예전에 사르코지가 넌지시 말했듯이, 부채에 대한 구조조정은 개발도상국에만 해당하는 것이었다. 그러나 유로존의 부채 구조조정을 둘러싼 오랜 논쟁은 갑자기 끝이 났다. 그럼에도 시장은 이미 블룸버그 TV와 그 밖의 금융 채널에서 진행하던 광범위하고도 일상적인 토론을 통해 채권자들이 손실을 부담하는 날이 올 것으로 판단했기 때문에 충격을 완화할 수 있었다.

메르켈과 사르코지가 다른 관계자들과 아무런 협의도 하지 않고 발표한 주요 결정은 이것만이 아니었다. 독일의 견해를 반영해 재정 적자에 대한 유로존의 입장을 수정했다. 그들은 재정 규율을 유지하기 위한 것이었지만 애초에 준수하기 어려웠던 안정과 성장에 관한 협약을 철저히 점검해야 한다는 데 의견이 일치했다. 유로존 국가의 재정 적자가 GDP의 3%를 초과하거나 정부 부채가 GDP의 60%를 초과할 경우 의결권 박탈을 포함한 제재가 가해질 수 있지만, 이는 자격을 갖춘 과반수 찬성으로만 이루어질 것이다.

이 모든 일이 아일랜드를 구제하는 동안에 일어났지만, 메르켈과 사르코지가 뜻을 같이한 내용, 즉 채권자들이 손실을 부담한다는 원칙은 2013년에야 적용되었기 때문에 유용성 면에서 너무 늦었다. 오히려 아일랜드는 11월 28일에 민간 부문 개입을 포함하지 않는다는 조건으로 트로이카와 합의를 하기에 이르렀다. 아일랜드의 구제에 들어간 자금은 총 850억 유로인데, 트로이카가 대부분을 부담했지만(635억 유로), 영국을 포함한 다른 EU 회원국들이 제공한 대여금도 포함되었다. 12월 7일, 아일랜드는 또 다른 긴축 조치로 예산을 총 60억 유로나 감축했다. 은행 주주들이 헤어컷을 받아들여 채권자들에게 손실을 부담하게 했더라면, 이러한 예산 감축분이 줄어들었을 것이다.

아일랜드는 유로 위기에서 구제금융을 받은 두 번째 유로존 국가가 되었다. 이런 구제금융에도 유럽 은행들이 채무불이행에 대비해 납부해야 할 보험료가 급격하게 상승했다. 시장은 유로 위기가 개별 국가 구제를 통해 억제될 수 있는가에 대해 의문을 품었고, 은행 대출의 상호 연결성 때문에 유로존 전역에서 유럽 은행들의 광범위한 파산에 대한 우려가 여전했다.

외국 자본의 유입으로 부채를 키운 포르투갈

2011년 3월, 포르투갈의 호세 소크라테스*José Sócrates* 총리는 예산안을 통과시키지 못하고 퇴진했다. 일주일이 지나 이웃 나라 스페인의 호세 루이스 로드리게스 사파테로*José Luis Rodríguez Zapatero* 총리는 스페인의 재정 압박에만 집중할 수 있도록 재선에 도전하지 않을 것이라고 선언했다. 유로 위기가 한창일 때, 각국 정부는 표면적으로는 시장의 신뢰로부터 멀어지지 않기 위해 재정 적자를 줄이고자 지출 감축에 나서고 있었다. 이런 지출 삭감은 유로존의 실업률이 상승해 10%가 넘는 상황에서 발생하고 있었다. 또한 각국 정부는 위기에 처한 국가들의 채권을 팔아서 이들의 차입 가능성을 제한하는 '채권 자경단*bond vigilante*' 활동에 대해서도 우려했다.

이렇게 노력했지만, 결국 포르투갈은 2011년 4월 7일에 구제금융을 받아야 할 세 번째 유로존 국가가 되었다. 포르투갈은 유로존에 가입한 후 다른 주변국들과 마찬가지로 경제 성장의 속도가 더디더라도 외국인들이 자국 기업에 자본을 투자하는 자본 유입을 경험했다. 이 자본 유입은 포르투갈의 부채 규모를 증가시켰는데, 2008년 GDP의 69%로 EU 국가들이 수용할 수 있는 기준이라 할 60%를 초과했다. 2009년 대침체가 닥치자 포르투갈의 재정 적자는 GDP의 12%로 증가하며 안정과 성장에 관한 협약에서 합의한 3% 한도를 크게 초과했다.

투자자들이 유로존에서 앞으로 어떤 국가가 부채 상환에 어려움을 겪을 것인가에 대해 조바심을 가질 때, 포르투갈이 그들의 시야에 들어왔다. 그 이유는 포르투갈의 은행 부문의 규모가 상당히 크기 때문이었다. 3대 주요 은행이 보유한 자산이 포르투갈 GDP의 50%를 상회했다.[8] 만약 이 은행들이 파산한다면, 포르투갈 정부가 이들을 구제할 여력이 있는지가 의문이었다. 게다가 포르투갈 은행들도 '악순환의 고리'에 시달리고 있었다. 포르투갈 은행들은 정부 발행 채권을 상당히 많이 보유하고 있었는데, 전체 자산의 약 4분의 1에 달했다. 이로 인해 포르투갈 정부의 날로 증가하는 재정 적자에 취약해졌다. 따라서 채권 투자자들이 정부 발행 채권을 매도하자 채권 수익률이 급등했고, 포르투갈 정부는 트로이카의 구제 프로그램에 의존해야 했다.

악화일로를 걷는 그리스와 은행권의 자본재조정 요구

많은 국가가 트로이카의 구제 프로그램에 의존했지만, 이 프로그램에 의존했던 첫 번째 유로존 국가는 트로이카의 가혹한 조건으로 경제가 침체되면서 국민들의 심한 저항에 부딪히고 있었다. 2011년 5월 25일, 아테네 시민들은 신타그마 광장을 점령하고 정부의 지출 삭감에 반대하는 시위를 벌였다. 이 광장은 한 달이 지나서야 경찰의 진압으로 옛 모습을 되찾았다.

그리스의 부채는 기대한 만큼 감소하지 않았다. 공공의 수요를 줄인 것이 민간의 수요를 자극하지는 않았다. 그리스가 2012년에 시장에 복귀할 상황에 있지 않다는 사실이 곧 명백해졌다. 그 대신 그리스는 더 많은 지원이 필요했다.

포르투갈에 대한 구제가 마무리되고 있었지만, 그리스는 부채의 재조정을 요구하고 있었다. 그리스는 본질적으로 상환 금액을 깎아주는 헤어컷이 아닌, 상환 기간 연장을 통한 부채 구조조정을 요구했다. 아일랜드와 포르투갈을 구제한 공식 기구로, 새로 설립된 유럽재정안정기금 *EFSF*이 도울 수는 없었다. 더구나 EFSF는 검증되지도 않았고, 각국 정부가 자발적으로 출자한 기구였다. 유럽중앙은행은 이미 투자자들이 유통 시장에서 매도하기를 원하는 채권을 매입하는 방식으로 채권시장을 안정시키기 위해 노력하고 있었다. 유럽중앙은행은 2011년 초까지 투자 적격 등급 이하로 평가된 그리스 채권 15%를 보유했다. 장 클로드 트리셰 유럽중앙은행 총재는 시장에 또 다른 충격을 줄 수 있다며 부채 구조조정에는 열의를 보이지 않았다.[9]

또한 유럽중앙은행은 관련 국가들의 신용 상태를 반영해 마침내 환매조건부채권에 종류에 따라 서로 다른 헤어컷을 설정했다. 위기 이전, 유럽중앙은행의 이런 차별화 의지 부족이 유로존에서 차입 비용이 수렴하는 원인이 되었다. 이런 움직임들은 채권시장의 신뢰를 유지하는 데 개별 국가들이 확고한 책임을 지게 했다. 투자자들은 당장 주변국이 발행한 채권을 외면한 채 중심국이 발행한 채권을 사들였다. 독일 채권의 수익률은 유로존 주변국 채권과 격차가 커지면서 0에 가깝게 하락하고 있었다.

유로화 자체의 생존 가능성에 대한 억측도 난무했다. 그리스가 유로존을 떠난다는 그렉시트_Grexit_에 관한 소문도 떠돌았다. 유로존 지도자들은 어느 한 국가가 유로존을 떠난다면, 유로존이 해체되는 계기가 될 것이라고 생각했다. 만약 그렉시트가 일어난다면, 부채에 시달리는 다른 국가들도 그리스가 가던 길을 따라갈 것인가? 그러한 감염, 즉 신뢰가 폭포수처럼 떨어지는 것이 유로화의 실존적 위기를 불렀다. 바로 이런 이유로, 유로존 지도자들에게는 그렉시트가 선택의 대상이 될 수 없었다. 유로존은 〈호텔 캘리포니아_Hotel California_〉처럼 보였다. 1976년에 발매된 이글스_Eagles_의 앨범에는 이런 가사가 나온다. "당신은 언제든지 원하는 시간에 떠날 수 있어. 그렇지만 당신은 결코 떠날 수 없어_You can check out any time you like. But you can never leave_."

'악순환의 고리' 때문에 은행 위기의 위험도 커지고 있었다. 이는 유로존에, 특히 중심국의 은행이 어려움을 겪고 있는 소규모 경제에 노출되는 것으로 인해 발생하는 '국경을 넘는 익스포저_cross-border exposure_(위험 노출액)'의 정도를 관리하는 은행연합이 없다는 사실을 부각시켰다. 2011년, 유럽 은행들의 중요한 유동성 공급원이었던 미국의 자금 시장이 대출을 줄이면서 익스포저를 45%나 줄였고,[10] 결과적으로 유럽 은행들에 대한 압박이 가중되었다.

유럽이사회는 7월 21일에 긴급회의를 열었지만, 시장이 바라던 은행의 자본재조정은 의제에 포함되지 않았다. 그러나 그리스에 대한 추가 지원에는 합의했다. 그리스는 2014년까지 또 다른 1,090억 유로를 지원받는다. 중요한 사실은, 마지못해 그렇게 했지만 유럽중앙은행이 부채 구조조정에도 합의했다는 것이다. 그리스의 부채 상환 기간은 더 길어졌고, 연 3.5%라는 이전보다 더 낮은 금리로 상환하게 되었다. 유럽중앙은행은 그 대가로 잠재적 손실에 대한 책임을 면할 것이다. 그리스 은행들은 트로이카가 제공한 자금을 이용해 자본재조정에 들어갈 것이다. 특히 민간 부문을 끌어들일 것이고, 이에 따라 채권 보유자를 상대로 헤어컷을 설정할 것이다. 유로존은 이런 조치가 지급불능 상태에 처한 그리스에만 적용될 것이라는 점을 애써 강조했다. 이에 반해, 다른 구제 프로그램에 참여한 국가들은 금융 지원만 필요한 것으로 간주했다. 다시 말하자면, 유로존의 다른 모든 국가는 기존의 부채와 그들이 받은 지원금을 모두 상환할 것이라고 기대했다.

EFSF가 유럽중앙은행의 지지를 얻는 과정에서 유럽중앙은행의 부담을 줄이는 차원에서 채권을 매입하는 것이 허용되었다. 이 두 기관은 주변국의 문제, 즉 중심국의 은행에 영향을 미치고 차입 비용을 높이는 문제로 인해 발생하는 감염을 줄이려고 함께 노력할 것이다. 이들은 채권 시장에서 구매자가 됨으로써 유로존에서 채권 매도가 광범위하게 발생하는 것을 방지할 것이다. 또한 EFSF는 스페인과 이탈리아처럼 구제 프로그램에 참여하지 않는 국가들을 위한 신용 공여를 결정할 수 있을 것이다. 이러한 예방적 차원에서의 신용 공여는 2008년 세계 금융위기 당시 IMF가 멕시코 같은 국가의 경제 안정을 지원하기 위해 채택한 것이었다.

EFSF와 유럽중앙은행은 민간 부문의 개입 조건에 대해서는 글로벌 금융서비스기업들의 이익을 대변하는 국제금융협회*Institute of International Finance*를 통해 은행들과 협의했다. 그리스의 채권자들을 상대로 합의한 헤어컷은 21%나 되었다. 그럼에도 그리스의 부채 수준은 GDP의 143%에 달할 것이다. 지속 가능할 것인지 의심스러웠지만, 유럽중앙은행의 지원으로 그해 여름은 어느 정도 평온하게 지나갔다.

이런 평온은 오래가지는 않았다. 9월까지 이탈리아와 스페인에서 지급불능 방지 비용이 증가했는데, 이는 유럽중앙은행이 채권 매입을 통한 지원을 했는데도 리스크가 커지고 있다는 시장의 견해를 반영한 것이다. 독일 연방의회가 EFSF의 채권시장 안정화펀드 승인을 9월 29일까지 미루면서 시장은 독일이 채권 매입에 전념하지 않는다는 인상을 받으며 불안에 휩싸였다. 분데스방크 총재이자 메르켈의 고문을 역임했던 옌스 바이트만*Jens Weidmann*이 이를 두고 공개적으로 비난한 것도 도움이 되지 않았다. 유럽중앙은행의 수석 경제학자이자 이사회의 독일인 이사인 위르겐 슈타크*Jürgen Stark*는 한발 더 나아가 사임했다. 채권시장은 여전히 불안을 떨치지 못하고 있었다.

9월 말, 워싱턴 DC에서 열린 IMF 연례 회의에서 미국 재무장관 티모시 가이트너*Timothy Geithner*는 유럽이 시장을 떠받치기 위한 집단적 대응을 조정하지 못하면 '연이은 채무불이행, 뱅크런, 재앙과도 같은 위험'이 따를 것이라고 경고했다.[11] 그는 선견지명이 있었다. 2주 후 프랑스-벨기에 은행 덱시아*Dexia*에서 뱅크런이 발생했다. 구제금융을 받기 전의 아일랜드 은행들과 마찬가지로 덱시아도 여름에 유럽은행감독청이 실시한 스트레스 테스트를 통과했지만 그리스의 부채 구조조정에서 발생하는 손실 때문에 대차대조표가 심각하게 악화된 상태였다. 또한 덱시아는 유동성을 충분히 확보하지 못했다. 프랑스와 벨기에 정부가 협력해 덱시아를 구제했지만, 이는 양국에서 날로 증가하는 재정 적자를 가중시켜 은행연합이 없는 유로존의 제도적 구조가 지닌 문제점을 다시 한번 드러냈다.

마침내 유로존은 10월 23일에 열린 회의에서 은행의 자본재조정에 대한 요구를 깊이 들여다보기 시작했다. 각국 지도자들은 유로존 국가들을 지원하기 위해 EFSF의 기존 자원을 활용하고 대출을 직접 제공하는 대신에 민간 부문이 보유한 채권에서 발생한 손실을 충당하기 위한 보험을 제공하기로 합의, EFSF의 규모를 약 1조 2,000억 유로로 확대하기로 했다. 독일 연방의회는 불과 한 달 전에 이와 관련된 법안을 통과시켰지만, 메르켈 총리가 충분하지 않다면서 재의를 요구했다. 개정 법안은 10월 25일에 독일이 부담해야 할 금액의 상한선을 2,110억 유로로 정한 뒤에야 통과되었다.

10월 24일, 유럽의 지도자들은 다시 브뤼셀에 모여 그리스에 대한 세 번째 구제 계획에 합의했는데, 여기에는 부채에 대한 더욱 강력한 구조조정이 포함되어 있었다. 그리스에 대한 새로운 구제 계획에는 기존의 채권 보유자를 상대로 헤어컷을 50%로 설정하고, 1,300억 유로를 또다시 투입하기로 되어 있었다. 이제 그리스는 트로이카로부터 총 2,400억 유로의 긴급 대출을 받게 되었는데, 그리스 GDP의 100%가 넘는 금액이었다. 그럼에도 그리스는 부채를 GDP의 120% 이하 수준으로 끌어내리기 위해 또 다른 조치를 시행해야 했다.

그리스를 상대로 한 부채에 대한 구조조정, 은행의 자본재조정, 위기에 대처하기 위한 엄청난 규모의 EFSF로 마침내 유로존은 2011년 말경 상황을 안정시킬 수 있는 요소를 갖춘 것으로 보였다. 그러나 겉으로는 그렇게 보였는지 몰라도 위기의 종결까지는 아직 갈 길이 멀었다.

뜨거운 감자로 떠오른 그렉시트

당시 그리스의 실업률은 약 20%에 달했다. 트로이카 프로그램이 긴축을 조건으로 내세우자 아테네에서는 긴축에 반대하는 시위가 계속되었다. 궁지에 몰린 파판드레우 총리는 갑자기 EU의 구제 계획에 대한 국민투표를 제안했다. 유럽 각국 의회가 공들여 협상하고 통과시켰지만 이젠 그리스 국민의 심판을 받게 된 것이다. 국민투표에서 구제 계획을 거부하기로 한다면, 그리스는 채무를 이행하지 않을 것인가? 여전히 취약한 유럽 은행들을 파멸의 늪에 빠뜨릴 것인가? 결정적으로 트로이카의 조건을 거부하는 그리스가 유로존을 탈퇴해야 할 것인가? 그렇게 된다면 구제금융의 조건에 불만을 품은 국가들이 대거 이탈해 유로존은 종말을 맞이할 것이다.

채권시장은 불안에 떨었고, 유로존에서 발행한 채권을 매각했다. 이런 불안은 그리스에 국한된 게 아니었다. 투자자들이 유로존에서 경제규모가 세 번째로 큰 이탈리아가 발행한 채권을 기피하면서 이런 채권의 10년 만기 수익률이 6%를 넘겼다. 유로존 내 다른 국가의 구제금융을 촉발한 7% 수준에 걱정스러울 정도로 가까운 수치였다. 실비오 베를루스코니*Silvio Berlusconi* 이탈리아 총리는 IMF의 감독에 동의하기는 했지만, IMF가 예방적 차원에서 제시한 800억 유로에 달하는 신용 공여를 거부했다고 밝혔다.[12] 이탈리아가 IMF의 감시 대상에 오른 사실을 인정한 그의 발언은 시장을 안심시키지는 못했다.

유로존 지도자들이 행동에 나섰다. 독일과 프랑스는 그리스의 국민투표가 그리스 구제 계획에 대한 찬반투표가 아니라 유로존 국가로 남는 것에 대한 찬반투표가 되기를 원했다. 11월 첫째 주에 칸에서 열린 G20 회의에서 메르켈 총리와 사르코지 대통령은 기자들에게 그리스의 국민투표에서는 단 하나의 질문만 할 수 있다고 선언했다. 사르코지 대통령은 이렇게 말했다. "유럽의 미래에 대한 관점에서 그리스에 던지는 질문이 되어야 합니다. 그리스는 유로존에 남기를 원하는가? 우리는 그렇게 되기를 바라지만, 그런 선언을 하는 것은 그리스 국민의 몫입니다."[13] 그는 그리스가 단일 통화의 회원국으로 남는 것보다 유로화의 안정을 우선시하는 원칙을 지켜야 한다고 말하면서 이렇게 덧붙였다. "우리가 그리스 없이 유로화를 안정시키는 것보다는 그리스와 함께 안정시키는 것이 중요합니다. 하지만 그보다는 유로화 안정이라는 목표가 더 중요합니다."[14] 이탈리아에 대한 우려와 함께, 통화 동맹이 해체될 것이라는 전망이 힘을 얻으면서 채권시장에서는 광범위한 매도가 이어졌다. 이탈리아의 벤치마크 채권 수익률이 7%를 넘겼고, 그리스의 채권은 사상 유례가 없는 33%까지 치솟았다.

정치인들에게는 모든 것이 걸려 있었다. 그 후 얼마 지나지 않아서 파판드레우 총리가 물러났고, 그의 후임으로 미국에서 공부한 경제학자이자 유럽중앙은행 부총재를 역임한 루카스 파파데모스*Lucas Papademos*가 부임했다. 불과 일주일 만에 이탈리아의 베를루스코니 총리가 신임 투표에서 패배하고 물러났다. 후임으로 마리오 몬티*Mario Monti*가 부임했다. 몬티는 파파데모스와 마찬가지로 경제학자이자 유럽연합 내부 시장 및 경쟁 담당 집행위원을 지낸 경력이 있었다. 그는 투표로 뽑힌 게 아니라서 총리에 임명되는 과정에서 '종신 상원의원'이라는 명예직을 부여받았다. 이제 경제학을 공부한 두 명의 기술 관료가 국가를 이끌게 됐지만, 시장은 여전히 불안에 떨고 있었다. 시장은 유럽중앙은행이 유통 시장이 아닌 곳에서 국채 매입자의 역할을 하지 못한다면, 유로존이 구제기금인 EFSF에 그와 같은 역할을 하기를 요구할 것으로 보았다. 그러나 EFSF가 그 역할을 하려면 더 많은 실탄이 필요했다. 이는 유럽 통합을 강화하기 위한 또 다른 조치가 될 것이고, 이런 조치는 또다시 독일에 의존하게 될 것이다. 독일 재무차관 출신이자 유럽중앙은행 이사회 이사를 지냈던 외르크 아스무센*Jörg Asmussen*은 이 같은 딜레마를 포착하고는 이렇게 말했다. "유럽을 위해 옳은 일을 하고 독일에서 박해당하거나 … 독일을 위해 옳은 일을 하고 유럽을 파멸시키느냐."[15]

합의에 이른 새로운 '재정 협약'

그다음에는 브뤼셀이 나섰다. 벨기에 총리를 지냈고 유럽이사회 초대 상임 의장에 오른 헤르만 반 롬푀이*Herman Van Rompuy*는 EFSF를 변형한 것으로, 유로존을 위한 영구적인 구제 기금 설립을 제안했다. 그가 제안한 것이 바로 유로안정화기구ESM인데, 유로존 국가로부터 자금을 더 많이 받고, 은행의 자본재조정을 직접 추진함으로써 '악순환의 고리'를 깨뜨릴 수 있는 권한을 부여받은 것이었다. 이는 아일랜드에서 그랬던 것처럼 개별 국가들이 자국 은행을 구제함으로써 무너지지 않는다는 사실을 의미할 것이다. 그러나 이는 유로존 국가들이 재정적 채무를 분담한다는 사실을 의미할 것이고, 독일은 이에 반대할 것이다. 독일 납세자들이 다른 국가의 부채를 떠안게 하는 조치라면 독일 연방의회의 동의를 얻기 어려울 것이다. 이것이 대담한 일이라면, 반 롬퓌이의 새로운 '유로본드eurobond' 제안은 확실히 도를 넘은 것이었다.

유로본드는 유로화를 사용하는 국가들이 그들의 부채를 공동으로 관리하는 유로존의 채권을 공동으로 발행하는 것을 의미한다. 유로본드는 유로존의 채권시장을 미국 재무부 발행 채권시장만큼이나 깊고도 유동성이 있는 시장으로 만들 잠재력이 있었다. 그러나 이 두 시장에는 결정적인 차이가 있었다. 유로존에서는 통화 정책이 공유되는 반면, 재정 정책은 분리되었다. 미국에서는 연방정부가 50개 주 전체를 대상으로 하는 하나의 연방 시스템을 통해 조세 수입을 확보하고 이를 지출한다. 부채 공유가 유로존 수준에서의 재정 정책에 대한 감독 요구를 증대시킬 가능성이 있기 때문에 채권 공동 발행은 유럽 통합을 더욱 강화하기 위한 또 하나의 조치가 될 것이다.

반 롬퓌이는 이런 조치가 모든 유로존 국가의 조약 변경에 대한 동의가 필요한 법안이 아닌 보조 법안으로 통과될 수 있다고 생각했기 때문에 메르켈 총리는 이 제안을 한층 더 불쾌하게 여겼다. 이런 긴박한 시기에 영국은 EU 금융거래세 시행 계획 중단을 요구했다. 데이비드 카메론*David Cameron* 영국 총리는 사르코지 대통령이 이 요구를 거부하고 메르켈 총리 혹은 그 밖의 사람들이 지지하지 않을 경우 유럽 통합을 더욱 강화하기 위한 그 어떤 조치에도 반대할 것이라고 말했다. 카메론 총리는 현재진행형인 유로 위기에 더 많이 관여하기는커녕 영국의 EU 탈퇴를 바라는 유로 회의론자 당원들의 요구에 직면해 있었다. 결국 이런 압력에 카메론 총리는 2016년 영국이 EU를 탈퇴하게 한 국민투표를 실시했다.

합의에 이른 이번 '재정 협약'에는 유로본드 발행도, 은행의 자본재조정 공동 추진도, EFSF/ESM의 기금 증액도 포함되지 않았다. 메르켈 총리는 이번 협약을 채택하는 대가로 새로운 ESM이 채권의 유통 시장에 개입할 수 있다는 데 동의했다. 유로존 국가들의 재정 적자를 GDP의 0.5%로 제한한 새로운 협약은 헌법 개정과 유럽사법재판소*European Court of Justice*의 판결을 거쳐 시행될 예정이었다. 재정 적자가 GDP의 3%를 넘는 국가는 가중다수결에 의해 기각되지 않는 한 자동적으로 금융 제재를 받는다. 만약 정부 부채가 GDP의 60%를 초과한다면, 해당 국가는 부채를 줄이기 위한 조치를 시행해야 했다. 본질적으로 정부의 재정 적자가 GDP의 0.35%를 넘지 않도록 헌법에 균형 예산 요건을 명시한 독일식 '부채 브레이크*Schuldenbremse*'였다. 독일은 회원국을 대상으로 이보다 더 강력한 재정 규율과 감독을 원했고, 채권 매입에 동의하는 대가로 채택한 '재정 협약'을 통해 이 목표를 관철시켰다.

그리스의 부채에 대한
사상 최대 규모의 구조조정   ❚

2011년 11월 1일, 이탈리아은행 총재를 지냈던 마리오 드라기*Mario Draghi* 가 유럽중앙은행 총재로 부임했다. 드라기 총재는 연준 의장 출신에 노벨 경제학상을 수상한 벤 버냉키, 그리스 총리를 지낸 루카스 파파데모스와 비슷한 시기에 MIT에서 경제학 박사학위를 받았다. 버냉키는 MIT에서 머빈 킹*Mervyn King* 영국은행 총재와 연구실을 함께 쓰면서 자신의 네트워크를 완전하게 갖췄다.[16]

11월 말, 이들은 재회했다. 연준, 유럽중앙은행, 영국은행, 일본은행, 캐나다은행, 스위스국립은행 등 주요 중앙은행은 2008년에 매우 중요한 기능을 했던 통화 스왑 라인을 낮은 금리로 재가동했다. 세계 금융위기로 시장이 혼란에 빠졌을 때, 외국 은행들은 고객사에 제공할 달러화를 확보해야 했다. 유럽 은행들은 여러 차례에 걸쳐 대책 회의를 열었는데도 여전히 유로 위기에 대한 해결책이 보이지 않았기 때문에 또다시 이런 상황에 놓여 있었다.

유럽중앙은행은 다시 한번 유로존 은행에 저렴한 금리로 유동성을 제공했다. 10월에 새로운 장기 재융자 프로그램을 통해 금리가 낮을 뿐만 아니라 저품질의 담보를 요구하는 3년 만기 대출을 제공했다. 2012년 초까지 800개의 은행이 5,000억 유로의 장기 자금을 조달했다. 놀랄 것도 없이 대출을 받은 은행의 65%가 이탈리아, 스페인, 아일랜드, 그리스의 은행이었다. 은행들이 국채를 매입해 유럽중앙은행이 부과하는 1%의 금리와 주변국 채권의 더 높아진 수익률 사이의 격차를 통해 수익을 올리면서, 저금리 자금이 채권시장을 지원하는 데 도움이 되었다. 험난한 출발을 한 2012년이었기 때문에 이런 지원은 보다 더 중요하게 작용했다.

2012년 1월, 신용평가기관 S&P는 투자 적격 등급에서 정크 등급을 부여받은 포르투갈을 포함한 유로존 7개국의 신용등급을 강등했다. 프랑스와 오스트리아의 신용등급이 강등되며, 최고 등급인 AAA 등급을 유지한 유로존 국가는 4개국(핀란드, 독일, 룩셈부르크, 네덜란드)에 불과했다. S&P는 지난해 8월 미국 의회가 밤 11시가 됐는데도 부채 한도 증액에 실패하자 미국의 신용등급을 강등했다. 이에 따라 미국이 채권에 대한 이자를 지급하지 않을 것이라는 두려움이 널리 퍼졌다. 최고 등급을 가진 국채 수가 빠르게 줄어들고 있었다.

이처럼 긴박한 상황에서 유로존은 2월에 1조 달러 규모의 방화벽을 설치해 놓고 있다고 선언했다. 유로존 지도자들은 EFSF/ESM의 대출 한도를 7,000억 유로로 올리고 여기에 이미 그리스에 지급한 1,300억 유로를 더하면, 달러화로 환산해 상당한 의미로 다가오는 1조 달러 규모의 안전장치를 설치해 놓았다는 말을 할 수 있었다. 그러나 그리스 경제가 3년 연속 마이너스 성장을 기록하며 부채가 더 이상 지속 가능하지 않은 수준임에도 그리스에 추가 자금을 지원하려는 의지는 찾아보기 힘들었다. 그 대신 유로존 지도자들은 그리스 채권 보유자들과 또 다른 합의를 했다. 채권자들은 2011년 10월에 합의한 50%에서 3.5%가 증가한 53.5% 크기의 헤어컷에 동의했다. 나머지 그리스 채권은 유로존의 지원을 받아서 EFSF가 지원하는 양허성 금리의 더욱 안전한 채권으로 교환될 것이다.

4월에 합의가 마무리되었다. 그 결과는 주권국가의 부채에 대한 사상 최대 규모의 구조조정이었다. 그리스의 채권자들은 빌려준 금액보다 1,070억 유로를 덜 받기로 합의했다. 상환 기간이 연장되면서 이는 그리스 채권에 대해 사실상 65% 크기의 헤어컷을 한다는 것을 의미했다. 2012년 12월, 최근 발행한 장기 채권에 대한 매입이 진행되었다. 민간 채권자들은 더 많은 손실을 입었다. 그러나 구조조정에서 면제된 유럽중앙은행은 그렇지 않았다. 결과적으로 그리스의 부채는 3,500억 유로에서 2,850억 유로로 19%가 감소했다. 중요한 것은 수많은 거래가 그리스의 채권자들의 얼굴을 바꿨다는 점이다. 이제 그리스 채권의 80%는 EFSF, 유럽중앙은행, IMF가 보유하고 있었다.

그럼에도 IMF는 여전히 우려하고 있었다. 그리스가 빌린 자금의 대부분은 빚을 갚는 데 쓰였다. 구제 자금 중 불과 11%만이 상당히 많은 재정 적자를 줄이는 데 쓰였는데, 이는 IMF가 왜 지급불능 상태에 있는 국가에는 대출을 제공하지 않고 유동성 위기를 겪고 있는 국가에만 대출을 제공하는지를 보여준다. 그리스는 유로 위기의 시스템적 특성 덕분에 예외였다. 하나의 회원국이 무너지면 유로존 전체가 무너질 수 있었다. 그리스의 고난이 주변으로 전염되면, 채권시장이 유로존의 주변국들을 피하고 은행과 자국 정부 사이의 '악순환의 고리'로 유럽 은행들은 위험에 빠질 것이다.

그리스의 경제 상황은 심각했다. 위기 이전 그리스의 GDP는 2,400억 유로였다. 2012년에는 1,910억 유로로 감소했고, 이로 인해 GDP 대비 부채 비율은 분모가 급격히 줄어들면서 보다 더 지속 가능하지 않게 되었다. 경제 규모가 작아졌다는 것은 실업률이 치솟았다는 것을 의미했다. 그리스 국민 4명 중 1명이 실업 상태에 놓여 있었다. 청년들의 상황은 훨씬 더 나빠서 절반이 실업 상태였다. 당연하게도 5월 선거는 집권당인 PASOK의 참패로 끝났다. IMF가 긴축에 대한 생각을 크게 수정하고 있을 때, 이처럼 비참한 상황에서 여전히 그렉시트의 기운이 감돌고 있었다.

IMF는 예산 감축이 미치는 영향에 대한 생각을 수정했다. IMF는 재정승수*fiscal multiplier*가 약 0.5라고 생각했지만, 이젠 1.0보다 크다고 생각했다. 따라서 공공 지출을 1유로만큼 감축하면, GDP가 1유로가 넘게 감소할 것이다. 그리스를 비롯해 다른 국가들이 착수한 긴축은 민간 지출에서 이를 상쇄하는 증가가 없었기 때문에(이것이 재정승수가 1보다 작다는 것을 의미한다) 경제가 위축되고 있는 것이 분명했다. 이는 긴축에 대한 생각을 극적으로 바꿨다. 그러나 이런 생각의 변화는 유로 위기가 닥친 뒤에 찾아왔다.

스페인의 구제금융 요청과 은행연합 설립 승인

스페인은 주택 시장 버블에서 비롯된 위험에 처한 두 번째 국가였다. 스페인 국민의 80% 이상이 집을 소유했고, 사람들은 집값이 계속 오를 것이라 믿었다. 집값은 10년 동안 계속 오르기만 하다가 37%나 폭락했다. 팔리지 않고 비어 있는 신축 주택과 아파트가 넘쳐났다. 부동산 개발업체들은 알거지가 되었고 그들과 함께 스페인 경제도 무너졌다. 일자리를 잃은 사람은 20%가 넘었는데, 주로 건설 부문의 종사자들이었다. 설상가상으로 집을 가진 사람들은 채무불이행으로 집에서 쫓겨나고도 여전히 모기지 대출금을 갚아야 했다.[17]

스페인에서 부동산 붐을 일으킨 금융기관은 대형 은행이나 외국 은행이 아니라 모기지 대부업체인 까하스*cajas*였다. 까하스는 스페인에서 전체 신용의 절반 정도를 제공했고, 이들이 제공한 대출금은 2009년까지 스페인 GDP의 40%를 차지할 정도로 급격하게 증가했다.[18] 2010년 유로 위기의 첫 번째 국면에서 까하스는 인수와 합병 과정을 거치면서 그 수가 46개에서 17개로 줄어들었고, 정부가 나서서 이들의 부실 대출을 '부실 채권 전담 은행*bad bank*'인 뱅키아/BFA*Bankia/BFA*에 옮겨놓았다. 뱅키아의 대차대조표는 엄청난 규모를 자랑했는데, 스페인 GDP의 약 30%인 3,280억 유로에 달했다. 스페인 정부는 뱅키아의 주식을 매각하려고 했지만, 투자자들은 관심을 보이지 않았다. 스페인 은행들은 2012년 초까지 유럽중앙은행으로부터 유동성을 지원받았지만, 자본재조정을 해야 할 상황에 놓여 있었다. 뱅키아는 5월에 190억 유로가 필요하다고 발표했다. 은행들이 어려움을 겪으면서 채권시장에는 스페인 정부 발행 채권을 팔려는 사람들이 넘쳐났다. 10년 만기 벤치마크 채권 수익률은 걱정스러울 정도로 치솟아 다른 유로존 국가들이 구제금융을 요구하던 7% 수준에 이르렀다.

6월 25일, 스페인 정부는 자국 은행의 자본재조정을 위해 유로존에 1,000억 유로를 요청했다. 그다음 날 호세 마누엘 바로소*José Manuel Barroso* 유럽위원회 위원장, 마리오 드라기 유럽중앙은행 총재, 장 클로드 융커 유로그룹 회장, 헤르만 반 롬푀이 유럽이사회 의장이 일종의 은행연합을 제안했다. 직접 은행의 자본재조정을 추진하기 위한 공동의 위기 관리 기금을 설립하는 것도 포함될 것이다.

이 접근 방식으로 스페인에 직접 자금을 빌려주는 것을 피할 수 있다. 스페인에 직접 자금을 빌려주면, 아일랜드가 자국 은행들을 구제하기 위해 자금을 빌렸을 당시에 그랬던 것처럼, 스페인의 재정 적자가 급증할 것이다. '악순환의 고리'를 깨기 위해 은행의 자본재조정을 직접 추진하게 될 일종의 유럽 기금 설립이 필요했다. 그러면 스페인 은행들에 대한 구제가 스페인을 구제해야 하는 상황으로 흐르지 않을 것이다. 유로존은 아일랜드 때와 다른 방식을 따르기로 했다. 유로존에서 네 번째로 큰 경제 규모를 지닌 스페인의 위상을 생각하면, 독일은 이에 동의할 수밖에 없었다.

6월 28일, 유럽이사회는 '악순환의 고리'를 깨뜨릴 은행연합 설립을 승인했다. ESM도 새롭게 개편되었다. 국가들이 재정 협약을 준수한다면, 트로이카의 감독 없이 금융 시장을 안정시키기 위한 ESM의 지원을 요청할 수 있었다. 유럽의 IMF가 탄생한 것이다. 또한 유럽의 지도자들은 유럽을 위한 일종의 성장 협약을 선언했다. 이 성장 협약에는 채권 투자자들이 점점 더 갈망하는, 경제 성장 촉진을 위한 1,300억 유로에 달하는 투자와 세금 우대 조치에 관한 내용이 담겨 있었다. 여기서 재정 규율도 중요하게 작용했다. 시장이 안정적인 GDP 대비 부채 비율을 요구할 때 성장을 하지 않는 것, 즉 분모를 줄이는 것은 바람직하지 않았다. 그러나 스페인의 문제는 재정 적자가 GDP의 3%를 초과하지 않는다는 규율에 전혀 근접하지 못했다는 사실이었다. 재정 적자는 GDP의 11.2%였고, 지방 정부가 도움을 요청하는 상황에 직면해 있었다. 결과적으로 채권시장에서는 스페인 채권을 매각하려고 했다. 7월 23일, 스페인의 10년 만기 벤치마크 채권 수익률은 지속 가능하지 않은 것으로 여겨지는 7%를 넘어섰다.

유로 위기가 고조되자 마리오 드라기 유럽중앙은행 총재는 이른바 "무슨 일이 있더라도"라는 문구를 담은 연설을 했다. 그는 2012년 런던 올림픽이 시작되던 7월 26일 런던의 랭커스터 하우스에서 개최된 글로벌 투자 컨퍼런스에서 이렇게 말했다.

사람들이 점점 커지는 유로화의 취약성, 아마도 유로화의 위기에 대해 이런저런 이야기를 합니다. 저는 그들에게서 유로존 바깥의 국가 또는 지도자들이 유로화에 투자된 정치 자본의 양을 과소평가하는 경우를 상당히 자주 봅니다. 우리는 이런 걸 보면서 유로화를 되돌릴 수는 없다고 생각합니다(물론 저는 우리가 편견 없는 관찰자라고 생각하지는 않습니다). … 우리 유럽중앙은행은 우리가 가진 권한의 범위 내에서 유로화를 보존하기 위한 것이라면 무슨 일이 있더라도 할 준비가 되어 있습니다. 그러니 저를 믿어 주십시오. 그걸로 충분할 겁니다.[19]

"무슨 일이 있더라도"라는 표현이 유로 위기의 심각한 국면이 끝났다는 것을 알렸다. 당시 나는 블룸버그 TV에서 유로 위기를 취재하기 위해 랭커스터 하우스에 있었는데, 이 연설은 금융 시장에 바로 영향을 미쳤다. 연설이 끝난 후, 채권 수익률이 하락하기 시작했다. 일반적으로 말하자면, 시장은 중앙은행에 반하는 내기를 걸지 않는다. 유럽중앙은행은 상당히 특이하게 설립되었기 때문에 거의 예외라 볼 수 있었다. 유럽중앙은행은 연준이나 영국은행과 달리 막대한 화력을 동원하는 데 제약을 받았다. 그러나 드라기 총장이 "무슨 일이 있더라도" 유럽중앙은행이 할 것이라고 말했을 때, 시장은 그를 믿었다.

자세한 내용은 조금 모호했지만, 의도는 분명했다. 티모시 가이트너 미국 재무장관은 이후 유럽중앙은행을 방문해 드라기 총재의 연설에 관해 이렇게 말했다. "그는 연설문에 무슨 말을 보태려고 했고, 즉석에서 우리는 '무슨 일이 있더라도' 할 것이라는 말을 여러 번 했습니다. 우습기만 합니다. … 완전히 즉흥적이었어요. … 이 시점에서 드라기에게는 아무런 계획도 없었습니다. 그는 이런 식으로 아무런 근거도 없는 이야기를 했습니다."[20]

그럼에도 메르켈, 몬티, 새로 선출된 프랑수아 올랑드_François Hollande_ 프랑스 대통령은 유로화의 비가역성을 지지하는 공동 성명을 발표했다. 분데스방크는 유럽중앙은행이 채권시장을 안정시킬 것이라는 생각에 반대했고, 유럽중앙은행 이사회 9월 회의에서 드라기 총재의 새로운 긴급 국채 매입 프로그램이라 할 전면적 통화 거래_Outright Monetary Transactions_에 유일하게 반대표를 던졌다. 그러나 메르켈 총리와 볼프강 쇼이블레_Wolfgang Schäuble_ 재무장관은 드라기 총재를 지지했다. 스페인이 구제금융을 요구할 위험이 유로화의 붕괴를 촉진할 수 있다. 유로존 4위의 경제 대국인 스페인이 시장에서 배제된다면 말이다. 그다음에는 부채가 많은 유로존 3위 경제 대국인 이탈리아가 시장에서 배제될 수 있었다. 심지어 프랑스도 안전하지 않았다.

따라서 유럽중앙은행은 이제야 다른 중앙은행이 수행하던 최종 대부자_lender of last resort_가 되었다. 그러나 이 역할에는 조건이 붙었다. 전면적 통화 거래 프로그램은 이미 ESM 구제 프로그램 대상 국가에 대해서만 그 나라의 채권을 안정시키기 위해 운영될 것이다. 결국 이 조치는 유로 위기 때 한 번도 시행되지 않았다. 그러나 드라기가 말했던 것처럼 존재 만으로도 충분했다.

자본 통제가 부과된 첫 번째 유럽 국가, 키프로스

위기는 아직 끝나지 않았다. 2012년 여름, 키프로스는 유로존에서 구 제금융을 요구한 다섯 번째 국가가 되었다. 키프로스는 그리스 채권을 보유한 탓에 위기에 처했는데, 은행 부문이 엄청나게 커서 경제 규모의 약 6배 반에 달했다. 키프로스 은행들은 그리스 채권 가치가 하락하자 40억 유로가 넘는 손실을 기록했다. 이해를 돕기 위해 말하자면, 이 금 액은 키프로스 GDP의 22%가 넘는다. 키프로스 은행들은 러시아인과 그 밖의 외국인들을 통해 다량의 예금을 확보했는데, 유럽중앙은행은 이런 점에서 지원을 주저했다. 대부분의 혜택이 비거주자들에게 돌아갈 것이기 때문이었다.

2013년 3월, 결론에 이르렀다. 유로존은 ESM을 통해 직접 은행 시스템을 구제하는 쪽으로 방향을 잡았다. 유럽중앙은행이 주저했지만, IMF가 내놓은 10억 유로를 포함해 총 100억 유로를 키프로스에 제공하는 구제금융은 ESM에 의한 최초의 전면적인 구제 프로그램이었다.

이번 구제금융은 상당히 이례적으로 예금주들에게 손실을 입혔다. 키프로스는 긴축 재정과 은행 시스템 축소를 위한 통상적인 조치를 시행한 것에 더해 예금보험한도액 10만 유로가 넘는 모든 예금에 6.75%의 세금을 부과했다. 예금주들에게는 이런 일회성 부과와 함께 그들이 세금으로 납부한 금액에 해당하는 은행 주식을 지급했다. 물론 외국인들은 예금의 약 7%를 잃는 것보다 인출을 원했기 때문에 시행에는 어려움이 따랐다. 키프로스는 이런 세금 부과를 피해 해외로 예금이 인출되는 것을 방지하기 위해 자본 통제를 부과해야 했다. 그렇게 키프로스는 자본 통제를 부과한 첫 번째 유럽 국가가 되었다(신흥국들이 자본 통제를 부과했지만, 함부로 한 것은 아니었다. 미래의 투자자들이 자금을 인출할 수 없는 사태를 걱정해 투자 의욕을 잃어버릴 수도 있기 때문이다. 그러나 1장에 나오는 아시아 금융위기 때 말레이시아가 그랬듯이, 자본 통제는 경제를 불안정하게 하는 자본 도피를 완화할 수 있다. IMF는 몇몇 형태의 자본 통제를 시스템적 위기에 직면했을 때 사용할 수 있는 도구로 인정하기도 했다[21]). 이제 유로존이 구제금융에서 납세자의 부담을 줄이기 위해 투자자가 손실을 부담하는 조치를 시행하고 있어서 채권자들도 손실을 입었다.

오늘날 ESM은 키프로스를 구제하는 것을 투자자 손실 부담으로 가는 패러다임의 전환으로 보고 있다. 유로 위기가 남긴 유산은 주식으로 전환되는 우발전환사채(contingent convertible bond 혹은 CoCos bond)와 같이 규제에 입각한 자본 수단을 도입한 것이었다. 이는 금융 스트레스가 있는 동안 손실을 흡수하도록 설계되어서 대출 기관들이 대출을 주저하는 시기에 은행의 자본 포지션을 강화할 수 있다. 글로벌 차원에서는 시스템상 중요한 금융기관, 즉 자신이 무너지면 금융 시스템 전체의 붕괴로 이어질 수 있는 은행에도 투자자가 손실을 부담하는 조치가 적용되었다. 유로 위기로 채권단이 헤어컷을 받아들이게 했을 때 이런 선을 넘었고, 따라서 이처럼 더욱 공정한 체제가 이제는 유럽 은행들뿐만 아니라 다른 지역의 주요 은행들에 대한 규제에 잘 나타나 있다.

그리스의 더딘
경제 회복 ❙

유로 위기의 심각한 국면이 2012~2013년에 지나갔을 수도 있지만, 그리스에는 여전히 경제적 여파가 남아 있었다. 2015년, 그리스는 6년 연속 침체에 허덕이고 있었다. 그리스 경제는 2008년과 비교해 25% 넘게 축소되었고, 실업률은 여전히 25%를 맴돌았다. 전체 가구의 약 4분의 1이 빈곤에 허덕였으며, 파산한 사업체도 약 10만 개에 달했다. 그리스 채권의 수익률은 암울한 경제 상황을 반영해 또다시 지속 가능하지 않은 수준으로 증가하기 시작하더니 8%를 돌파했다. 그러나 그리스 채권의 수익률이 26%까지 치솟았을 때도 매각은 쉽지 않았다. 다른 유로존 채권의 수익률은 유럽중앙은행에 의해 안정되었지만, 그리스는 계속 부채에 시달리면서 어려움을 겪고 있었다. 유로존 지도자들은 이제 더 이상의 감염을 걱정하지 않아도 되자 그리스가 부채에 대한 구조조정을 실시하고 지원을 받을 수 있도록, 심지어 유로존을 떠나거나 독일 재무장관 볼프강 쇼이블레가 말한 대로 5년에 걸쳐 일시적으로 떠나는 것도 고려하고 있었다.[22]

그리스 경제는 마침내 2017년부터 다시 성장하기 시작했고, 투자를 유치한 민영화 프로그램과 관광 수입 덕분에 유로존에 계속 남았다. 그러나 10년이 넘는 구제 계획을 받아들인 시점인 2010년 이전 수준으로 회복되지 않았다. 구제 계획을 받아들인 다른 유로존 국가들은 잘 회복했는데, 중요한 차이는 이들이 그리스와는 달리 지속 가능하지 않은 부채 부담을 지니고 있지 않다는 것이었다. 그럼에도 이 국가들의 총리들은 유로 위기로 정권에서 물러나야 했다. 이런 운명은 유로그룹의 오랜 수장인 장 클로드 융커의 이름을 따서 '융커의 저주'로 불린다. 융커는 다음과 같은 유명한 말을 남겼다. "우리 모두가 무엇을 해야 할 것인지를 알고 있지만, 일단 그것을 하고 나서 어떻게 재선해야 하는지는 모르고 있다."[23]

유럽을 더 강력하게 통합시킨 유로 위기

유로 위기는 유럽 은행들이 아직 2008년 세계 금융위기에서 회복하고 있는 시점에 너무 많은 부채가 이들을 강타하면서 시작되었다. 부채의 출처는 아일랜드와 스페인에서는 주택, 그리스와 포르투갈에서는 정부 발행 채권, 키프로스에서는 은행 등 서로 달랐지만, 그 결과는 서로 다르지 않았다. 이 국가들은 유로화를 채택한 이후 도취감에서 비롯된 지속 가능하지 않은 부채 수준에 대처하기 위해 구제금융이 필요했다.

그러나 유로 위기에서 분명하게 드러난 것은 채권자들에게 단일 통화인 유로화가 체계적 금융위기에서 살아남을 것이라는 믿음을 심어주는 제도가 없었다는 것이다. 유럽중앙은행은 다른 주요 중앙은행들과 달리 최종 대부자가 아니었다. 자본이 국경을 자유롭게 넘어가는 것(유럽 단일 시장을 규정하는 4가지 자유 중 하나)과 마찬가지로, 부채도 국경을 손쉽게 넘어갔기 때문에 국경을 넘어 적용되는 금융 제도가 존재하지 않는 것도 문제가 되었다. 그러나 국경을 넘는 것에 대한 감독이 충분하지 못했고, 유로존에 의한 관리를 주장하는 것도 그리스 같은 국가가 IMF에 의해서만 구제될 수 없다는 것을 의미했다. 오히려 EU, 유럽중앙은행, IMF로 이루어진 '트로이카'의 존재가 특히 독일뿐만 아니라 프랑스와 다른 유로존 국가들이 구제 조건에 대한 의사 결정에서 커다란 영향력을 행사하고 있다는 것을 의미했고, 이는 불안정한 경제위기에 정치적 갈등을 보태는 결과를 낳기도 했다.

그러나 이 시기에 우리는 위기를 극복하는 데 제도와 신뢰가 중요하다는 교훈을 얻었다. 이전에 발생했던 금융위기와는 달리 이번 위기를 극복하기 위해 새로운 제도와 프로그램이 탄생했고, 이것이 단일 통화의 토대를 바꿨다.

국채 매입 프로그램은 유럽중앙은행을 조건부 최종 대부자로 서게 했다. 이제는 은행 규제의 원칙에 투자자가 손실을 부담하는 것이 포함되어 있으며, 구제 과정에서 납세자들뿐만 아니라 채권자들도 손실을 입게 될 것이다. 또한 유로 위기는 일종의 은행연합, ESM(유럽의 IMF), 통화 정책만 공유하던 유로존 국가들의 재정 정책을 보다 긴밀하게 묶는 재정 협약 형태 속에서 유럽을 더 강력하게 통합시켰다. 자본 시장 연합을 향한 움직임도 나타나고 있다.

ESM은 유로존을 위한 일종의 방화벽으로 설치되었다. ESM은 구제의 정치를 어느 정도 제한하는 역할을 하는데, 이런 기구 없이 유럽 국가들에 의해 의사 결정이 이루어졌을 때와 비교하면 더욱 그렇다. 또한 유럽중앙은행은 유로존 국가들의 국경을 넘어 은행 스트레스 테스트에 근거한 결정을 지원하기 위해 단일 은행 감독 기구*single supervisory mechanism*를 새롭게 설치했다. 이런 조치들, 특히 유럽중앙은행이 국채를 매입하는 새로운 권한은 위기를 막을 수 있을 것이라는 믿음을 주기에 충분했다.

비록 2010년 유로 위기가 유로화의 존재 자체를 위협하는 경제위기이기는 했지만, 정치가 그 과정을 결정한 것이기도 했다. 따라서 유로 위기는 이전의 위기와는 상당히 다르다. 그럼에도 유로 위기는 도취감과 신뢰성이라는 주요 요소를 공유한다. 유로존이 체계적 금융위기에 대처하기 위한 제도를 제대로 갖추지 않은 것은 분명했다. 그러나 그런 제도와 새로운 정책을 적극적으로 수립해 유로존에 대한 신뢰를 회복하고 위기를 극복할 수 있었다. '예전보다 더욱 긴밀하게 연결된 유럽'에 대한 논쟁은 계속되고 있지만, 여기서부터 유로화가 어디를 향해 가는가는 여전히 진화하는 제도적 구조에 달려 있을 것이다.

우리는 건전하고 지속 가능한 경제 정책을 추구하는 국가들을 위해

보다 구속력과 내실을 갖춘, 집행 가능한 재정 정책과

자금 조달의 확실성을 함께 보장해야 합니다.

우리는 유로존의 도전에 대한 포괄적인 해결책을 향해

계속 전진해야 합니다.

_엔다 케니Enda Kenny(아일랜드 전 총리)

The
Great
Gatsby

7장

아무도 예상치 못한
전 세계적 유행병

2020년 코로나19 위기

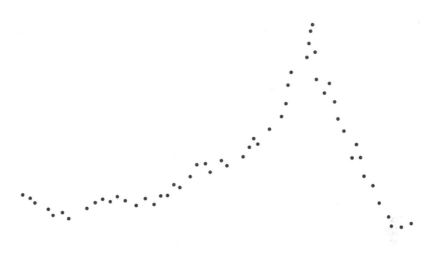

코로나19 팬데믹은 제2차 세계대전 이후에 발생한, 전적으로 세계적인 최초의 위기였다.[1] 세계보건기구*WHO*에 따르면, 안타깝게도 유행 첫해에만 전 세계적으로 180만 명이 목숨을 잃었고 약 8,000만 명이 감염되었다고 한다. 이 전염병은 지구상의 모든 대륙에, 심지어 남극 대륙에도 전파되었다.

코로나19 위기는 국민 건강을 위해 시행한 폐쇄 조치로 발생한 위기였기 때문에 대부분의 위기와는 다른 점이 있었다. 비록 이 전염병이 유행하기 직전 사람들은 도취감에 취해 있었지만, 이번 위기의 계기는 부채가 아니었다. 2008년 세계 금융위기 이후 10년에 걸친 저금리 기조로 특히 미국 주식 시장은 사상 최고치를 경신하고 또 경신했다. 그런데 경제 활동이 갑자기 중단되자 주식 시장은 사상 최악의 1일 하락 역시 경신하고 또 경신했다. 미국의 우량주 주가지수인 다우존스 산업평균지수의 1일 하락을 크기순으로 나열하면 10개 중 9개가 코로나19 위기 동안 발생했다. 코로나19 위기는 주식 시장의 하락뿐만 아니라 경제적 고통의 측면에서 대형 위기였고, 보기 드문 위기였다.

한 가지 선례를 들 수도 있다. 1918년에 스페인 독감으로도 알려진 인플루엔자 바이러스가 대유행한 사건이다. 스페인 독감이란 이름은 스페인에서 바이러스가 발생했기 때문이 아니라 전시 언론 검열이 한창이던 시기에 스페인이 중립국이라 붙은 것이다. 사회학자 막스 베버_Max Weber_, 화가 구스타프 클림트_Gustav Klimt_, 미래 미국 대통령의 할아버지 프레더릭 트럼프_Frederick Trump_ 등이 스페인 독감으로 사망했다. 살아남은 유명 인사에는 위대한 경제학자 프리드리히 하이에크_Frederick Trump_, 기업가 월트 디즈니_Walt Disney_, 미국 대통령 우드로 윌슨_Woodrow Wilson_ 등이 있었다.[2]

당시 세계 인구의 약 3분의 1이 스페인 독감에 감염되었으며 경제적으로도 엄청난 충격이 가해졌다. 1870년 이후, 스페인 독감이 경제에 가한 충격은 1930년대의 대공황과 두 차례에 걸친 세계대전 다음으로 컸다.[3] 1917~1921년의 세계적인 경기 침체로 일반적인 국가의 1인당 GDP와 소비는 각각 6%와 8.1%가 감소한 것으로 추정된다. 이에 비해, 제1차 세계대전으로 감소한 1인당 GDP와 소비는 각각 8.4%와 9.9%로 추정된다.

대유행의 첫 번째 물결은 1918년 봄에 일었고, 두 번째 물결은 1918년 9월부터 1919년 1월까지, 세 번째 물결은 1919년 2월부터 그해 말까지 일었다. 일부 국가는 1920년에 네 번째 물결도 경험했다.[4] 코로나19의 파급력은 그 당시와 비슷한 물결 모양의 패턴을 따랐다.

코로나19 확산 속 잇따른
폐쇄 조치   I

2019년 12월 31일, 중국은 WHO에 백신이 없는 신종 코로나 바이러스의 확산을 알렸다. 대유행의 시작점은 우한시였는데, 중국 정부는 1,100만 명의 시민을 격리하기로 결정했다. 세계의 지도자들은 바이러스의 전염률(R)에 관심을 집중했다. R이 1이면 평균적으로 모든 감염자가 다른 한 사람을 감염시킨다는 것을 의미한다. R이 1을 초과하면, 감염자 수가 기하급수적으로 증가해 급속한 확산으로 이어질 것이다. R이 1을 초과해 감염의 물결이 국가 전체를 휩쓸 때, R을 1 미만으로 줄이기 위한 폐쇄 조치가 나올 것이다.

2020년 1월 30일, WHO는 세계 공중보건 비상사태를 선포했다. 그때까지 WHO의 비상사태 선포는 여섯 차례에 불과했다. 바이러스는 중국에서 아시아의 나머지 지역, 유럽, 중동, 북아메리카로 빠르게 전파되고 있었다. 2월 11일, WHO는 이번 전염병을 '코로나 바이러스 감염증 2019 *corona virus disease 2019*'의 줄임말인 '코로나19 *Covid-19*'로 명명했다. 같은 날, 공식 세계 사망자 수는 1,000명을 넘어섰는데, 이는 2003년 2월 아시아에서 시작된 전염병 사스의 전체 사망자 수인 774명을 빠르게 능가한 것이다.[5]

사망자 수가 증가하고 전염 속도도 빨라지면서, 세계 각국은 이처럼 치명적인 전염병을 차단하기 위한 각종 제한 조치를 취하고 여행을 금지했다. 중국은 폐쇄와 여행 제한 조치를 전체 인구의 절반이 넘는 약 7억 6,000만 명을 대상으로 확대 시행했다. 2월 25일, 샌프란시스코가 미국 도시로는 최초로 비상사태를 선포했다. 그달 하순에는 스위스가 1,000명이 넘게 모이는 공식 행사를 금지했다.

이 같은 제한 조치는 전 세계로 확산되었다. 3월 6일, 미국 질병통제예방센터US Centers for Disease Control and Prevention는 60세가 넘는 사람들에게 실내에만 머물 것을 강력히 권고했다. 같은 달에 몇몇 국가는 초중고교와 대학교를 대상으로 휴교 조치를 시행해 전 세계 학생의 약 5분의 1이 가정에서 학습을 해야 했다.[6]

3월 11일은 모든 것이 바뀐 날이었다.[7] WHO는 코로나19의 단계를 세계적인 유행병으로 격상시켰다. WHO 사무총장 테워드로스 아드하놈 거브러여수스Tedros Adhanom Ghebreyesus 박사는 이렇게 말했다. "확산의 속도와 심각성이 놀라울 정도이며 아무것도 할 수 없는 상태라는 것에 대해 우리는 깊은 우려를 표합니다."[8] 3월 9일, 유럽에서 감염의 중심에 있던 이탈리아가 유럽 국가들 중 최초로 전국적인 폐쇄 조치를 시행한 나라가 되었다.

같은 날, 이제는 텔레비전과 컴퓨터 모니터를 통해 친숙해진 미국 국립 알레르기·전염병 연구소National Institute of Allergy and Infectious Diseases 소장 앤서니 파우치Anthony Fauci 박사가 미국의 50개 주 가운데 40개 주에서 1,000명이 넘는 사람들이 감염된 뒤 의회에 출석해 이렇게 말했다. "최종 결과는 이보다 더 나빠질 겁니다."[9]

더 많은 국가가 제한 조치로는 충분하지 않다는 것을 깨닫고 전국적인 폐쇄 조치를 시행하고 국경을 폐쇄했다. 3월 18일, 레바논이 전국적인 폐쇄 조치를 시행했다. 그리스는 3월 22일에 같은 조치를 시행했고, 그다음 날 영국이 그 뒤를 이었다. 3월 26일에는 세계 인구의 거의 3분

의 1에 달하는 사람들이 폐쇄 조치와 함께 살아야 했다.[10]

폭락하는 주가와
원자재 가격

WHO가 코로나19의 단계를 세계적인 유행병으로 격상시킨 다음 날인 2020년 3월 12일, 2월 이후로 계속 하락세를 보이던 주식 시장이 폭락했다. 다우 지수는 10% 하락하면서 2009년 3월 11일에 시작해서 정확하게 11년 만에 끝난, 역사상 가장 길었던 강세장을 반전시켰다. 미국의 벤치마크 주가지수라 할 S&P 500 지수는 이틀 만에 20% 하락하며 역사상 가장 빠른 속도로 약세장에 진입했다. 미국의 두 벤치마크 주가지수는 2월 고점에서 3월 23일 저점에 이르기까지 주식 가치의 3분의 1을 잃었다. 뉴욕 증권거래소는 시장 붕괴를 저지하기 위해 상당히 이례적인 조치로 여러 차례에 걸쳐 주식 거래를 중단했다.

  시장 변동의 규모와 지속 기간은 크게 다를 수 있지만, 코로나19 위기의 속도와 깊이는 놀라웠다. 과거의 기록과 비교하면, 유행 초기에 주식 가치가 31.7%나 폭락한 건 유례 없는 일이었다. 스페인 독감이 26%나 떨어뜨린 것으로 추정되었고, 두 차례의 세계대전은 각각 19%를 떨어뜨린 것으로 추정된다.[11] 주식 가치의 반등도 빠른 속도로 진행되었고, 세계 경제를 떠받치기 위해 신속하게 입안된 다양한 정책에 투자자들이 긍정적으로 반응하면서 주식 시장은 일주일 만에 약 10% 상승했다. 그러나 이런 상승은 오래가지 않았다. 전국적인 폐쇄 조치를 시행하는 국가가 늘어나면서 시장은 곧 하락 국면에 접어들었다.

2020년을 맞이하고 첫 3개월 동안, 세계 주식 시장은 2008년 세계 금융위기가 최고조에 도달한 이후 최악의 분기를 경험했다. 미국의 모든 주요 주가지수는 약세장(20% 하락) 또는 조정(10% 하락) 구간으로 들어섰다. 유럽도 똑같은 모습을 보였다. 유로 스톡스 600(Euro STOXX 600) 지수는 23% 넘게 하락했다. 독일의 벤치마크 주가지수인 DAX 지수는 25%, 프랑스의 CAC 40 지수는 26% 이상, 이탈리아의 MIB 지수는 27% 이상, 스페인의 IBEX 지수는 거의 29%가 하락했다. 런던에서는 FTSE 100 지수가 25%가 넘게 하락해 1987년 주식 시장 폭락 이후로 최악의 실적을 기록했다.

이런 폭락은 주식에만 국한되지 않았다. 경제가 위축되면서 원자재 가격이 폭락했다. 폐쇄 조치로 수요가 감소하면서 3월 유가는 50% 넘게 하락했다. 4월 20일, 미국의 벤치마크 유가인 서부 텍사스 중질유 *West Texas Intermediate, WTI*가 사상 처음 마이너스 구간으로 폭락했다. 원유 수요가 줄었고, 남아도는 원유를 저장할 공간이 부족해 배럴당 마이너스 40.32달러에 거래된 적도 있었다. 1월까지만 해도 국제적인 지표가 되는 브렌트유*Brent Crude*는 배럴당 65달러가 넘는 가격에 거래됐지만, 15.98달러로 하락하며 1999년 이후 최저치를 기록했다. 브렌트유 가격은 일주일 만에 약 40%가 하락했지만, 바다에서 생산되는 원유여서 수요가 많은 지역으로 쉽게 운송될 수 있기 때문에 마이너스로 떨어지지는 않았다.

마이너스 성장을 기록한
세계 경제 ┃

코로나19는 대부분의 사람들이 경험한, 그들이 기억하는 최초의 세계적인 유행병이었고, 그런 극적인 위기는 여기서 비롯되는 불확실성에 대한 질문을 낳았다. 다음에는 어떤 일이 일어날까? 코로나19가 얼마나 심각할까? 아무도 제대로 알지 못했다.

자신이 겪은 증상을 가장 먼저 알린 사람들 중에는 할리우드 스타 부부인 톰 행크스*Tom Hanks*와 리타 윌슨*Rita Wilson*이 있었다. 이들은 3월 11일에 코로나 바이러스에 감염된 사실을 세상에 알렸다. 4월 1일, 윔블던 테니스 대회가 제2차 세계대전 이후 처음으로 취소되었다. 미국인들은 공공장소에서 마스크를 착용해야 했다. 보리스 존슨*Boris Johnson* 영국 총리도 코로나 바이러스에 감염되었다. 4월 7일, 그는 집중치료실로 옮겨졌고 이틀이 지나 퇴원했다. 이렇게 전례 없는 발표가 봇물 터지듯 나오면서 이번 바이러스가 어느 정도의 재앙이 될 것인가에 대한 대중의 불안감은 커지기만 했다.

초기에는 코로나19의 영향력을 잘 몰랐을 수 있지만, 스페인 독감의 사례를 보면 세계적인 유행병이 경제에 미치는 영향력이 얼마나 클지 짐작할 수 있었다. 폐쇄 조치로 기업들이 문을 닫고 사람들이 집에 머물면서 실업률이 치솟았다. 4월까지 미국의 사업체 5곳 중 1곳 이상이 조업을 중단했는데, 사상 최고의 휴업률이었다. 3월 16일부터 22일까지 겨우 일주일 만에 300만 명이 넘는 미국인들이 일자리를 잃었다. 이는 1982년 10월 세계적인 경기 침체 기간 중에 있었던 69만

5,000명이라는 종전의 기록을 보잘것없는 것처럼 보이게 했다. 그다음 3주간 1,600만 명이 넘는 미국인들이 일자리를 잃었다. 2009년의 대침체 기간 전반에 걸쳐 직장에서 쫓겨난 860만 명보다 훨씬 더 많은 숫자였다. 상황은 점점 더 나쁘게 흘러갔다. 폐쇄 조치를 시행한 이래 첫 7주 동안 3,300만 명이 넘는 미국인들이 실업수당을 신청했다. 4월 실업률은 지난 2월에 기록한 약 50년 만의 최저치인 3.5%에서 14.7%로 상승했다(이에 가장 근접한 기록은 대공황 시기에나 찾아볼 수 있다. 1933년 당시 실업률은 약 25%로 추정된다). 설상가상으로, 사람들도 일자리를 찾으려고 하지 않았다. 일을 하고 있거나 일자리를 찾는 생산가능인구의 비율을 측정하는 경제활동참가율의 4월 수치는 1973년 이래 최저치인 60.2%로 떨어졌다.

3월 13일, 제롬 파월Jerome Powell 연준 의장은 이렇게 경고했다.[12] "이번 경기 침체의 규모와 속도는 현대에 이르러 그 유례를 찾아볼 수가 없으며, 제2차 세계대전 이후로 겪었던 그 어떤 경기 침체보다 훨씬 더 심각하다." 그의 말이 옳았다. GDP가 이런 사실을 극명하게 보여주었다. 4월 17일, 주요 국가들 중 중국이 처음으로 자국 GDP가 전년 동기 대비 6.8% 감소해 40년 만에 처음으로 마이너스 성장을 기록했다고 발표했다. 이웃 나라인 일본도 또다시 불황에 빠져들었다.

4월 29일, 미국은 당해 연도 1분기 동안 경제가 마이너스 4.8% 성장을 기록한 것으로 발표했다. 그러나 이 발표는 3월까지 아직 잠재되어 드러나지 않던 팬데믹의 영향력을 완전히 포착한 것은 아니었다. 미국의 4월 소매 매출액은 16.4%나 감소해 사상 최대의 감소를 기록했다. 가계 소비 지출은 1월부터 4월까지 매달 1,000달러씩 감소해 무려 31%나 감소했다. 4월 30일, 유로존은 마이너스 3.8% 성장을 기록한 것으로 발표했는데, 사상 최악의 분기 실적이었다. 유로존 국가들 중 프랑스는 5.8%의 마이너스 성장을 기록해 1949년 이후 최악의 분기 실적을 보이면서 침체의 늪에 빠졌다.

영국 경제는 2%의 마이너스 성장을 기록했는데, 2008년 금융위기 이래 최악의 분기 실적이었다. GDP는 3월에만 5.8%나 감소해 사상 최대의 감소를 기록했다. 영국은 2019년 말에 정체된 분기를 기록했기 때문에 공식적으로 경기 침체에 빠져들지는 않았다. 그러나 이것이 커다란 위안이 되지는 않았다. 신용카드회사인 마스터카드*Mastercard*는 폐쇄 조치를 시행하던 4월에 영국의 소비 지출이 미국과 같이 3분의 1 넘게 감소한 사실을 확인했다. 여행 지출은 50% 감소했고 음식점·주점·클럽의 매출은 사상 유례가 없는 97%나 감소했는데, 대부분 가게 문을 열지 못했기 때문이다. 또한 영국은 미국과 마찬가지로 폐쇄 조치를 시행한 이후로 처음 몇 주 동안 실업수당 신청 건수가 69%나 늘어난 210만 명에 달해 사상 최고의 속도로 증가했으며 평균 임금은 감소하고 채용은 중단되었다.

4월 초, IMF는 이미 세계 경제가 마이너스 성장을 기록할 것이며 선진국과 신흥국 모두 경기 침체에 빠져들 것으로 내다보고 있었다. 189개 회원국 중 170개국에서 1인당 국민소득이 감소할 것으로 예상했다. 팬데믹 이전에 예측한 결과와는 극명하게 대비되는 것이었다. 당시 IMF는 160개국에서 경기가 호조를 띨 것으로 내다보았다.

2020년 2분기 세계 무역량은 제조업 제품의 경우 14.3%가 줄어들어 사상 최대의 감소를 기록했다. 성장과 자금 조달을 위해 세계 시장에 의존하는 신흥국 경제에 안 좋은 영향을 미칠 게 우려되었다. 신흥국들은

3월과 4월에 전례 없는 자금 인출을 경험했다. 투자자들이 전통적인 안전자산인 달러화 표시 자산과 같이 비교적 덜 위험한 자산에 투자하면서 3월에 신흥국들을 빠져나간 자금이 약 1,000억 달러나 되었다.[13] 투자자들은 4월 중순까지 신흥국에 투자한 주식과 채권 중 960억 달러를 또다시 인출하며 1장에서 논의한 1990년대 후반 신흥 시장 위기 당시의 것을 포함한 이전의 자본 유출을 보잘것없게 했다.[14] 이렇게 자본이 유출되면서 브라질의 헤알, 멕시코의 페소, 남아프리카공화국의 랜드 같은 신흥국 통화의 달러화 대비 가치는 거의 4분의 1 정도 하락했다.

100개가 넘는 저소득 및 중간 소득 국가들은 코로나19 위기에 대처하는 동안에도 2020년에만 차입금 상환을 위해 1,300억 달러를 지출해야 했다. G20 국가들은 부채에 대한 지급 유예를 선언하여 도움을 주려고 했지만, 정부에 대한 부채만 포함했기 때문에 그 효과는 제한적이었다. 부채의 약 절반은 민간 채권자들에게 갚아야 하는 것이었다. 놀랄 것도 없이, 2020년 초에는 90개가 넘는 국가가 IMF에 도움을 청했다.

양적완화를 시작한 연준과 유럽중앙은행

코로나19의 경제적 파괴력은 아무도 원치 않는 기록을 세우고 있었다. S&P 500 지수가 약세장에 접어든 지 하루 만에 연준은 금리를 실질적으로 0으로 낮추고 경제에 현금을 투입하기 위해 양적완화를 재개했다. 연준은 현금을 투입한 결과로 재무부 발행 채권의 보유액을 최소

5,000억 달러, 모기지저당증권의 보유액을 최소 2,000억 달러만큼 증액할 것이라고 발표했다. 3월 25일로 끝나는 주에 연준의 대차대조표는 이미 사상 최대 규모인 5조 3,000억 달러로 확대되었다.

연준은 코로나19 위기의 규모를 감안해 일련의 추가 조치를 발표했다. 기업들이 자금을 조달하기 위해 찾는 중요한 시장인 레포 시장에 자금을 공급할 것이라고 밝혔고, 뉴욕 연방준비은행은 익일물 대출을 제공했다. 중소기업과 지방자치체에 신용을 제공하기 위해 2조 3,000억 달러 규모의 추가 대출을 제공하고, 회사채 시장을 지원하기 위한 조치를 확대하는 등 여름 내내 일련의 조치를 계속 내놓았다. 또한 연준은 기업에 단기 대출을 제공하는 기업어음 매입 창구를 통해 기업의 신용 요구를 충족할 것이라고 발표하기도 했다. 연준은 미국 GDP의 20%에 가까운 금액을 약속했다. 전 세계의 중앙은행들도 이에 동참했다. G7 국가들의 중앙은행은 3월에만 1조 4,000억 달러에 달하는 금융 자산을 매입했다.

그달 15일에 연준, 유럽중앙은행, 캐나다·영국·스위스·일본의 중앙은행은 상설 스왑 라인을 통해 유동성과 미국 달러화에 대한 접근을 확보하기 위한 통합 조치를 시행했다. 중앙은행들은 스왑 라인의 수수료를 25베이시스 포인트(0.25%)로 낮추기로 합의했으며, 84일에 걸친 대출 기간에 기업들을 대상으로 달러화 유동성 관리를 지원하기 위해 미국 달러화를 제공하기 시작했다. 또한 연준은 이러한 스왑 라인을 오스트레일리아·브라질·덴마크·멕시코·노르웨이·뉴질랜드·싱가포르·한국의 중앙은행으로 대폭 확대해 총 4,500억 달러를 제공할 것이라고 발표했다.

연준은 2008년 위기 때보다 더 적극적으로 움직였다. 3월 말, 폐쇄 조치가 세계를 휩쓸고 있는 가운데 외국의 중앙은행들이 재무부 발행 채권을 현금으로 교환할 수 있도록 허용해 세계 금융 시스템에 달러화 유동성을 제공하기 시작했다.

세계의 중앙은행들은 금리를 인하하는 방식으로 코로나19 위기에 대처했는데, 39개의 은행이 3월 16일로 시작하는 주에 그렇게 했다. 영국은행은 불과 일주일 사이에 금리를 두 차례나 인하해 기준 금리가 0.1%가 되었는데, 이는 2008년의 사상 최저치를 경신한 것이었다. 또한 양적완화를 재개하고, 정부가 손실을 보상해야 할 위험을 지닌 기업에 대출을 제공할 수 있도록 기업어음 매입 창구를 설치했다.

투자자들이 자산을 처분해 투자금을 회수하려는 이른바 '현금을 향한 돌진*dash for cash*'이 최고조에 이른 3월 17일, 유럽중앙은행은 공포에 빠진 시장에서 광범위한 금융 자산을 매입하는 7,500억 유로 규모의 팬데믹 긴급 매입 프로그램*Pandemic Emergency Purchase Programme, PEPP*을 내놓았다. 경제의 모든 부문이 코로나19 팬데믹에서 비롯된 충격을 흡수하는 데 도움이 되는 자금 조달 조건을 통해 혜택을 얻을 수 있도록 보장하기 위한 것이었다.[15] 또한 유럽중앙은행은 매달 200억 유로어치의 금융 자산을 매입하겠다는 기존의 약속에 더해 연말까지 1,200억 유로어치의 채권 매입을 위한 양적완화 확대를 선언했다. 이런 조치들과 함께 유럽중앙은행은 은행들이 중소기업에 대출하는 일을 장려하고자 저리 대출을 제공하기 위한 새로운 프로그램을 도입했다.

크리스틴 라가르드*Christine Lagarde*는 유럽중앙은행 총재 자리에 오른 지 불과 몇 달밖에 되지 않았다. 2019년 11월, 라가르드가 유럽중앙은행 총재에 임명된 것은 그녀가 경제학자가 아니라 변호사 출신이라는 점에서 이례적이었지만, 유로 위기 동안 프랑스 재무장관을 지냈고 그 후 금융위기에 처한 전 세계의 국가를 지원하는 IMF 총재를 역임해서 위기에 대처하는 경험이 풍부했다. 라가르드는 그 자리에 적합한 경력의 소유자였다. 경제에서 신용 흐름을 보장하기 위해 유럽중앙은행이 신속한 조치를 시행한 것이 시장이 계속 작동하고 유로존의 기업과 회원국의 불안을 진정시키는 데 도움이 되었다.

세계 각국에서 추진한 경기 부양과 안전망 정책

각국의 중앙은행들이 통화 정책에만 자원을 동원한 건 아니었다. 세계 각국의 재무부가 상당히 많은 재정 자원을 활용했다. 정부가 위기 상황에서 지원 정책을 입안하는 데에는 대체로 많은 시간이 소요되지만, 인상적이게도 3월에 다수의 주요 재정 부양책이 발표되었다. 세계의 모든 국가가 어떤 형태로든 정부 지원을 제공할 것이다. IMF는 197개 국가가 위기에 어떻게 대응했는지를 추적하고 노동자, 고용, 생존 가능한 기업, 금융 안정을 지원하기 위한 다양한 정책을 시간 순서에 따라 정리해 놓았다.[16]

3월 27일, 미국은 코로나 바이러스, 지원, 구호 및 경제안정법*Coronavirus, Aid, Relief, and Economic Security, CARES*을 제정했다. 이에 따라 가계와 기업을 지원하기 위해 역대 최대치라고 할 2조 달러의 연방 기금을 조성했다

(2009년의 대침체에 맞서기 위해 제정한 미국 경제회복 및 재투자법*American Recovery and Reinvestment Act*에 따라 조성한 기금은 총 8,000억 달러였다). 도널드 트럼프 대통령이 자기 이름을 새겨넣고 싶어 해서 일부는 며칠 늦게 발행되기도 했지만, 미국인들은 4월 11일부터 정부가 우편으로 보낸 첫 번째 경기 부양 수표를 받기 시작했다.[17]

중국은 코로나19 대응으로 3조 7,500억 런민비(5,740억 달러)를 지출할 계획이었고, 인프라 확충을 위해 1,000억 런민비(150억 달러)를 지출하기로 약속했다. 놀랍게도, 중국은 3월에 열린 전국인민대표대회에서 2020년에는 1949년 중화인민공화국 건국 이래 처음으로 GDP 성장률 목표를 설정하지 않기로 결의했다. 다른 국가들과 달리 코로나19 팬데믹의 진원지였음에도 중국 정부가 초기에 지출한 금액은 2008년 미국 서브프라임 위기 여파에 대처하기 위해 지출한 것보다 작았다. 공급 사슬이 가동을 중단함에 따라 물가가 상승하고 이에 따른 피해를 완화하려고 3월부터 6월까지 저소득 가정에 한시적으로 매달 제공하는 지원금을 2배로 늘리기는 했지만, 중국이 취한 조치는 서구 국가들과는 대조적으로, 가계와 기업을 지원하기보다는 은행과 지방 정부를 떠받치는 데 더욱 집중하는 것이었다. 그러나 중국이 다른 주요 국가들에 비해 복지 제도가 미비했기 때문에 이런 접근 방식은 그리 놀라운 일은 아니었다. 중국인들은 만일의 경우에 대비해 정부에 의존하기보다는 저축을 많이 하는데, 바로 이런 이유로 중국의 저축률이 미국과 유럽보다 훨씬 더 높다.

유럽에서는 유럽위원회가 EU 차원에서 총 5,400억 유로 규모의 세 가지 안전망을 발표했다. 첫 번째 안전망은 실업 위험 완화 긴급 지원

Support to Mitigate Unemployment Risks in an Emergency 프로그램이었다. 단축 근무를 해야 하는 노동자들을 지원하는데, 이들이 시간제 비정규직으로만 근무해야 하는 상황인데도 정규직으로 남는 것이 가능하게 했다. 한편, 단축 근무를 의미하는 독일의 '쿠어츠아르바이트*Kurzarbeit*'는 노동자를 보호하기 위한 표준 프로그램으로 널리 인정받았다.[18] 두 번째 안전망은 유로안정화기구*ESM*의 팬데믹 위기 지원*Pandemic Crisis Support*에 근거해 신용을 제공하는 프로그램이었다. 이 프로그램은 각국 정부를 대상으로 대출에 기반을 둔 지원을 제공한다. 유럽에서 사실상의 구제 기금이라 할 ESM은 조건이 거의 없는 생명줄을 제공했다. 한편 회원국들이 코로나19에 효과적으로 대처할 수 있도록 80억 유로 규모의 유동성을 즉시 제공하는 코로나 바이러스 대응 투자 이니셔티브*Coronavirus Response Investment Initiative* 프로그램도 있었다. 세 번째 안전망은 유럽투자은행이 조성한 2,000억 유로 규모의 범유럽 보증기금이다. 이 기금은 EU 기업들을 대상으로 자금을 제공할 뿐만 아니라 생존 가능한 기업을 지원하기 위해 보증을 제공하는 데 쓰였다.

개별 국가들도 의미 있는 조치를 시행했다. 예를 들어 3월 22일 독일 정부는 경기 침체에 대응하기 위해 1,225억 유로를 지출할 것이라고 발표했다. 또한 코로나19의 영향을 받은 기업의 지분을 사들이기 위해 5,000억 유로 규모의 구제 기금을 조성했다. 주요하게는 헌법에 명시된 재정 적자를 GDP의 0.35%로 제한하는 부채 브레이크를 중단하고, 기존의 균형 예산 정책인 '슈바르체 눌*schwarze Null*'에서 벗어나려고 했다.

팬데믹에 맞서기 위해 새로운 영역을 개척하는 국가는 독일만이 아니었다. 영국은 노동 시장에서 처음으로 일종의 고용 유지 계획이라 할 일시 해고제/furlough를 도입했다. 덴마크도 이런 제도가 있었고, 다른 유럽 국가들은 단축 근무제가 있었다.

영국이 당연한 것처럼 일시 해고제를 실시한 건 아니었다. 2008년 세계 금융위기 때도 하지 않았고, 2020년 3월 11일 리시 수낙*Rishi Sunak* 재무장관이 발표한 봄 예산안에도 실시 계획은 없었다. 나는 3월 20일 금요일에 일시 해고제를 도입할 계획을 발표하던 때를 똑똑히 기억한다. 4일 전, 나는 그 전 주부터 예산안을 면밀하게 검토하던 하원 재무위원회에 출석했다. 정부가 국민을 돕기 위해 일을 제대로 하고 있는가, 라는 질문에 나는 이렇게 대답했다.

우리는 유럽의 다른 국가들이 이런 프로그램을 도입하면서 무엇을 생각했는지를 살펴봐야 합니다. 덴마크가 실시하는 프로그램을 한번 생각해 봅시다. 이에 따르면, 회사가 직원을 해고하지 않고 고용을 유지한다면 정부가 6월 초까지 3개월 동안 직원 임금의 75%를 지급하고, 회사가 나머지 25%를 지급하게 됩니다. 이런 조치는 사람들이 일시적인 충격 때문에 생계 수단을 잃지 않도록 보장하기 위한 것입니다.[19]

수낙 장관은 이틀 후에 같은 위원회에 출석했다. 그는 정부가 유럽의 다른 국가들이 국민을 돕기 위해 무엇을 하고 있는지를 살펴보고 있는가, 라는 질문을 받았고 그렇게 하고 있다고 대답했다. 그 주 주말에 그는 이렇게 말했다.

오늘 저는 영국 역사상 처음으로 정부가 개입해 기업이 노동자의 임금을 지급하는 것을 도울 계획이라는 말씀을 드리려고 합니다. 우리는 새로운 코로나 바이러스 고용 유지 계획*Coronavirus Job Retention Scheme*을 수립하고 있습니다.[20]

일시 해고제에 따르면, 회사가 직원을 계속 고용할 수 있도록 정부가 그들이 매월 받는 임금의 80%에 대하여 최대 2,500파운드까지 지급하기로 되어 있다. 이 정책은 실업이 급격히 증가하는 것을 방지하는 데 꼭 필요했고, 전체 노동자들 중 약 30%가 지원을 받았다. 수낙 장관은 이미 여러 가지 계획을 검토하고 있었지만, 자신이 실행에 옮기기로 했던 것을 강조하게 되어 만족했다.

노동 시장을 대상으로 하는 이 같은 대규모 조치는 사람들이 직장을 잃지 않게 하기 위한 것이다. 이 조치의 핵심은 사람들이 코로나19와 같은 단기적 충격으로 직장이나 생계 수단을 잃은 후에 역량이나 동기의 상실로 노동 시장을 떠나는 이력 현상*hysteresis* 때문에 장기적으로 경제 성장의 잠재력이 훼손되는 것을 방지하는 데 있었다. 이런 측면에서 보자면, 이 조치는 부분적으로만 성공했다. 이런 정책들이 실업이 급증하는 것을 방지하는 데 도움이 되기는 했지만, 이후의 증거에 따르면 팬데믹으로 인한 폐쇄 조치로 다수의 노동자, 특히 나이가 많은 노동자들이 노동 시장에서 이탈한 것으로 확인되었다. 그렇다고 하더라도, 위기가 닥치고 폐쇄 조치가 취해지면 실업이 급증했을 것이기 때문에 이런 정책은 다행이라 할 만한 것이었다.

급증하는
국채 발행 I

경제를 떠받치기 위해 세계 전역에서 일어난 이처럼 전례 없는 지출은 국채 발행이 급증하는 것을 의미했다. 유로존의 GDP 대비 부채 비율은 유로 위기에서 회복된 2014년 이후로 계속 감소하던 추세를 멈췄고, 국민 생산이 감소함에 따라 증가했다. 영국에서도 같은 현상이 나타나고 있었다.

세계적인 위기가 한창이던 때, 높은 부채 비율에도 아랑곳하지 않고 투자자들이 안전 자산을 찾으면서 선진국의 차입 비용은 감소하고 있었다. 예상대로 미국 재무부 발행 채권에 대한 수요가 높았고, 미국 재무부는 역사적인 지출 프로그램을 위한 자금을 조달하기 위해 1986년 이후 처음으로 20년 만기 채권을 판매했다. 미국은 20년 만기 채권 200억 달러어치를 팔았고, 이에 대하여 20년 동안 겨우 1.22%의 이자를 지급하기로 했다. 수요는 상당히 많아서 500억 달러에 달했다.

영국은 처음으로 수익률이 마이너스인 채권을 팔았는데, 투자자들이 영국의 신용도를 상당히 높이 평가해서 가능한 일이었다. 채권자들은 자신이 빌려준 금액보다 조금 더 적은 금액을 돌려받을 것이지만, 상당히 불확실한 시기에 상당히 많은 금액을 돌려받을 것으로 확신했다. 영국은 수익률이 마이너스 0.003%인 3년 만기 국채 38억 파운드어치를 발행했다. 수요가 상당히 많아서 이보다 2배로 판매할 수도 있었다. 5년 만기 국채 수익률도 사상 처음으로 마이너스로 떨어졌다. 영국 정부가 코로나19 위기에 대처하기 위해 상당히 많은 금액을 차입했음에도 역사적으로 금융위기의 여파를 결정하는 데 중요한 요인이라 할 신뢰성 덕분에 영국 정부 발행 채권이 투자자들에게 계속 매력적으로 다가왔다.

팬데믹 시대
미국과 유럽의 고용 시장

폐쇄 조치가 코로나19의 전파를 효과적으로 차단한 것으로 드러나면서 유럽 국가들이 제한 조치를 일부 완화하기 시작했고, 5월 4일에는 이탈리아에서 제조업 설비가 재가동되었다. 폐쇄 조치를 해제해 그동안 억눌렸던 수요를 되살렸고, 선진국에서는 경제가 성장으로 되돌아가고 있음을 월간 GDP에서 확인할 수 있었다. 그러나 생산이 워낙 많이 감소한 탓에 경제는 낮은 수준에서 반등했다. GDP는 제한 조치와 이에 대한 완화의 패턴을 따르는 경기순환을 극명하게 보여주었다.

예를 들어 미국에서는 한 달 사이에 고용이 250만 개나 증가했다. 그동안 대부분 문을 닫아야 했던 여가와 접객 업종이 거의 절반을 차지했다. 이렇게 급격한 증가는 일시 해고를 통보받았던 사람들이 270만 명이나 되는 것을 거의 완벽하게 반영했다. 시간제 비정규직으로 근무하고 있지만 정규직으로 근무하기를 원하는 사람들을 포함하는 더욱 광범위한 의미의 실업률 역시 사상 최고 수준이라 할 22.8%에서 21.2%로 소폭 하락했다. 걱정스러운 것은 미국인 4,080만 명이 여전히 실업수당을 받고 있었는데, 이들이 차지하는 비율은 미국 정부가 관련 통계를 작성하기 시작한 1948년 이후로 가장 높은 수준이었다.

영국에서는 일시 해고제를 도입한 이후 고용 시장이 안정되었다. 폐쇄 조치 이후 2개월 동안 전체 노동자의 약 3분의 1이 일시적으로 해고되었다. 약 840만 명의 노동자가 집에 있었지만, 일자리는 계속 유지했다. 또 다른 200만 명은 별도의 자영업 지원 프로그램을 통한 지원을 받고 있었다. 유럽연합에서도 이와 비슷한 양상이 전개되었다. EU 고용보조금 프로그램은 특히 독일, 프랑스, 이탈리아, 스페인 노동자의 약 3분의 1에 해당하는 4,500만 명이 일자리를 유지할 수 있게 했고, 미국에서나 볼 수 있는 종류의 실업을 방지한 것으로 인정받았다.

고용과 실업률은 미국과 유럽 간의 노동 시장의 차이와 복지국가의 규모에 따라 극명한 대비를 나타냈다. 유럽에서는 고용과 해고가 상대적으로 손쉽게 이루어지는 북미 국가들과 비교해 노동 시장이 덜 유연해서 고용 유지를 중요하게 생각했다. 다시 말하자면, 미국이나 캐나다에서는 유럽과 비교할 때 일자리를 잃을 가능성이 더 많았지만, 다른 일을 더 쉽게 찾을 수 있었다. 유럽에서는 다른 일을 찾는 게 더 어려웠기 때문에 규모가 큰 복지국가가 더욱 두텁게 지원하는 사회 안전망을 구축했다. 이런 차이는 금세 두드러졌다. 2020년 2분기 총고용은 미국에서 13%, 캐나다에서 11% 감소했지만 EU에서는 2.5%만 감소했다.

코로나19의 진정세에 따른 경기부양책 러시

여름으로 접어들면서, 6월에는 유럽과 미국에서 코로나 바이러스가 잦

아들고 경기 회복의 조짐이 보였다. 그러자 각국 정부는 연이어 추가 조치를 내놓았다. 6월 23일, 영국 정부는 사람들이 2미터의 거리를 유지해야 하는 '사회적 거리두기'를 포함한 코로나19 지침을 준수한다는 전제 아래 폐쇄 조치를 완화하고 주점과 음식점, 미용실, 숙박 시설의 영업 재개를 허용했다. 접객 업종을 포함해 코로나19의 큰 영향을 받은 업종으로서는 하나의 생명줄과도 같았다. 수낙 장관은 영국 국민들이 음식점과 주점을 찾도록 장려하기 위해 직접 서빙을 하며 사람들을 안심시키는 행보에 나서는 한편, 할인된 식사를 제공하는 '자영업자들을 돕기 위해 외식을 하자*Eat Out to Help Out*'는 운동에 착수했다. 이런 행보는 상당히 인기를 끌었다. 그리고 재무부가 다른 모든 수단을 다 써버린 생존 가능한 기업을 대상으로 맞춤형 구제금융을 제공하는 프로젝트 버치*Project Birch* 같은 프로그램을 통해 사람과 기업을 계속 지원할 수 있게 되자 그의 위상은 더욱 높아졌다.

재무장관이 여름에 최신 경제 계획에서 추가적인 지원 조치를 발표하고 이를 위해 자금을 차입해야 하던 바로 그때, 영국은행의 양적완화 프로그램은 영국의 국채가 1963년 이후 처음으로 GDP를 초과했는데도 차입 비용을 낮게 유지하는 데 도움이 되었다. 영국 부채관리국*UK Debt Management Office* 국장 로버트 스티먼*Robert Stheeman*은 이렇게 말했다. "양적완화 프로그램이 없었더라면, 정부 발행 채권의 수익률이 엄청나게 높았을 겁니다."[21]

프랑스는 자동차 산업을 살리기 위해 80억 유로가 넘는 자금을 투입했다. 에마뉘엘 마크롱*Emmanuel Macron* 대통령은 "위대한 브랜드인 르노, 푸조, 시트로엥이 없었다면 지금의 프랑스는 없었을 겁니다"라고 말했다.[22] 이 자금 투입은 프랑스가 추진하는 1,000억 유로 규모의 코로나바이러스 회복 계획으로 '프랑스 경기부양책France Relance'의 한 부분을 차지했다. GDP의 4%에 달하는 자금을 투입하게 될 이번 경기부양책은 규모 면에서 2008년 금융위기 이후로 시행했던 것과 비교해 거의 3배에 이른다. 또한 마크롱 대통령이 친환경 경제로의 전환을 촉진하기 위한 지출을 원했기 때문에 전체 자금의 3분의 1에 가까운 금액이 친환경 투자에 할당되었다. 아울러 프랑스는 완만한 회복을 기대하면서 해고를 방지하기 위한 일시적인 실업 대책이 향후 1~2년은 더 지속될 것이라고 발표했다.

독일도 마찬가지로 1,300억 유로 규모의 광범위한 지원 계획을 발표했다. 이러한 지원 계획에는 부가가치세를 일시적으로 인하하고, 장기적·전략적 성장 목표에 부합하는 정책을 추진하는 것도 포함되어 있었다. 정부가 경제를 떠받치기 위해 지출을 해야 한다면, 그 지출은 정부가 정한 경제 목표, 특히 친환경 경제로의 전환을 달성하는 것이어야 했다. 정부의 경기부양책에는 전기자동차 보조금을 2배로 늘리고, 기후변화에 대처하고 혁신과 디지털화를 달성하는 데 500억 유로를 지출하는 것도 포함되어 있었다. 또한 독일은 충전소 부족이 친환경 경제로의 전환에 방해가 될 것이라는 우려를 해소하기 위해 모든 주유소나 충전소에서 전기자동차 충전을 할 수 있도록 약속했다.

7월은 EU에 획기적인 달이었다. EU는 일시적으로 7,500억 유로의 경기 회복 기금을 조성하고, 7년간 1조 740억 유로의 예산을 편성하는 데 합의했다. EU는 코로나19 위기와 같은 경제적 충격에 대처하기 위해 처음으로 적자 운영을 할 수 있게 되었다. EU는 공동 발행 채권을 늘리고 회원국들이 이용할 수 있게 할 예정이었다. 이를 오스트리아, 덴마크, 스웨덴, 네덜란드로 이루어진 '검소한 4개국_frugal four_'이 강력하게 반대하자, 경기 회복 기금에서 5,000억 유로의 보조금을 EU GDP의 3%에 해당하는 3,900억 유로로 줄이기로 했다. 그러나 이 기금은 지루하게 진행되던 그리스 부채 위기 기간에 부과했던 조건 없이 각국에 분배될 예정이었다. 적절한 회복 계획을 수립하지 않는 국가에 대해서는 보조금 지급을 거부할 수 있었지만, 어느 한 국가가 다른 국가의 지출 계획에 거부권을 행사할 수는 없었다. 이 기금은 재분배의 성격을 갖는데, 이는 EU가 본질적으로 긴급 재정 이전 지출을 시행하는 것을 의미했다. 이는 재정 동맹은 아니지만, 통화 동맹을 뒷받침하기 위해 재정적 차원을 추가한 것이라 시장은 이런 움직임을 하나의 전환점으로 인식했다. 더 중요한 것은 EU가 적어도 이와 같은 비상시에는 (유로 위기 동안 독일이 계속 격렬하게 반대했지만) 채권을 공동으로 발행할 수 있다는 사실이었다.

　7월에 코로나 바이러스의 재유행이 명확해진 가운데 경기 회복 기금은 아슬아슬하게 때를 맞춰 조성되었다. 30개가 넘는 국가의 과학자들은 코로나 바이러스가 공기의 흐름을 타고 퍼진다는 증거를 제시했다. 스페인 정부가 6만 명이 넘는 사람들을 대상으로 조사한 바에 따르면, 코로나 바이러스 항체는 시간이 지나면서 감소하는 것으로 나타났다. 따라서 충분한 수의 사람들이 바이러스에 감염되면 이들이 재감염에 대한 면역력을 가져 바이러스의 전파 속도가 느려진다는 집단 면역의 유효성에 대한 의문이 제기되었다.[23] 오스트레일리아에서는 첫 번째 유행이 최고조에 이르렀던 봄과 비교해 감염 사례가 더 늘고 있었다. 미국 행정부의 코로나 바이러스 대응 총괄 책임자 데보라 L. 버크스_Deborah_

*L.Birx*는 이렇게 경고했다. "오늘 우리가 보고 있는 것은 3월과 4월의 모습과는 다릅니다. 지금은 매우 광범위하게 퍼지고 있습니다."[24]

어느 공장에서 코로나19가 퍼진 이후 다시 지역적인 폐쇄 조치 결정을 내린 독일을 비롯해 여러 국가에서 다시 폐쇄를 결정했다. 남아프리카공화국은 코로나19 환자를 치료하는 병원의 부담을 덜어주기 위해 다시 통행금지와 주류 판매 금지를 실시했다. 캘리포니아의 학교들은 코로나19 환자들이 증가하는 가운데 온라인 비대면 수업으로 전환했다. 폐쇄 조치가 더욱 강화되면서 미국에서는 실업수당 신청 건수가 봄 이후 재차 증가했다. 우울한 분위기에 더해 2분기 GDP는 대부분의 주요 국가가 최악의 위축을 경험했음을 보여주었다.

GDP는 기록적인 수준으로 감소했다. 독일은 10.1%, 프랑스는 13.8%, 스페인은 18.5% 감소했다. 실제로 스페인의 GDP는 엄청나게 감소해 스페인 경제는 2002년 수준으로 되돌아갔다. 유로존 4위의 경제 대국의 거의 20년에 걸친 성장이 한순간에 물거품이 된 것이다. 세계 1위 경제 대국인 미국은 GDP가 연간 기준으로 무려 31.7%나 감소한 것으로 발표했지만, 다른 주요 국가들이 사용하는 지표인 직전 분기 대비 GDP 증감을 살펴보면 9.5% 감소해 유럽 국가들과 비교하면 조금 더 나은 편이었다. 영국 경제는 미국보다 더 많이 위축됐다. 2분기 GDP는 4월 한 달에만 사상 유례가 없는 20.4%나 감소해 신기록을 달성했다. 실제로 월별 GDP는 폐쇄 조치를 완화한 이후로 5월과 6월에 어느 정도 성장했다. 그럼에도 영국 경제는 2019년 연말과 비교해 20%나 위축되었다.

신흥국과 개발도상국의 경제 상황도 계속 나빠졌다. 아르헨티나는

650억 달러의 외채를 갚지 못해 아홉 번째로 채무불이행을 선언했다. 세계은행은 빈곤의 만연을 방지하기 위한 노력의 일환으로 인도의 보건 부문에 10억 달러 지원을 약속한 것 외에도 도시 빈민과 떠돌이 노동자들을 대상으로 10억 달러를 추가로 지원할 계획이라고 발표했다. UN은 코로나19로 7,500~9,500만 명이 빈곤의 늪에 빠져들 것으로 추정했는데, 이로써 2030년까지 극심한 빈곤을 퇴치하려는 목표 달성을 몇 년 뒤로 늦출 수도 있었다.[25]

회복가도를 달린 미국 주식 시장

초여름에 일부 경제 활동이 재개되면서 S&P 500 지수가 2020년 초 수준을 회복했다. 2월 20일에서 3월 23일 사이에 주가의 3분의 1이 사라진 역사적인 폭락의 여파는 6월 8일에는 완전히 사라졌다. 미국 주식 시장은 6월 말까지 20년 만에 최고의 분기를 경험했고, 주가의 이런 세계적인 반등은 7월에도 계속됐다.

경제적 긴장으로 금값이 사상 최고치를 기록했다. 7월 27일, 금값은 트로이 온스당 1,944달러에 도달해 2011년 9월의 대침체 시기에 기록한 이전 최고치 1,921달러를 갈아치웠다. 8월에는 2,000달러를 뛰어넘어 2020년에 들어서 32%나 올랐고, 그해에 실적이 좋은 자산 중 하나가 되었다. 상당히 이상하게도 코로나19가 대유행하던 시기에 주식과 금의 선전이 두드러졌다. 금은 안전자산으로 여겨져 투자자들은 경기 침체 시기에 가격이 하락하는 경향이 있는 주식과 같은 그 밖의 자산을 불확실하게 여기고 금에 투자하는 경향이 있다. 그러나 코로나19가 대유행하던 시기에 투자자들은 금과 주식 모두에 투자했는데, 아마도 극심하게 변하는 상황이 앞으로 어떻게 전개될 것인가에 대해 서로 다른 견해를 갖고 있었음을 말해준다. 신중한 사람들은 금에 투자했다. 반면 중앙은행이 경제에 현금을 투입한 데서 이익을 얻으려고 하는 사람들은 주식에 투자했다.

주식 편에 선 투자자들이 상당히 많았고, 따라서 S&P 500 지수는 8월에 다시 최고점을 찍었다. 그런데도 미국의 벤치마크 주가지수를 구성하는 기업들 중 주가가 시장이 최고조에 달했던 2월 19일 수준을 상회한 기업의 비율은 40%에도 미치지 못했다. 모두 기술 기업(아마존, 알파벳, 애플, 마이크로소프트, 페이스북)으로 구성된 5대 주식이 이번 반등에서 4분의 1을 차지했다. 이 기업들은 S&P 500 지수에서 5분의 1 이상을 차지했는데, 이는 적어도 1980년 이후 상위 5대 기업으로서 가장 많은 비중을 차지한 것이었다. 애플은 세계 최초로 시가총액이 2조 달러에 달하는 기업이 되었는데, 세계 최초로 시가총액이 1조 달러에 달하는 기업이 된 지 불과 2년 만의 일이었다. 애플 주가는 폐쇄 조치로 전 세계의 판매점들이 문을 닫았음에도 그해 초부터 그 시점까지 50% 넘게 상승했다. 애플 같은 기술 기업들의 주가는 온라인 쇼핑과 원격 근무로의 급속한 전환이 이루어지면서 대체로 상승했다. 이에 따라 기술주 중심의 나스닥지수도 그해 여름 사상 최고치를 기록했다. 또한 그해 여름은 역사상 인수 합병이 가장 많이 이루어지던 시기였던 것으로 드러났다. 사모 펀드 운용사들이 코로나19의 확산에 따른 폐쇄 조치 덕분에 호황을 누리는 기술 기업에 투자하면서 초대형 거래는 4,560억 달러로 급증했다.

그러나 모든 기업이 호황을 누린 것은 아니었다. 파산 신청을 한 미국 대기업 수는 사상 최고의 속도로 늘었고, 2008년 금융위기 당시보다 더 많았다.[26] 자산이 10억 달러가 넘는 기업 45개가 「파산법 제11장Chapter 11 bankruptcy」이 적용되는 파산 신청을 했는데, 이는 곤경에 처한 기업들이 구조조정을 하기 위한 일반적인 방법이었다. 이 수치는 2008년 금융위기 당시에 파산 신청을 한 기업 38개보다 많았고, 2019년과 비교하면 2배가 넘었다.

제롬 파월 연준 의장은 경제적으로 취약한 상황에서 가끔은 물가상승률이 과거의 부족분을 보충하기 위해 목표로 설정한 2%를 초과하는 것을 허용할 예정이라고 말했다. 이런 '파월 독트린Powell doctrine'은 목표 도달에만 집중하던 오랜 정책을 변경해 물가상승률이 높아져서 경제가 성장하고 일자리를 창출하게 하는 것으로, 통화 정책이 물가를 통제하고 경제 활동을 진정시키는 역할을 하는 측면을 고려하지 않은 것이었다. 또한 연준은 금리를 처음에 제시했던 것보다 1년 이상 늦은 2023년 말까지 사상 최저 수준으로 유지할 것임을 시사했다.

백신 개발과 발맞춘
경제 회복 조짐

결정적으로 백신 개발 가능성을 알리는 좋은 소식이 들려왔다. 8월 10일, 매사추세츠주 케임브리지에 본사를 둔 생명공학 기업 모더나Mod-

*erna*가 시험용 코로나19 백신 1억 회분을 미국에 공급하기로 했다. 이튿날, 러시아가 다수의 과학자가 안전에 문제가 있을 것이라고 경고한 백신 스푸트니크 V*Sputnik V*를 세계 최초로 승인했다. 옥스퍼드대학교의 제너연구소*Jenner Institute*와 옥스퍼드 백신그룹*Oxford Vaccine Group*은 1월부터 백신 개발을 진행했다. 이들은 3월에 영국 정부로부터 260만 파운드의 보조금을 추가로 받아서 임상 시험을 진행하고 여름까지 100만 회분을 생산할 수 있었다. 이후 절차를 간소하게 한 덕분에 옥스퍼드/아스트라제네카*Oxford University/AstraZeneca* 백신은 11월에 끝날 예정인 임상 시험을 진행하는 동안에도 좋은 전망을 갖게 했다.

간소한 절차로 혜택을 입은 기업은 또 있었다. 9월, 미국에서는 모더나가 개발한 코로나 백신이 허용 가능한 수준의 안전성을 보였다. 존슨 앤 존슨*Johnson & Johnson*도 자사 개발 백신의 임상 시험이 최종 단계에 이르렀다고 발표했다. 이처럼 상황이 긍정적으로 전개되면서 WHO는 16개 주요 제약회사가 생산 규모를 확대하고 모든 국가가 백신을 확보할 수 있도록 한다는 데 합의했다고 발표했다. 생산 규모로는 세계 최대의 백신 제조회사인 인도의 시어럼 인스티튜트*Serum Institute of India*는 빌 앤드 멀린다 게이츠 재단*Bill and Melinda Gates Foundation*과 같은 파트너들과 협력해 코로나19 팬데믹 동안 영리 목적을 떠나서 저소득 국가와 중간 소득 국가에 영구적으로 공급하기로 되어 있는 옥스퍼드/아스트라제네카를 포함하여 다수의 백신에 대한 생산 허가를 받기로 되어 있었다.[27]

백신 개발을 알리는 기쁜 소식과 함께, 여름이 되면서 코로나19 환자 수가 감소했다. 주요 국가들의 경제는 7월, 8월, 9월에 걸쳐서 회복되는 조짐을 보였다. 중국이 먼저 이런 소식을 전했다. 코로나19 팬데믹의 시발점이라 중국 경제가 가장 먼저 영향을 받은 만큼 가장 먼저 회복했다. 3분기 성장률은 4.9%로, 3.2%에서 탄력을 받았다. 중국 경제는 그해 1분기에만 마이너스 성장을 기록하고는 침체에서 벗어났다. 중국은 처음으로 국채를 마이너스 수익률로 판매했는데, 당시 5년 만기 중국 정부 발행 채권의 수익률이 마이너스 0.45%였다. 다른 주요 국가들도 성장 국면에 접어들었다. 일본의 경우, 2020년에 들어선 이래 처음으로 GDP가 증가했지만, 경제는 여전히 1년 전과 비교해 거의 6%나 위축되었다.

미국은 기록적인 경기 침체에서 강력하게 반등하면서 연간 기준으로 33.1%라는 사상 최고 속도의 분기 성장률을 기록했다. GDP는 21조 2,000억 달러로 증가했는데, 이는 미국 경제가 대유행 이전 수준을 거의 회복했다는 걸 의미했다. 그러나 미국에서는 레저 및 접객 업종의 380만 개의 일자리를 포함해 여전히 1,070만 개의 일자리가 사라졌다.

영국도 폐쇄 조치를 완화하면서 직전 분기 대비 16%라는 기록적인 성장을 했다. 영국의 GDP는 미국과는 다르게, 대유행 이전 수준과 비교하여 여전히 10분의 1 정도 감소했다. 좋은 흐름은 오래가지 못했다. 겨울이 다가오면서, 코로나19의 또 다른 물결이 이내 여러 국가에 또다시 폐쇄 조치를 시행하게 했다.

변종 바이러스의 출현, 재가동되는 경기 부양책

코로나19의 새 변종들이 출현하고 있었는데, 본래 바이러스보다 치명도는 떨어졌지만 전염성은 더 강했다. WHO는 이 변종들을 '영국발 변종' 또는 '남아프리카발 변종'이라고 부르는 것과 관련된 오명을 일으키지 않으려고, 중대한 위협이 될 수 있는 변종들에 그리스 문자를 할당하기 시작했다. 알파, 베타, 감마, 델타, 오미크론이 사람들이 하나 이상의 변종에 감염된 것을 의미하는 '델타크론Deltacron'과 같은 신조어와 함께 신문 기사 표제를 장식하기 시작했다.[28]

아르헨티나는 빠르게 확산하는 변종 덕분에 미국, 인도, 브라질, 러시아에 이어 코로나19 환자 수가 100만 명이 넘는 다섯 번째 국가가 되었다. 심지어 코로나19는 남극 대륙에도 전파되어 칠레 군사 기지에서 근무하는 요원 36명이 양성 반응을 보였다. 유럽에서는 코로나 바이러스가 동물에서 사람으로 전파되는 것을 우려하기도 했다. 덴마크에서는 코로나 바이러스 돌연변이가 밍크에서 사람으로 전파되자 약 1,700만 마리에 달하는 밍크 개체 전체를 도살했다. 덴마크는 나중에 수질 오염을 방지하기 위해 수백만 마리의 밍크 사체를 발굴해야 했다.[29]

2020년 10월, 프랑스와 독일 등지에서 두 번째로 전국적인 폐쇄 조치를 시행했다. 이탈리아는 크리스마스 시기에 예상되는 감염의 급증을 방지하기 위해 재차 폐쇄 조치에 들어갔다. 유럽중앙은행은 폐쇄 조치가 미치는 부정적인 영향에 대응하기 위해 팬데믹 긴급 매입 프로그램에 소요되는 예산을 1조 8,500억 유로로 증액했다. 유로 위기 때와 마찬가지로 유럽중앙은행의 채권 매입이 채권시장을 떠받치는 역할을 했다. 결과적으로 포르투갈의 10년 만기 벤치마크 채권의 수익률은 처음으로 마이너스를 기록했다. 2011년의 구제 프로그램 이후로 포르투갈에게는 놀라운 반전이었다.

영국에서는 감염률에 따라 지역별로 다른 폐쇄 조치를 실시했다. 영국 정부는 또다시 문을 닫아야 하는 기업이 노동자들을 계속 고용할 수 있도록 매달 2,000~3,000파운드의 현금을 지원하고, 자영업자들에게 지급하는 보조금을 2배로 늘렸다. 또한 재무장관 리시 수낙은 갑작스러운 정책 변경으로, 10월에 종료하기로 했던 일시 해고제를 2021년 3월까지 연장하기로 했다.[30] 불과 한 달 전에 수낙 장관은 이렇게 말했다. "제가 모든 일자리를 지켜줄 수는 없습니다."[31] 비록 일시 해고제가 정부의 큰 성공 사례로 신문 1면을 장식했지만, 수낙 장관은 유감스럽게도 기업에는 이를 연장할 것이라는 발표를 미뤘다.[32] 일시 해고제는 일시 해고자 한 사람에 대하여 납세자들에게 약 6,000파운드의 부담을 지게 해서(총 690억 파운드의 부담을 지게 하여), 재무부가 운영하는 가장 비싼 프로그램이 되었다. 그러나 정부가 국민의 3분의 2를 대상으로 주점이나 음식점의 문을 닫을 것을 강요하는 가장 강력한 단계의 폐쇄 조치를 시행했기 때문에 일시 해고제가 없었더라면 실업률이 가파르게 증가했을 것이다. 또한 수낙 장관은 중소기업에 대한 은행 대출을 지원하기 위해 650억 파운드 규모의 코로나19 대출 프로그램을 내놓았다. 이런 경기 회복을 위한 대출 프로그램에 따르면, 은행에서 자금을 빌릴 수 없는 생존 가능한 기업을 대상으로 최대 1,000만 파운드의 대출금에 대하여 최대 80%까지 보증을 제공한다.

미국도 움직이기 시작해 9,000억 달러 규모의 두 번째 코로나19 경기 부양책을 통과시켰다. 규모 면에서는 첫 번째 경기 부양 계획보다 작았지만, 역사상 두 번째로 컸다. 이 부양책에는 모든 미국인에게 600달러를 지급하고, 소기업 대상으로 보조금을 지원하고, 실업수당을 연장해서 지급하는 것이 포함되어 있었다. 이번 부양책은 12월에 일자리가 14만 개나 사라지면서 도입되었는데, 이처럼 월별 고용이 감소한 것은 지난봄에 코로나19 팬데믹이 시작된 이래 처음 있는 일이었다.

백신 승인 이후 사상 최고치로 마감한 세계 주식 시장

연말의 경기 침체에도 시장은 지정학적 긴장이 완화되고 무엇보다 최초로 개발된 코로나19 백신의 승인에 힘입어 새로운 고점에 도달했다. 11월에 열린 미·중 무역 협상의 분위기는 개선되었고 민주당 후보이자 부통령 출신 조 바이든*Joe Biden*이 대통령에 당선되면서 그동안 양국 간 긴장을 심화시켰던 트럼프 대통령의 임기는 끝나가고 있었다. 이상하게도 트럼프 행정부는 팬데믹의 종식을 그들이 이룬 최고의 업적으로 꼽았다.[33]

중요한 사실은 2020년 말과 2021년 초에 백신 승인이 쇄도했다는 점이다. 12월 2일, 영국은 화이자/바이온텍*Pfizer/BioNtech* 백신을 승인한 최초의 국가가 되었다. 미국은 모더나 버전을 최초로 승인했으며, EU도 화이자/바이온텍을 승인했다. 영국은 12월 30일에 옥스퍼드/아스트라제네카를 승인했으며 1월 8일에는 모더나도 승인했다. 이 백신들은 코로나19의 또 다른 물결이 반드시 엄격한 폐쇄 조치와 이에 따른 세계적인 경기 침체로 이어지는 것은 아니리라는 희망을 주었다.

백신 개발이 몇 달 일찍 시장을 끌어올리는 데 도움이 되었던 것처럼,

승인은 (영국이나 유럽의 나머지 지역은 아니지만) 미국, 중국을 비롯한 그 밖의 지역의 주식 시장이 강세장으로 한 해를 마감하는 데 기여했다. 금융 시장에 30년간 몸담았던 베테랑 투자자는 이렇게 말했다. "하락의 속도나 반등의 속도 면에서 이처럼 빠르게 전개된 적이 없었습니다. 그 어느 때보다도 20배 혹은 30배나 더 빠른 속도로 전개되었습니다."[34]

S&P 500 지수는 2020년 사상 최고치를 28번이나 기록했고, 다우존스 산업평균지수는 30,000을 돌파하는 대기록을 세웠다. 나스닥지수는 40% 넘게 상승했는데, 이는 강세장으로 간주되는 20% 상승의 2배였다. 중국에서도 비슷한 현상이 전개되었다. 중국의 벤치마크 주가지수인 CSI 300은 27% 상승했다. 세계 주식 시장은 2020년 마지막 3개월 동안 16% 상승하며 사상 최고치로 마감했다. 이러한 상승은 어느 정도는 기술 기업들이 호황을 누리던 데서 비롯되었다. 전자상거래 부문의 거대 기업 아마존은 사람들이 어쩔 수 없이 집에 머물러야 할 때 제품을 배달하여 엄청난 수익을 올리는 해를 맞이했지만, 기업 가치가 79%가 상승하여 세계 주식 시장에서 겨우 100번째로 좋은 실적을 올렸다. 1위는 주식 가격이 787%나 상승한 테슬라로, 기업 가치가 2020년 초 750억 달러에서 연말에 6,690억 달러로 상승했다.

이와는 대조적으로, FTSE 100지수는 14% 하락해 2008년 금융위기 이후 최악의 성적으로 2020년을 마감했다. 영국의 벤치마크 주가지수가 계속 저조한 성적을 보인 이유로는 코로나19로 경기 침체가 극심했고, 기술 기업이 상대적으로 많지 않았으며 영국의 EU와의 과도기적 관계가 2021년 1월에 끝나기 때문에 브렉시트에 대한 불확실성이 계속 남아 있었던 것을 들 수 있다. 영국 경제는 2020년에 11%나 위축된 것으로 확인되었는데, 이는 1709년 이후로 GDP가 가장 많이 감소한 것을 의미하고, G7 국가 중에서는 최악에 해당했다. 유럽 대륙은 이보다 더 나아졌다. 유럽 대륙에서 경제 규모가 가장 큰 독일의 주가지수인 DAX 지수는 2020년에 겨우 이익을 남기면서, 범유럽 주가지수인 스톡스 600 지수가 불과 1.6%만 하락하는 데 기여했다.

손실과 이익 모두에서 다른 모든 것을 능가한 자산이 바로 암호화폐였다. '모든 버블의 어머니'로 불리는 비트코인 가격은 2020년에 300%나 상승했다.[35] 비트코인 가격은 2020년 11월 3일에 약 14,000달러에서 2021년 1월 3일에 34,000달러로 상승해 사상 최고치를 기록했다. 그러나 비트코인 가격은 변동성이 극심해서 새해 첫 주에는 단 하루 만에 5분의 1이나 하락하기도 했다.

2021년이 시작되면서 미국 주식 시장은 또다시 최고치를 기록했다. 1월 7일에는 다우존스, S&P 500, 나스닥이 모두 종전 기록을 돌파했다. 다우존스는 31,000을 돌파했고, S&P 500은 3,800의 벽을 깨뜨렸으며, 나스닥은 13,000을 훨씬 뛰어넘었다. 새로 집권한 바이든 행정부가 코로나19 구제에 지출을 늘리기로 약속하면서 미국 주식 시장은 상승하고 있었다. 신흥국 주식 시장도 2021년 초 몇 주 만에 20% 상승하면서 강세장에 합류했다. 2월 10일에는 세계 주식 시장이 사상 최고치를 기록하며, 새해에는 경기가 더 강력하게 회복할 것이라는 기대에 힘입어 코로나19에 따른 손실을 만회하고도 남았다.

급격하게 벌어진
선진국과 저개발국의 격차 ▌

　주식 시장은 커다란 손실에서 빠르게 회복했지만, 경제는 그렇지 않았다. 바로 이런 이유로 이번 팬데믹은 대폭락이라고 불릴 수 있었다.

　2020년 11월, 잠비아가 채무불이행을 선언한 첫 번째 국가가 되었다. 잠비아가 마지막은 아닐 것이다. IMF는 저소득 국가의 60%가 외채 위기의 위험에 처해 있는 것으로 추정했다. 이는 그들이 외채를 상환하지 못할 수도 있고, 구제금융을 요구할 수도 있다는 것을 의미한다.[36]

　이와는 대조적으로, 선진국들은 경기 회복을 지원하는 코로나19 위기 극복 프로그램에 소요되는 자금을 빌릴 수 있었다. 이것은 2008년 세계 금융위기 이후로 이제 막 안정을 되찾기 시작한 정부 부채가 급격하게 증가하더라도 추진되었다. 팬데믹이 있기 전에 평균적인 정부 부채 수준은 GDP의 약 80%였다. EU의 경우에는 마스트리히트 조약에서 정해놓은 최대 60%를 훨씬 상회하는 수준이다. 영국의 경우에는 GDP 대비 정부 부채가 2001년 이후로 3배나 증가했다. 코로나19로 정부 부채는 더 늘었고 영국과 EU 모두 GDP의 약 100%라는 사상 유례가 없는 수치를 기록했다.

　선진국들은 2020년에 GDP의 약 9%를 대유행에 대처하는 데 지출했는데, 이는 신흥국 및 개발도상국과 비교하면 약 2배에 달했다. 선진국은 자금을 빌릴 수 있는 여력이 있었지만, 개발도상국은 그렇지 않았다. 따라서 개발도상국은 선진국과 비교해 경제적으로 평균 2배나 위축되었음에도 위기에 대처하는 역량을 갖출 수가 없었다.[37] 주요 국가들의 경제는 2022년 초까지 대체로 팬데믹 이전 수준으로 회복되었지만, 백신을 쉽게 구할 수 없고 자금도 쉽게 빌릴 수 없는 나머지 국가들은 경제가 회복되는 데 어려움이 따랐다. 모든 국가의 경제가 코로나19에 대처할 수 있기 전까지는 세계 경제가 완전히 회복될 수는 없는 일이었다.

공공 지출의 중요성을 일깨운 코로나19 위기

세계적인 유행병으로 인한 금융 폭락에서 많은 교훈을 얻기란 쉽지 않은 작업이다. 그러나 금융 폭락은 호황에는 반드시 불황이 따른다는 또 다른 증거를 제공한다.

도취감이 2020년 3월에 끝난 미국 주식 시장의 11년에 걸친 강세장을 이끌었다. 2019년에만 다우 지수는 사상 최고치를 22번이나 기록했다. 이런 주가 상승은 2008년 위기 이후 중앙은행들이 더디게 진행되는 경기 회복에 맞서 10년에 걸쳐 저리의 자금을 공급한 데 힘입었다. 그 후 전염병이 유행하면서 세계의 중앙은행들이 금리를 더 인하하고 현금을 더 많이 투입하면서 시장의 회복을 뒷받침했다.

폐쇄 조치를 시행하는 동안 주식 시장은 기술, 전자상거래 및 제약 부문에 의해 탄력을 받았는데, 이는 집에 머물러야 하는 사람들의 주문이 증가하고 백신 연구와 개발에 거액의 자금을 쏟아부었기 때문에 가능한 일이었다. 지난 10년 동안 대중화된 모바일 기술은 20년 전 닷컴 기업들이 상상했던 방식으로 전자상거래를 가능하게 했다. 기술주 가격이 급등하면서 버블이 터질 것이라는 우려도 나왔다. 결국 역사상 하루에 가장 많이 폭락하게 된 원인은 전염병의 대유행에 있었지만, 저리의 자금과 온라인 판매 및 원격 근무로의 전환 덕분에 미국 주식 시장은 역사적인 대폭락 직후 회복에 성공했을 뿐만 아니라 새로운 기록도 세웠다.

주식 시장과 경제의 불일치는 극명하게 드러났다. 익숙한 패턴이었다. 저리의 자금에 힘입어 주식 시장이 먼저 회복 국면에 접어들면서 주가가 급격히 상승하는 동안 경제는 서서히 회복되었다. 2008년 위기가 바로 이에 해당하는 최근의 대표적 사례였다.

공통점은 또 있다. 코로나19 위기가 다른 위기들과 공유하는 두 번째 특징은 신뢰성이 중요하다는 사실이다. 미국, 영국, 중국, 일본, 독일, 프랑스를 비롯해 포르투갈처럼 최근에 구제금융을 받은 국가들이 사상 최저금리로 자금을 빌릴 수 있었던 건 이들의 정부 기관에 대한 믿음이 있었기 때문이다. 채권자들은 높은 부채 수준과 경제적 피해가 있었음에도 이 국가들에 낮은 금리로 자금을 빌려줄 의지가 있었다.

회복을 지원하기 위해 지출할 수 있다는 사실이 그 여파에 결정적으로 작용했다. 그리고 저개발국가들은 경기 회복을 지원하고 백신을 확보하기 위해 자금을 빌리는 게 더 어려워진 사실을 알게 되었고, 힘든 상황을 겪어야 했다. 이런 상황은 그들 자신의 회복뿐만 아니라 세계 경제의 회복을 더디게 할 것이다. 2년 이상 지난 지금도 세계 경제는 회복되지 않았다. 실제로 WHO는 2022년 말까지 백신 접종률 70%라는 목표를 달성하지 못한 것으로 보고 있다.

코로나19 팬데믹에 따른 여파는 정부의 백신 수급 능력, 백신 자체의 효력, 노동자들이 계속 일을 하게 함으로써 경제적 피해가 길게 이어지지 않도록 하는 능력에 따라 결정될 것이다. 세계 경제의 회복을 어떻게 지원할 것인가의 측면에서 보자면, 정부의 지출은 항상 고용 유지를 염두에 두고 진행되어야 한다. 이력 현상을 방지하려면, 낙담한 노동자들이 노동 시장을 떠나지 않도록 정부의 지원이 고용에 집중되어야 한다. 유럽에서 다양한 일시 해고제를 경제가 회복하는 기간에 연장해 실시한 것은 이런 쟁점에 집중하기 위함이었다. 재정적으로 제약이 있는 개발도상국들은 이런 정책을 도입하는 게 더욱 어려울 것이다.

이와는 대조적으로, 선진국의 경우에는 경기 회복을 위한 지출이 친환경 성장과 같은 장기적인 목표를 뒷받침하고 낮은 생산성과 같은 오랜 과제를 해결하기 위한 것일 수도 있다. IMF는 코로나19가 한창일 때 여력이 되는 국가들을 대상으로 투자를 위해 자금을 빌리도록 장려하는 쪽으로 지향점을 바꾸고, 재정 규율을 준수하기보다는 저금리 기조를 활용해 경제 성장을 촉진하는 데 집중했다. IMF는 2020년 10월에 발간한 보고서 〈세계경제전망World Economic Outlook〉에서 세계적인 유행병으로 불확실성이 높은 시기에 GDP의 1%를 공공 인프라에 투자하면 GDP가 2.7% 증가할 것이고, 2년 후 고용이 1.2% 증가할 뿐만 아니라 민간 투자를 촉진할 것으로 전망했다.[38] 이는 전통적인 인프라에 투자하는 100만 달러당 일자리 2~8개가 창출된다는 것을 의미한다. 그러나 정부가 100만 달러를 재생 가능한 에너지 혹은 이와 관련된 연구 개발과 같은 친환경 인프라에 투자한다면, 그 효과는 보다 더 커서 일자리를 5~14개 창출할 수 있을 것이다. 친환경 투자의 낮은 자본적 요소와 높은 기술적 요소가 전통적인 인프라 투자보다 더 많은 효과를 낼 수 있다. 또한 공공 지출은 경제가 기술 변화에 적응해 더 효율적으로 작동

7장 아무도 예상치 못한 전 세계적 유행병

하도록 지원할 수 있다. 예를 들어 디지털 인프라를 광범위하게 구축하면 원격 작업 및 전자상거래를 가능하게 하는 더욱 빠른 광대역에 더욱 효과적으로 접근할 수 있다. 전송과 연결 방식의 개선도 하이브리드 근무*hybrid working*(사무실 근무와 재택근무가 혼합된 근무—옮긴이), 온라인 주문과 배송에 도움이 될 것이다.

간단히 말하자면, 일자리를 창출하고 친환경 성장을 지원하고 생산성을 증진하는 것은 단기적인 요구를 충족하고 장기적인 목표를 달성하는 데 소요되는 엄청난 양의 정부 지출에 관심을 쏟을 것을 촉구한다. 그리고 이는 가장 심각한 위기에서 더 나은 결과를 보장하는 데 도움이 될 것이다.

The
Great
Crashes

8장

세계 2위의 경제 대국이 지닌
세계적 위험성

다음번 대폭락의 신호

각각의 금융위기는 이전의 위기와는 다르다. 그리고 그다음 대폭락이 언제 올 것인지는 아무도 확실하게 예측할 수 없다. 한 가지 의심의 여지가 없는 분명한 사실은 대폭락은 언젠가는 온다는 것이다.

이 책을 통해 우리는 금융위기에서 교훈을 얻을 수 있다는 사실을 알았다. 이런 교훈은 다른 위기가 발생했을 때 유용하게 쓰일 것이다. 우리가 지금까지 얻은 교훈을 적용해 보면, 반드시 주목해야 할 대상이 바로 중국이라는 사실을 알 수 있다.

코로나19 이전에 중국은 40년에 걸쳐 일관되게 성장했던 유일한 주요 경제국이었다. 중국은 대폭락을 겪은 적이 없었다(미래의 중국이 금융위기를 어떻게 보고 할 것인지에 대해서는 논란의 여지가 있지만, 일본의 부동산 폭락 혹은 2008년 세계 금융위기 같은 규모로 시스템적 위기가 발생한다면 중국의 폐쇄된 시스템조차도 그 위기를 숨길 수는 없을 것이다). 그런데도 중국 경제는 그 자체가 불투명할 뿐만 아니라(때로는 GDP 통계조차 논란의 여지가 있다) 여전히 국가가 금융 시스템의 상당 부분을 소유하고, 국가가 완전히 소유하고 있지 않은 다른 많은 부문도 사실상 국가의 통제를 받기 때문에 분석하는 데 어려움이 따른다.

이는 마오쩌둥毛澤東이 이끄는 중국공산당이 중화인민공화국을 건국하고 중앙 계획 경제를 도입한 1949년의 유산이다. 국가는 '통제 경제 command economy'라고 불리는 체제에서 모든 결정을 내렸다. 1979년, 마오쩌둥의 후계자인 덩샤오핑鄧小平이 광범위한 시장 지향적 개혁을 도입하면서 상황이 어느 정도 달라졌다. 덩샤오핑의 개혁은 중국 경제를 여전히 다양한 정도의 국가 통제를 받고는 있지만, 시장의 힘이 무엇을 생산하고 그것을 어떻게 판매하는지를 결정할 수 있는 이행기 경제transition economy로 변모시켰다.

이는 중국 경제가 금융위기를 겪지 않은 사실이 훨씬 더 특이하게 보이도록 했다. 구소련 경제와 같은 이행기 경제는 1990년대 초에 자본주의와 민주주의 체제로 전환하면서 엄청난 추락을 경험했다. '전환의 불황transformational recessions'으로 알려진 동유럽과 중부유럽, 러시아, 그 밖의 구소련 연방에서 경험한 10년에 걸친 침체는 이 국가들의 경제와 금융 부문을 완전히 무너뜨렸다. 10년이 지나 러시아는 처음과 비교해 생활수준이 낮아지고 빈곤율이 높아졌다.

그러나 어느 국가도 호황과 불황의 순환을 무한정 거스를 수는 없는 일이고, 중국도 예외가 될 것 같지는 않다. 위기를 일으킬 잠재적 요인들은 많다. 예를 들어 중국의 거대하고도 부채가 많은 부동산 부문이 무너질 수도 있다. 그림자 금융이라고 알려진, 공식적인 은행 시스템 밖에서 작동하는 중국의 대출 시스템이 붕괴될 수도 있다. 주식 시장이 폭락할 수도 있다. 이런 사건들은 전례가 없지는 않다. 중국은 2014년에 국지적으로 그림자 금융위기를 겪었고, 2015년에는 주식 시장이 폭락했다. 어느 쪽도 재앙에 이르지는 않았지만, 중국의 금융 시스템이 갖는 취약성과 그 시스템에 존재하는 엄청나게 많은 부채를 부각시켰다. 그리고 이 모든 것이 부동산 폭락을 걱정하게 했다.

도취감에 들뜬 중국 주택 시장의 실제

새로운 세기를 맞이할 무렵부터 중국은 주요 경제국으로는 사상 유례가 없는 속도로 주택 가격이 오르면서 도취감에 취하게 하는 부동산 호황을 경험했다.[1] 1990년대에 이르기까지만 해도 고용주, 즉 대체로 국영기업이 노동자들에게 주택을 할당했다. 1990년대 후반에는 주택 시장 민영화가 이루어지면서 주택 시장이 폭발적으로 커졌다. 국가가 할당한 주택의 거주자들은 특혜 금리로 주택을 구매할 수 있었고, 이는 부동산 시장이 커지는 계기가 되었다.

중국이 대외 개방 정책을 추진하면서 농촌 사람들이 수출품을 생산하는 공장에서 일하기 위해 도시로 몰려드는 대규모 인구 이동이 있었다. 그들은 모두 집이 필요했다. 도시의 노동자들은 특혜 금리로 구매했던 주택을 농촌 출신의 이주민들에게 팔고 돈을 보태 비싼 새 아파트로 갈아탈 수 있었다.

국가가 통제하는 은행 시스템이 특히 최초의 구매자들에게 한정된 모기지 대출을 제공했지만, 집값은 주로 현금으로 조달되었다. 중국은 저축률이 높은 국가이고, 주택 가격은 계속 오르기만 할 것이라는 믿음이 지배하는 주택 시장은 도취감에 들떠 있었다. 부동산은 가치를 안전하게 저장하고 주식과 같은 변동성이 큰 자산이나 은행 예금과 비교해 훨씬 더 많은 수익을 제공하는 것으로 보였다. 외국인 투자가 제한되어 있었기 때문에 평범한 중국인들에게는 재정적 다각화를 위한 수단이 거의 없었고, 결과적으로 부동산이 인기 있는 자산이 되었다. 오늘날 중국의 주택 보급률은 놀랍게도 90%로 세계에서 가장 높은 수준이다. 집을 소유하는 것은 사회 통념상으로도 가치 있는 일이다. 결혼을 앞둔 젊은 이들은 집이 있으면 호감을 끌 것이다. 중국인 어머니들을 대상으로 한 조사에 따르면, 그들 중 80%가 집이 없는 남자와 딸의 결혼을 반대하는 것으로 나타났다.[2]

집이 없는 사람들은 집을 가지려고 하고, 집이 있는 사람들은 더 좋은 집을 가지려고 하면서 주택 시장은 호황을 누렸다. 주택을 구매하기 위한 지출만 GDP의 10%에 달했다.[3] 매년 건설되는 주택이 1,000만 채에 달하지만, 도시의 주택 수요는 이보다 훨씬 더 빠르게 증가해 주택 가격을 끌어올리고 있었다. 신규 주택 공급에 따르는 한 가지 문제는 주로 국가가 토지를 소유하고 있는 데서 나온다. 지방 정부가 개발업체들을 상대로 토지를 경매하거나 그들과 파트너가 되어 아파트를 건설할 때 토지 매각이 지방 정부에 중요한 수입원이 된다. 중국에서는 토지가 부족하지는 않지만, 때로는 농민과 기존 주민들이 그 땅에 집을 짓는 걸 반대하면서 주택 공급에 어려움이 따랐다. 지방 정부들이 광대한 국가 전역에 걸쳐서 무분별하게 주택을 건설한 것도 주택 부족과 엉뚱한 곳에 건설된 수백만 채의 텅 빈 아파트라는 중국만의 이상한 역설을 낳았다. 내몽골과 같은 멀리 떨어진 지방에는 이른바 '유령 도시'라는 곳도 있다.

중국에서는 주택 가격이 계속 오를 것이라는 도취감에 들뜬 기대가 20년에 걸쳐 타당한 것으로 여겨졌지만, 2010년대 후반부터 중국이 중상위 소득 국가에 가까워지면서 성장의 속도가 둔화되기 시작했다. 모든 개발도상국에서 나타나는 현상이다. 소득 증가의 속도가 느려지고 도시로의 이동이 더뎌지면서 주택 수요도 둔화되고, 가격 상승의 속도도 둔화되거나 심지어는 가격이 하락해 개발업체들이 힘든 상황을 맞이하게 된다.

지금도 중국인들 중 상당수가 역사적으로나 세계적으로 주택 버블을 특징짓던 주택 가격 낙관론에 기초한 도취감에 들떠 있다. 애초에 국가로부터 특혜를 받아 주택을 구매한 사람들이나 예전에 주택을 구매한 사람들은 만족스러운 상황에 놓여 있다. 하지만 주택 가격 상승은 내 집 마련을 소망하는 사람들, 즉 정부가 지원고자 하는 중산층에 속하는 사람들이 주택이라는 사다리에 오르는 것이 힘들다는 사실을 깨닫게 한다. 이런 이유로 중국 정부는 사람들이 주택을 포함한 성장의 과실을 공정하게 누리게 하려는 '공동 부유共同富裕'의 실현에 차질이 생길 것을 우려하는 것이다.

과연 중국 정부가 주택 시장의 연착륙을 관리할 수 있는 능력이 되는지도 우려스럽다. 이미 부채가 가득한 낙후된 금융 시스템에 잠재된 불황을 고려하면, 대폭락의 위험은 분명히 커지고 있다.

중국 금융 시스템의 뇌관,
부실 채권 ㅣ

중국 정부는 1990년대 후반과 2000년대 초반에 은행들을 대상으로 여러 차례에 걸쳐 자본재조정을 추진했다. 이는 2001년에 중국이 세계무역기구WTO에 가입하고 서비스 시장을 개방하기로 합의한 후 외국 은행들이 중국 시장으로 들어오기 전에 중국 은행들의 대차대조표를 개선하는 데 그 목적이 있었다. 아직 해결되지 않은 문제는 국가 소유의 자산관리회사가 국가 소유의 4대 상업은행의 대차대조표에서 제거된 부실 채권을 보유한 관계로, 여전히 중국의 금융 시스템에 부실 채권이 남아 있다는 것이었다. 이는 중국의 부채 규모와 금융위기를 헤쳐나갈 능력을 평가할 때 이런 채권을 집계해야 하고, 바로 이런 이유로 은행 시스템에 대한 어떠한 평가에서도 부실 채권의 유산을 포함해야 한다는 것을 의미했다.

중국의 국영 은행들을 취약하게 하는 부실 채권은 국영 기업들에서 수십 년에 걸쳐 쌓여온 것이다. 이런 채권이 증가한 것은 2000년대까지 경제의 거의 모든 부문을 지배했던 국영 기업들을 비효율적으로 경영한 데서 비롯되었다. 국가 소유였기 때문에 국영 기업은 경영을 효율적으로 하려는 동기가 거의 없었고, 비용 제약도 없었다. 참고로 경제학자들은 이를 두고 '연성 예산 제약soft budget constraint(헝가리 경제학자 야노스 코르나이Janos Kornai가 최초로 제시한 개념으로, 사회주의 국가에서는 기업의 예산이 있긴 하지만 적자가 발생해도 정부가 해결하기 때문에 고무줄처럼 쉽게 예산 제약이 늘어난다는 것을 의미한다—옮긴이)' 문제라 한다. 1979년에 시장 지향적인 개혁이 시작되었을 때, 소비

수요가 증가해 국영 기업들은 비용을 거의 고려하지 않은 채 산출물을 더 많이 판매하기 위해 투입물을 더 많이 요구했다. 경영자들은 수입을 더 많이 창출하면 돈을 더 많이 벌 수 있었다. 그러나 투자금이 국가에서 나왔고, 심지어 노동자들도 개별 기업의 생산성과는 무관한 계획에 따라 할당되었기 때문에 비용에는 주의를 기울이지 않았다. 중국석유천연가스공사와 상하이자동차 같은 국영 기업은 보유한 것을 사용해 더욱 효율적으로 생산하는 어려운 길보다는 생산을 늘리기 위해 자본과 노동을 더 많이 요구하는 쉬운 길을 선택하려고 했다.

이것이 1980년대 중국 경제가 국영 기업이 손실을 보고 있는데도 강력하게 성장한 이유를 설명한다. 1990년대 초반에는 국영 기업의 3분의 2 정도가 손실을 보고 있었다.[4] 그 결과, 1990년대 중반에는 대대적인 개혁을 통해 대부분 국영 기업을 정리했다. 1990년대가 저물 무렵에는 그 수가 1,000만 개에서 30만 개 이하로 감소했다. 그러나 이런 국영 기업에 자금을 지원했던 중국 은행들은 2000년대 초에 외국의 경쟁자들이 중국 시장으로 들어오기 전에 자본재조정을 추진해야 했다.

2008년 세계 금융위기 이후로는 부실 채권 문제가 더욱 심각해졌다. 중국의 낙후된 금융 시스템에서는 서구 은행 시스템의 많은 부분을 무너뜨린 복잡한 증권 거래를 하지 않았지만, 취약한 경제를 떠받치기 위해 그림자 금융의 성장을 허용했다. 그림자 금융은 은행 인가를 받지 않고 은행 업무를 수행하는 비은행 금융기관을 지칭하는, 다소 부정적인 의미를 내포한다. 그림자 금융은 신탁회사, 리스회사, 보험회사뿐만 아니라 단기 사채업체, 고리대금업체까지 포함하는 어두운 부문이다. 2010년대에는 중국의 금융 시스템이 부채에서 비롯되는 세 가지 위협에 직면해 있었다. 중국의 금융 시스템은 여전히 국영 기업의 부채를 물려받으면서 빠르게 성장하는 부동산 시장에 자금을 공급할 뿐만 아니라 그림자 금융에서 발생하는 새로운 부채도 처리해야 했다.

국가의 통제 아래 움직이는 중국 주식 시장

중국 주식 시장도 몇 가지 특이한 점이 있다. 중국의 양대 증권거래소는 불과 30여 년 전인 1990년에 상하이, 1991년에 선전深圳에서 출범했고 1993년에 주식 거래가 허용되었다. 2009년 말, 선전 증권거래소는 중소기업 상장을 겨냥한 창업판創業板, *Growth Enterprise Board*이라는 나스닥 스타일의 시장을 창출했다. 2019년 말, 중국 주식 시장의 규모는 미국 주식 시장에 이어 두 번째로 컸다.

상당히 이상하게도, 1990년대 중국 증권거래소 상장 기업들의 주식 중 약 3분의 2는 비유통 주식이었다. 따라서 주식 가격은 수요와 공급에 의해서라기보다는 국가에 의해서 결정되었다. 게다가 주식마다 거래에 제한이 따르고 주식을 개인 주식, 정부 혹은 법인(국영 기업) 주식으로 분류하는 것이 문제를 일으켰다. 상장 기업들은 이런 색다른 특징 때문에 외국인 투자자들을 끌어들이지 못하고, 시장 규율(시장 참여자가 차입자가 발행한 주식 또는 채권의 가격 등 시장에서 제공하는 신호를 통해 차입자의 건전성에 대한 감시 기능을 수행하는 것-옮긴이)을 제대로 경험하지 못하고 있었다. 개혁 초기에 국영 기업을 주주 소유 기업으로 전환하는 민영화는 기대했던 기업 지배 구조의 개선을 일으키지 못했다.

그러나 중국에서는 해외로 빠져나가는 자본의 규모를 제한하는 자본 통제로 인해 민간 투자자들이 투자할 곳이 그다지 많지 않아 주택뿐만 아니라 중국 기업의 주식에도 투자한다. 이처럼 소매 투자자들이 많은 비중을 차지하는 것이 중국 기업의 주식의 변동성을 키울 수 있다. 1990년대에는 주식 시장이 빠른 속도로 상승했고, 이후로 2000년대 초반에는 주식 가치가 반토막이 났고, 그다음에는 또다시 빠르게 상승했다. 미국 서브프라임 위기가 한창이던 2009년 전반기에 상하이 주식 시장은 약 7개월 만에 80% 넘게 상승했다. 폭락하기 직전인 2014~2015년에는 150%나 상승했다. 이처럼 짧은 역사를 통해 분명하게 드러난 롤러코스터와도 같은 궤적은 중국 주식 시장이 다른 주식 시장과 비교해 얼마나 위험한지를 보여준다.

비유통 주식이 계속 존재한 것은 변동성을 키웠다. 기업에 투자하기를 원하는 중국의 투자자들은 주식을 매도할 수 없다고 하더라도 주식을 매입하는 것 외에는 다른 선택의 여지가 없었다. 주식을 거래할 수 있다는 것은 주식 시장이 갖는 표준적인 특징이다. 이러한 특징이 없다면 자본이 효율적으로 흘러갈 수 없다. 2005년 8월, 중국 당국은 국영 기업들이 국가의 통제하에 자산 가치가 약 2,700억 달러에 달하는 주식을 매도하도록 허용할 것이라고 발표했다. 처음에는 더디게 전개되었지만, 2010년대 말까지 비유통 주식 비율은 전체 주식의 약 19%로 감소했다. 순조롭게도 2010년에는 상장 기업의 8%에 불과하던 민간 기업이 10년이 지나자 약 50%를 차지했지만,[5] 양대 증권거래소에서 주식을 거래하는 나머지 50%에 해당하는 기업들은 여전히 대규모 국영 기업의 자회사들이었다. 요약하자면, 이러한 개혁이 시장에서 유동성을 개선하는 데 도움이 되었지만, 다수의 기업이 아직도 국가의 통제하에 움직이고 있다는 사실은 양대 증권거래소의 상장 기업들이 기대하는 것만큼 효율적으로 운영되고 있지는 않다는 것을 의미한다.

중국 주식 시장의 낙후된 모습은 이보다 더 광범위한 중국의 금융 시스템 상태를 반영한다. 이는 신흥국에 이례적이지는 않지만, 중국의 경우에는 인구가 많아서 신흥국이면서도 세계 최대 규모의 경제국 중 하나이기도 하다는 점에서 이례적이다. 1인당 국민소득을 기준으로 보면, 중국은 발전한 금융 시장을 떠올리게 하는 부유한 국가가 아니라 금융 제도가 여전히 진화하고 있는 중간 소득 국가이다. 그런데도 중국의 경제 규모가 크다는 사실 자체가 중국의 금융 시장이 어떻게 작동해야 하는가에 대한 기대를 높이게 한다. 세계 경제에서 중국이 차지하는 위상을 생각하면, 중국의 금융위기가 세계 경제에 영향을 미칠 것이라는 위험이 분명하게 나타난다.

점진적인
금융 개혁의 시작

2001년 중국이 WTO에 가입한 이후 시장 개방이 예상되었다. 시장 개방은 금융 시스템의 발전을 재촉했다. 기업 지배 구조와 보고 요건 측면에서 국제 금융 시장이 거는 기대가 개혁을 촉진하는 데 도움이 되었다. 예를 들어 펀드 관리 회사의 설립을 인가하고, 투자은행 서비스를 개발하고, 금융의 일부 측면을 자유화하는 것은 모두 중국의 금융 시장의 발전을 겨냥했다.

어떤 측면에서 보자면, 펀드 관리 산업을 창출하는 것과 같은 자본 시장의 발전은 단순히 1979년 이전에는 그런 시장이 존재하지 않았다는 이유로, 중앙 계획의 유산에서 오는 부담이 덜하다. 기존의 은행 시스템을 개혁하는 것보다 새로운 산업을 개발하는 것이 더 쉽게 다가왔다. 은행 부문은 부분적으로 시장화된 경제에서 대출 사업을 진행해야 하는 복잡한 관계에 직면해야 했고, 때로는 이런 대출 사업을 엄격하게 영리를 목적으로 진행하기보다는 국영 기업을 대상으로 진행하기도 했다. 중앙 계획 시대의 사고방식은 영리에 입각한 신용 문화의 발전에 방해가 됐다. 예를 들어 2004년 10월에 금리가 처음으로 자유화되었을 때, 중국 은행들은 위험에 대한 가격을 책정하기 위해 금리를 활용하는 데 어려움을 느꼈다. 중앙 계획하에서는 그들이 그렇게 할 필요가 없었기 때문이다. 초기에 위험을 관리하던 시절에는 은행 관리자들이 파산한 회사에 자금을 빌려주면, 이에 대한 책임을 지고 은행을 떠나야 했다. 국영 기업은 정부 소유였기 때문에 파산할 수 없었고, 따라서 여전히 은행 관리자들에게서 환영받았다. 민간 기업들이 국가 소유의 상업은행을 통해 신용을 얻는 것이 어렵다는 사실을 깨달은 뒤 그림자 금융에 의지하는 것은 당연한 일이었다.

점진적인 개혁으로 의사 결정 과정에 시장 요소가 더 많이 도입되었지만, 자본 통제와 통화의 태환성 부족을 비롯한 그 밖의 문제들은 여전히 해결되어야 할 과제였다. 글로벌 벤치마크 주가지수인 MSCI 신흥시장지수*MSCI Emerging Markets Index*에서 중국이 차지하는 비중을 고려하면, 자본 통제와 통화의 송금 제한으로 포트폴리오 자본을 자유롭게 옮길 수 없는 현실은 통화의 태환성 부족이 유동성 자금 시장의 발전을 저해하게 될 것이라는 점을 인식한 중국이 점진적으로 자본계정을 자유화함으로써 제거하려고 했던 장애물이었다.

중국 당국은 자본 시장 개방과 환율 개혁을 똑같은 맥락에서 바라보고 있었다. 아시아 위기는 외환과 금융이 결합된 위기가 갖는 위험을 부각했다. 낙후된 금융 시장과 결합한 '핫머니'의 흐름은 1장에서 논의했던 3세대 외환위기의 중요한 요소였다. 중국은 고정 환율과 점점 더 자유화되는 대출로 앞으로 위험에 처할 수 있다. 중국 정부는 금융 시장이 낙후되고 국가의 지배를 받고 있다는 사실을 인식하고서, 런민비의 태환성을 높이고 자본계정을 개방하는 작업을 서서히 진행했다.

중국 경제 성장의 그늘, 그림자 금융

개혁이 불완전하게 진행되면서, 중국 시장의 약점은 한 번이 아니라 두 번의 위기가 금융 시스템을 위협했던 2010년대에 분명하게 드러났다. 첫 번째 위기는 2008년 세계 금융위기에서 촉발되었다. 그 결과로 나타난 2009년의 대침체로 미국과 유럽의 수요가 폭락하면서 중국의 수출 부문에 종사하던 노동자 약 4분의 1이 일자리를 잃었다. 중국 정부는 국내 경기를 진작시키고 일자리를 창출하기 위해 중국 기업들이 수출 시장이 아닌 국내 시장에 제품을 판매해 성장하도록 장려했다. 일부 기업들은 이런 성장에 필요한 자금을 조달하기 위해 그림자 금융에 의존했다.

그림자 금융 문제는 국가 소유의 은행들이 공식적인 대출에서 거의 모든 부분을 차지하는 데서 비롯되었다. 민간 은행들이 들어올 수 있는 여지는 별로 없었다. 중국이 WTO 가입에 따르는 의무를 이행하기 위해 은행 부문을 개방한 이후로 20년이 지나 외국 은행들이 은행 부문 총자산에서 3% 미만을 차지했다. 공식적인 은행 시스템이 주로 국영 기업에만 자금을 빌려주고 민간 기업은 꺼리자 민간 기업을 상대로 하는 무허가 대출이 증가했다. 경제가 빠르게 성장하기를 원하던 중국 정부는 빠르게 성장하는 그림자 금융을 보고도 못 본 체했다.

또한 중앙 정부는 경기 침체를 방지하기 위해 주로 인프라 구축에 지출을 집중하는 4조 런민비(5,860억 달러) 규모의 경기 진작 프로그램을 내놓았다. 지방 정부가 이 프로그램의 대부분을 수행하기로 되어 있었다. 중국에서는 지방 정부가 지출을 위한 자금을 조달할 목적으로 채권을 발행하는 채권시장이 제대로 조성되어 있지 않아서 일부 지방 정부 역시 그림자 금융에 의존했다. 세계 금융위기 이후 지방 정부 부채의 절반 정도가 축적되었다.[6] 중국 감사원에 따르면, 지방 정부 부채 중 은행 대출이 차지하는 비중이 2008년 금융위기 이전 79%에서 이후 23%로 감소했다. 약 28%는 그림자 금융에서 빌려온 것이고, 나머지 49%는 차용증서를 쓰고서 빌려오거나 개발업체 혹은 도급업체가 지방 정부 소유의 토지에 건물을 짓기 위한 초기 비용을 미리 부담한다는 계약의 형태로 빌려온 것이다. 지방 정부는 부동산 회사에 개발권을 판매하거나 공동 주택을 건설해 수입을 챙겼다. 부동산 부문과 지방 정부 간의 이런 관계는 어느 한쪽이 다른 쪽을 취약하게 만들 가능성이 있다는 것을 의미했다. 채권이 부실해지면 다수의 지역이 비슷한 상황에 처해 있을 경우 전국으로 퍼질 수 있는 지역 금융위기를 일으킬 수 있다.

2014년, 중국은 어느 한 지역에서 그림자 금융위기를 겪었다. 거액의 비공식 대출금이 갑자기 상환되지 않았을 당시, 나는 BBC 프로그램 주제에 관한 리포트를 촬영하기 위해 저장성 원저우에 있었다. 원저우는 40년 전에 개혁이 시작된 이후로 중국이 민간 제조업을 실험하는 최전선에 있었다. 그 결과, 이곳의 평균 소득은 중국 전체의 2배였다. 그러나 민간 기업의 우위는 놀랍게도 가계의 89%와 기업의 59%가 공식적으로 인가를 받는 은행을 통해서가 아니라 사적으로 자금을 빌렸다는 사실도 의미했다.[7]

나는 화투를 제작하는 저장형제인쇄회사를 방문했다. 이 회사의 CEO 저우 펑은 3일에서 5일 후에 상환해야 할 단기 대출에 24~30%에 달하는 이자를 지급하고 있었다. 그는 이렇게 설명했다.

우리는 사업 문제를 해결하는 데 필요한 자금을 조달하려고 지금도 그림자 금융을 이용합니다. 은행과 비교했을 때 금리가 훨씬 높아도 그렇게 하는 게 효율적이고 빠르기 때문입니다…. 자금을 제때 조달하지 못하면 문제가 생길 수 있습니다. 예를 들어 재료를 구매할 자금이 없으면 주문을 처리하지 못하고 회사 문을 닫아야 합니다.[8]

나는 그림자 금융권에서 이자를 최대 100%까지 부과하고 한 달에 평균 600만 런민비(약 60만 파운드)를 빌려주는 사람을 만난 적이 있다. 그는 정부가 이 문제를 해결할 수 있다고 생각하지 않았다.

그들은 사회에서 대출을 결코 사라지게 하지는 못할 겁니다. 따라서 그림자 금융은 영원히 존재할 겁니다. 그들은 금리가 엄청나게 높은 대출만 금지할 수 있을 뿐이고, 그림자 금융을 완전히 금지할 수는 없을 겁니다. 그림자 금융은 도박과도 같습니다. 중국에서는 도박이 금지되어 있지만, 많은 사람이 마작 같은 도박을 합니다.[9]

그림자 금융에서 발생한 부채의 거미줄이 붕괴될 위기에 처하면, 지방 정부가 나서서 조용히 구제의 손길을 뻗치곤 했다. 그림자 금융 종사자들은 직접 돈을 빌려서 대출을 제공한다. 그리고 나는 그림자 금융 종사자에게 높은 수익을 기대하고서 돈을 빌려준 이후 모든 것을 잃었다는 사람들을 많이 보았다. 그들은 돈을 잃고서 하소연할 데가 없었다. 중국 정부는 이런 절망적인 상황을 고려해 어두운 대출이 공식적인 은행 시스템에 등록되어 밝은 대출이 될 수 있도록 특별 조치를 제안하기도 했다. 이 조치를 시행하던 첫날 등록 센터에 가서 취재를 했는데, 당연하게도 그림자 금융 종사자들 혹은 그들을 통해 대출을 받은 사람들은 단 한 명도 나타나지 않았다.

이처럼 특별한 위기가 지역에서 억제되었지만, 손쉽게 전국적인 위기가 될 수도 있었다. 이러한 위기는 중국에서 부채가 불과 몇 년 만에 얼마나 빠른 속도로 증가했는가를 보여주는 단서가 되었다. 부채가 실제로 얼마나 되는가는 중요하다. 만약 중국이 부동산 붕괴로 금융위기를 겪는다면, 정부가 은행과 부동산 회사를 구제할 여력이 있는가의 여부가 위기가 어떻게 전개될 것인가를 결정하는 중요한 요소가 되기 때문이다.

2021년, 중국의 GDP 대비 부채 비율은 미국, 유로존과 비슷한 300%에 가까워졌다. 그러나 그림자 금융권에서의 대출을 정확하게 파악하기가 어려우므로, 이처럼 높은 수치가 중국의 부채 수준을 제대로 포착하고 있는가에 대해서는 의심의 여지가 있다. 그림자 금융권에서의 대출은 GDP의 15%에서 위험하게는 70%에 이르는 것으로 추정된다.[10] 이제 중국 정부는 확실히 그림자 금융을 우려하면서 2009년의 대침체가 지나간 이후 이 부문을 엄격하게 단속하고 있다.

중국의 어설픈 위기 대응이 세계 경제에 끼칠 영향 ❙

그림자 금융은 금융위기의 잠재적 원인 중 하나일 뿐이다. 또 다른 원인으로는 주식을 들 수 있는데, 2015년 중국 주식 시장의 폭락을 맞이해 중국 정부가 대응하는 방식은 투자자들이 금융 개혁의 신뢰성을 의심하게 했다.

(상대적으로 풍부한 정보를 갖춘) 기관 투자자들이 좌우하는 다른 주요 주식 시장들과는 달리 중국에서는 소매 투자자들이 주식 거래의 약 85%를 차지한다. 소규모의 거래자들이 지배하는 시장에서는 '군집 행동*herding behavior*'이 자주 발생한다. 개인은 타인이 더 나은 정보를 가지고 있다고 생각하기 때문에 타인이 주식을 파는 것을 보면 자신도 주식을 팔고, 그

반대도 마찬가지다. 그 결과, 소문과 감정이 지나칠 정도로 중요하게 작용해 시장이 극심하게 변동한다. 국영 열차 제조사 중국중차CRRC의 예를 들면, 소매 투자자들이 중국의 트위터라 할 웨이보Weibo에 투자하던 해에 이 회사의 주가가 급등했다. 중국이 해외에서 열차 계약을 전혀 따내지 못했는데도 이 회사가 중국의 해외 인프라 투자로부터 혜택을 얻게 되었던 것이다.[11] 상하이에서 활동하는 미국인 투자은행가는 이렇게 말했다.

> 택시운전사에서부터 당신의 할머니에 이르기까지 모두 주식 투자를 해서 돈을 벌던 닷컴 붐 시절을 기억하십니까? 사람들이 하루 종일 주식 거래만 하려고 회사에 사표를 내던 시절을 기억하십니까? 지금 중국에서 이런 일이 벌어지고 있습니다. 우리 회사 직원 중에는 주식에 빠져 사표를 낸 사람들이 많이 있습니다.[12]

중국 주식 시장은 활발한 거래에 힘입어 6월에 전년 동기 대비 150% 넘게 상승하며 세계 최고의 실적을 올렸다. 그러나 7월 초에는 폭락해 주식 가치의 약 30%가 사라졌다. 정부가 주식 매도를 저지하고, 심지어는 시장을 떠받치기 위해 거래를 동결하는 식으로 광범위하게 개입한 후에는 주가가 반등했다. 그러나 한 달이 지난 8월 24일에는 8.5% 하락했고, 그다음 날에는 7% 하락했다. 이처럼 극심한 변동은 2016년 초에도 계속 나타났다.

중국 주식 시장의 폭락은 금융위기에 해당했지만, 경기 침체를 촉발하지 않았기 때문에 대폭락으로 이어지지는 않았다. 중국 가계 중 10%

미만이 주식 시장에 참여하고, 주식이 가계 자산의 15% 미만을 차지하기 때문이었다. 그러나 중국 인구가 14억 명이 넘고 중국이 지구상에서 인구가 가장 많은 국가라는 점을 감안할 때, 보유 주식의 액면 가치에서 최소한 손실을 경험한 중국 가계가 일부에 불과하더라도 이런 손실로부터 영향을 받은 사람들은 수천만 명에 달할 것이다. 주식 시장에 참여하는 소매 투자자들은 대부분 상대적으로 적은 금액을 투자하고 있었고, 이들 중 빈털터리가 된 사람은 별로 없었다. 그럼에도 정부가 비록 서툴더라도 관심을 가지고 행동에 나서야 하는 이유가 충분히 있었다.

2015년 여름, 주식 시장이 폭락하자 중국 정부는 런민비의 가치를 하루가 아니라 이틀 연속 평가절하하기로 결정했다. 당장 금융 불안정성에 통화 불안정성을 추가해 세계 시장의 우려를 증폭시키는 효과가 나타났다. 중국의 수출은 2014년 대비 8% 넘게 급감했는데, 이는 미국이 서브프라임 위기에서 회복해 달러화가 강세를 보였고, 이에 고정되어 있던 런민비의 가치도 함께 강세를 보였던 것에서 비롯되었다. 중국이 런민비의 가치를 평가절하한 것이 금융 시장 전반에 커다란 충격을 주었다. 유럽을 포함한 전 세계의 주식 시장이 하락했고, 특히 런던 주식 시장에서는 주식 가치의 2%가 사라졌다. 시장에서는 이것이 다른 국가들도 자국 통화의 가치를 평가절하해 세계 무역을 불안정하게 만드는 통화 전쟁을 일으킬 수도 있다는 우려가 만연했다. 중국 정부는 주식 시장에서 그랬던 것처럼, 자본 통제를 엄격하게 시행하고 달러화에 고정되어 있는 런민비의 가치를 유지하기 위해 약 3,200억 달러의 준비금을 지출하는 등 몇 가지 강압적인 안정화 조치를 가지고 개입에 나섰다.[13]

2015년 주식 시장 및 통화와 관련된 사건들은 중국 정부가 점점 더 시장을 지향하는 경제를 제대로 관리할 수 있는가에 대한 의문을 불러일으켰다. 5장에서 우리는 중국의 위기가 미국 중앙은행의 금리 인상 움직임을 어떻게 둔화시켰는지 살펴보았다. 이제는 중국 정부가 위기에 대비하기 위해 금융 개혁을 어떻게 관리하는지가 중국뿐만 아니라 세계 경제에도 중요하게 작용한다는 사실이 점점 더 분명해지고 있다.

헝다는 중국 부동산 버블의 신호탄일까

현재 중국은 과거에 경제를 무너뜨렸던 종류의 주택 버블에 직면해 있다. 중국에서 두 번째로 큰 규모의 부동산 개발업체 헝다*Evergrande* 그룹의 부채는 3,050억 달러에 달한다. 규모가 가장 큰 부동산 개발업체 비구이위안*Country Garden*은 그 정도로 부채가 많지는 않지만, 부동산 부문에 대한 우려로 주가가 폭락했다. 헝다의 부채는 중국 GDP의 2%에 달하는데, 중국이 세계 2위의 경제 대국이라는 사실을 감안하면 엄청난 금액이다. 헝다는 해외의 채권자들에게 수십억 달러의 빚을 지고 있고, 몇몇 주요 채권자들에게는 이자를 제때 지급하지 못해 세계적인 신용평가 기관들은 실질적으로 채무불이행 상태에 놓인 것으로 평가한다.

헝다는 상장된 부동산 관리업체 혹은 개발업체 중에서 부채가 가장 많은 것으로 알려져 있다.[14] 헝다의 채권자들은 대부분 중국 은행들과 그 밖의 기관들이지만, 외국인 투자자들도 있다. 2021년의 여러 시점에서 헝다가 발행한 채권은 달러당 25~50센트에 거래되고 있었다. 다시 말하자면, 채권자들은 이 부동산 개발업체에 빌려준 금액의 25~50%만 받을 수 있었다.

걱정스러운 사실은 헝다가 레버리지를 많이 활용한 개발업체 중 하나에 불과하다는 것이다. 2021년 말, 중국 부동산 개발업체들의 미지급 부채는 총 33.5조 런민비(5.24조 달러)에 달하는데, 중국 GDP의 약 3분의 1에 해당한다.[15] 몇몇 개발업체는 헝다와 마찬가지로 해외 채권자들에게 이자를 제때 지급하지 못했다. 만약 채무불이행에 빠진 개발업체가 늘어나면 이들이 파산해 은행이 문을 닫게 되는 금융 붕괴 가능성도 커질 것이다. 중국 은행들이 제공하는 대출에서 부동산 부문이 차지하는 비중은 4분의 1이 넘는데, 바로 이런 이유로 은행 감독 당국이 은행 시스템이 갖는 위험을 평가하기 위해 은행의 대차대조표를 면밀히 살펴보고 있다.[16]

헝다와 그 밖의 문제가 있는 개발업체들은 이미 분양했던 주택 가운데 상당수를 준공할 수 없었다. 헝다만 하더라도 사전에 분양했던 약 140만 채에 달하는 주택에 대하여 책임을 져야 했다. 부동산 부문에서 발생하는 문제는 사람들에게 고통을 줄 뿐만 아니라 이 부문이 (연관된 서비스를 포함하면 GDP의 29%를 차지해) 엄청난 역할을 하는 것을 감안하면 중국 경제에 직접적인 영향을 미친다고 볼 수 있다.[17] 헝다가 자신이 처한 곤경을 널리 알리던 시기인 2021년 3분기에 중국의 경제 성장률은 겨우 0.2%로 낮아졌다. 코로나19에 따른 엄격한 폐쇄 조치 시행과 함께 경제에 대한 신뢰가 크게 손상되었고 이에 따라 기업과 소비자의 지출이 감소한 분기였다. 이 글을 쓸 당시, 수천 명에 달하는 중국의 모기지 차입자들이 준공되지 않을 수도 있는 주택에 납부금을 계속 내야 하는 데 불만을 품고 강력하게 반발하는 상황에서, 중국 정부는 위기의 불씨를 없애기 위해 3,000억 런민비(444억 달러)에 달하는 부동산 기금을 조성했다.

중국은 부동산 부문을 구제할 여력이 있을까

아이러니하게도, 부동산 부문의 수축 국면을 꾀한 것은 중국 정부였다. 주택, 보건, 교육으로 구성된 이른바 '3개의 산'을 중심으로 '공동 부유'를 창출하기 위해 시진핑習近平 주석이 관심을 둔 부문이었다. 중국 정부는 성장 속도의 둔화를 둘러싼 기대를 관리하려고 했다. 중국 경제는 수십 년에 걸쳐 소득이 7~8년마다 2배씩 증가하던 거의 두 자릿수의 성장률을 기록한 이후로 이제 중상위 소득 국가에 가까워지면서 성장 속도가 둔화되고 있었다. 중국 정부는 이런 성장 속도의 둔화를 감안해 최고급 주택 소유자와 다주택 소유자에 대한 부동산세와 같은 조치를 취해 성장의 혜택을 보다 균등하게 나눔으로써, 주택뿐만 아니라 교육과 보건 서비스를 보다 저렴하게 제공하려는 계획을 수립했다. 결국 부동산 부문에서 발생하는 문제는 불평등을 해소하려는 중국 정부의 노력에서 나온 것이다.

중국의 주요 도시들은 세계에서 주택을 구매하기 가장 힘든 곳으로 선정되었다. 베이징, 상하이, 선전의 연소득 대비 주택 가격 비율은 모두 40을 넘었다. 이에 반해 런던은 22, 뉴욕은 12였다.[18] 오래된 문제였다. 10년 전만 하더라도 중국 1등급 도시의 침실 2개와 화장실이 2개인 아파트 가격은 60만 달러였다. 이는 연평균 소득의 30배에 달했다. 제곱 피트당 가격은 600달러에서 800달러 사이였는데, 미국에서 이에 상응하는 도시와 비교해 3~4배가 높았다.[19]

집값을 감당할 수 있는가가 유일한 관심사는 아니었고, 중국 정부는 부채가 증가하고 부동산 부문이 비대해진 것이 경제에 부정적인 영향을 미칠 것도 걱정했다. 부동산 시장은 부채의 압박을 받으면 어떤 경우라도 위축될 수 있지만, 레버리지를 줄이기 위한 규제 조치가 분명히 한몫했다. 중국 정부는 ①총자산 대비 부채(선수임금 제외), ②지분 대비 순부채, ③단기부채 대비 현금의 비율에 제한을 두는 한계선을 설정해 부채 수준을 낮추려고 했다. 이런 조치는 헝다와 그 밖의 부동산 개발업체들이 떠맡은 부채의 규모를 줄이기 위한 것이었다. 2021년에 중국 정부는 이와 같은 규제를 시행했고, 이는 부동산 위기를 재촉했다.

'3개의 산' 정책의 초기 징후가 그다지 밝아 보이지는 않았다. 이 정책에 입각하고 부동산 개발업체를 상대로 한 규제 조치가 좋은 의도에서 나온 것일 수도 있지만, 다소 늦은 감이 있었다. 중국은 점점 증가하는 부채가 은행 시스템을 무너뜨릴 잠재력을 가진 상당한 규모의 버블을 형성하도록 내버려두었다. 중국은 구제금융을 받기에는 경제 규모가 너무 크기 때문에, 문제의 핵심은 앞으로 몇 년간 경제를 무너뜨리지 않고 부동산 부문을 구제할 여력이 있는가에 있다.

여기에 몇 가지 중요한 지표가 있다. 중국의 부채는 코로나19가 대유행하기 전에도 미국, EU와 비슷한 수준으로 높았지만 정부가 아니라 기업의 부채가 가장 많은 비중을 차지한다는 점에서 중요한 차이가 있다. 부동산 개발업체들과 레버리지를 활용한 그 밖의 기업들에 제공한 대출이 부실한 것으로 판명되면, 이것이 은행 위기를 촉발할 수 있다. 그러나 중요한 것은 중국의 경우 채권자들이 거의 국내에 있다는 사실이다. 3장에서 살펴봤듯이, 일본의 경험에 따르면, 대출금 상환을 요구하고 위기에 처한 나라에서 빠져나가려고 하는 해외 채권자들과 달리 국내 채권자들은 가만히 있으면서 정부의 조치를 받아들이는 경향이 있다. 그리고 중국에서의 대폭락은 일본과 마찬가지로 정부가 은행을 구제한 이후로도 10년 또는 그 이상의 세월에 걸친 경기 침체로 이어질 수 있다.

게다가 어떠한 두 개의 위기도 완전히 똑같을 수는 없기 때문에 서로 다른 방식으로 경제를 무너뜨릴 것이다. 그러나 중국의 위기가 세계에 미치는 체계적 영향은 채권자들이 주로 국내에 있다는 사실 때문에 완화될 수는 있겠지만, 여전히 국제 무역과 중국 은행들로부터 자금을 빌린 개발도상국들에 상당한 영향을 미칠 것이 확실하다.

세계 경제와 긴밀하게 연결된 중국 |

1980년대부터 중국은 미국과 함께 세계 경제의 성장을 견인하는 쌍발 엔진 중 하나였지만, 미국 경제를 휘청거리게 했던 서브프라임 위기는 중국의 역할이 얼마나 중요한지를 보여주었다. IMF에 따르면 중국의 경제 규모는 미국보다 작지만, 2008년 금융위기 이후로 세계 경제의 성장에 그 어느 나라보다 많이 기여했다.[20] 2000년대에 미국과 중국의 생산은 세계의 나머지 국가들의 생산을 합친 것과 비슷했다.[21]

금융위기로 중국 경제의 성장 속도가 급격히 둔화된다면, 잠재적으로 어떤 영향이 있을까? 세계적인 영향의 주요 영역에는 원자재(중국이 세계에서 가장 큰 소비자이다)와 자본재(중국이 세계에서 가장 큰 구매자 중 하나다)뿐만 아니라 다양한 수입 소비재가 포함되며, 이것이 전 세계 다국적 기업의 수익을 감소시킬 것이다.

중국의 원자재 수요가 감소하면서 중동과 아프리카를 통한 원유 수입도 감소하고, 이에 따라 관련 국가들의 성장률도 감소하게 된다. 중국은 사하라 사막 이남의 아프리카, 특히 나이지리아 같은 원자재 수출국들의 중요한 무역 파트너이다. 심지어는 전통적으로 미국의 뒷마당으로 여겨졌고 따라서 미국의 경제 상황에 가장 민감했던 라틴아메리카 국가들의 경우 중국이 미국을 능가하는 최대의 무역 파트너가 되었다. 이제는 라틴아메리카 국가들의 대중국 수출이 이 지역 GDP의 3%를 차지할 정도로 증가해 미국의 경제 상황에 옛날만큼 민감하지는 않다.

EU는 중국의 최대 무역 파트너이며, 중국은 미국에 이어 EU의 두 번째로 규모가 큰 무역 파트너이다. 중국의 2015년 주식 시장 폭락 때 BMW와 같은 독일 기업들의 중국 판매 실적 부진으로 수익이 감소한 것에서 알 수 있듯이, 중국의 경기 침체는 유럽에 심각한 영향을 미칠 것이다. 이와는 대조적으로, 미국의 대중국 수출은 미국 GDP의 1%에도 미치지 못하지만, 그렇다고 미국의 다국적 기업들이 영향을 받지 않을 것이라는 의미는 아니다. 예를 들어 미국의 거대 기업 애플은 아이폰을 미국보다 중국에서 더 많이 판매한다.

중국의 위기는 전 세계의 금융 시장에 울려 퍼질 것이다. 중국 주식 시장이 외국인 투자자들에게 대체로 폐쇄되어 있다고 하더라도, 중국의 위기가 다국적 기업에 미치는 영향은 전 세계 주식 시장에 반영될 것이다. 런던 증권거래소에는 상당히 많은 수의 관련주가 상장되어 있으며, 2015년 중국 주식 시장이 폭락했을 때 영국 주식 시장은 2008년 금융위기 이후로 최악의 1일 하락을 경험했다.

중국의 금융 시스템이 아직은 2008년의 미국만큼 세계와 통합되어 있지는 않지만, 중국의 국내 증권거래소를 세계의 가장 개방적인 증권거래소로 연결하는 홍콩증권연결*Hong Kong Stock Connect* 프로그램 개발을 통해 세계와 점점 더 통합되고 있다. 또한 중국 시장은 런던과 싱가포르를 포함해 세계 전역에 자리 잡은 런민비 거래 허브를 통해 세계 시장과 연결되어 있다. 중국이 자국 통화 사용을 국제적으로 장려하고, 자국 금융 시스템을 세계와 통합함에 따라 중국발 위기에 감염될 위험이 커지고 있다. 특히 중국 은행들을 통해 대출을 받는 국가들의 경우에는 더욱 그렇다.

2016년, 중국의 은행 시스템은 세계에서 그 규모가 가장 커졌다. 1년이 지나, 중국은 IMF나 세계은행보다 더 큰 규모의 세계 최대 공식 채권국이 되었다.[22] 중국 은행들이 제공한 대출은 코로나19 팬데믹과 함께 급격히 증가했는데, 개발도상국들이 현금을 필요로 했기 때문이다. 국제결제은행이 185개국을 대상으로 조사한 바에 따르면, 중국 은행들이 이들 중 10개국을 제외한 모든 국가에 대출을 제공한 것으로 나타났다.[23] 국경을 넘은 은행 대출에서 중국 은행들이 차지하는 비중은 7.5%에 불과했지만, 이 대출은 신흥국에 집중되었다. 예를 들어 아시아와 아프리카 전역을 대상으로 인프라에 투자하기로 했던 일대일로一帶一路의 일환으로, 스리랑카가 남부 해안에 함반토타 국제항구를 건설하는 데

3억 달러 규모의 대출을 제공했고, 케냐가 수도와 바다를 연결하는 철도를 건설하는 데 36억 달러 규모의 대출을 제공했다. 133개 국가에서는 중국 은행들이 제공한 대출이 해외 차입의 4분의 1 이상을 차지했다. 63개 국가에서는 중국 은행들이 다른 어떤 국가의 은행들보다 대출을 더 많이 제공했다.[24] 만약 중국이 금융위기를 겪는다면, 이런 국가들의 대출이 고갈되면서 커다란 타격을 받을 것이다. 중국 은행들이 세계에서 영향력을 확대하면서 위기의 여파가 커지기만 한 것이다.

중국이 지금까지의 위기에서 얻을 수 있는 교훈

중국에서는 부채가 엄청나게 많은 부동산 부문이 대폭락을 일으킬 잠재력이 있다. 중국의 주택 시장은 개발업체들과 투자자들이 집값이 계속 오르기만 할 것으로 내다보면서 과열 양상을 띠었다. 그들은 몇몇 집들이 비어 있고 모든 집의 가격이 점점 더 감당할 수가 없게 되었는데도 집을 짓기 위해 부채를 점점 더 많이 끌어들였다.

중국 부동산 부문에서 버블이 점점 꺼지고 있다. 이게 터질 것인지, 그 결과 대폭락을 초래할 것인지는 아직 모른다. 부동산 부문의 붕괴가 세계 경제에 커다란 영향을 미칠 만한 중국 은행 위기를 촉발할 수 있다. 이런 일이 일어나면, 중국 정부가 은행 시스템을 소유하고 있는 사실을 감안해 은행에 대한 구제가 쉬워야 하지만, 그럼에도 궁극적으로는 장기 침체를 맞이할 가능성이 있다.

우리가 한 세기 동안의 금융위기에서 보았듯이, 기관의 신뢰성은 매우 중요하다. 중국이 위기 상황에서 얼마나 잘 헤어날 수 있을까? 2015년, 주식 시장 폭락을 맞이한 중국 정부의 어설픈 대처는 신뢰성에 흠집을 냈다. 그런데도 당시 위기가 경제를 붕괴시키거나 지속적인 영향을 미치지는 않았다. 중국 경제가 다소 이례적이기는 하지만, 중국의 위기는 여전히 이전의 위기가 갖는 특징, 즉 도취감과 신뢰성 및 이 두 가지 요인에 의해 결정되는 여파를 그대로 보여줄 가능성이 높다.

여기에 도움이 될 만한 네 가지 교훈이 있다.

첫째, 상승하는 시장을 향해 떼를 지어 몰려드는 것이 인간의 본성으로 여겨지기 때문에 도취감을 관리하는 것이 거의 불가능할지라도, 중국 정부는 이런 열광적인 믿음에 근거해 자금을 조달하려고 끌어들이는 부채의 양을 조절할 수 있다. 중국인민은행*People's Bank of China*은 금융 시스템 전체의 안정성을 보장하기 위해 고안한 거시건전성 도구를 이용해 '바람에 거스르기'를 시도할 수 있다. 예를 들어 주택 시장에 버블이 발생하는 것으로 보일 때 은행들에게 대출 축소를 요구할 수 있다. 이런 경기 역행적인 정책은 개발업체들이 지속 불가능한 수준의 부채를 축적할 수 있게 해주는 집값 상승과 관련된 담보 가치의 상승을 막기 위한 것이다. 중국인민은행은 이미 은행 대출을 억제하기 위해 상업은행들이 중앙은행에 예금을 더 많이 예치할 것을 요구하는 지급준비율 요건을 사용한 적이 있었다. 부동산 위기를 재촉한 것은 개발업체들을 규제하기 위해 정부가 설정한 세 가지 한계선이었다. 오히려 중앙은행이 나섰더라면, 처음부터 부채 버블에 거스르기를 시도해 천천히 가라앉히는 시도를 할 수도 있었다. 행정적인 명령보다는 지금 설명한 것과 같은,

시장에 더 많은 기반을 둔 도구를 사용하면 중국이 규제 시스템을 개발하는 데 더욱 자신감을 얻을 것이다.

역사는 우리에게 은행들이 자본과 유동성을 충분히 확보해야 한다는 것을 가르쳐주었다. 중국의 은행 시스템은 이미 지난 수십 년에 걸쳐 자본재조정이 된 4개의 국영 상업은행이 주도하고 있다. 이 은행들의 회계 장부가 투명하지 않기 때문에, 이들의 대차대조표와 지방 정부가 소유한 은행들의 대차대조표가 국영 기업, 그림자 금융, 부동산 대출의 유산으로부터 얼마나 많은 압박을 받고 있는지를 판단하기가 어렵다. 부동산 위기의 위험이 다가오고 있는 상황에서 은행들이 주택 가격의 폭락을 견뎌낼 수 있도록 하는 것은 시급한 문제가 되었다. 지난 역사를 돌이켜보면, 가장 깊은 불황을 일으킨 것은 은행 위기였다. 중국 정부가 국영 은행들을 대상으로 또다시 자본재조정에 나설 것이라는 기대가 널리 퍼져 있다. 그러나 부동산 시장에서 수년에 걸친 도취감으로 쌓여 있는 부채를 해결하는 데 비용이 얼마나 소요될 것인가는 아무도 알지 못한다.

중국 은행들은 다수의 개발도상국에 대출을 제공했다. 이제 두 번째 교훈은 미국 서브프라임 위기가 어떻게 유럽 은행들을 파산 지경에 이르게 했는가에서 얻을 수 있다. 중국과 미국, 유럽 간의 무역·기술·경쟁을 둘러싸고 벌어지는 지정학적 긴장 관계와 중국과 러시아 간의 긴장 관계에도, 이 주요 경제국들은 중국에서의 대폭락이 세계적인 것이 되지 않도록 신속하게 협력할 수 있어야 한다. 예를 들어 중국은 이미 시스템적으로 중요한 은행을 대상으로 자본 요건을 부과하는 글로벌 표준 기구의 구성원이 되었다. 위기 상황에서 중국의 대출 중단이 저소득 국가들까지 위기로 몰아넣지 않도록 하기 위해서는 어쩌면 중국이 IMF를 통한 대안 자금 조달을 제안하기 위해 서구 국가들과 협력해야 할 수도 있다.

세 번째 교훈은 3세대에 걸친 외환위기에서 얻을 수 있는데, 금융위기가 외환위기를 촉발할 수 있다는 것이다. 중국은 자본계정이 상대적으로 폐쇄적일 뿐만 아니라 통화가 외국과 자유롭게 거래할 수 없도록 통제되고 있기 때문에 다수의 신흥국과는 다른 위치에 있다. 그러나 자본 통제에도 빈틈이 있어서 여전히 핫머니가 중국을 드나들고 있다. 따라서 중국 통화의 대량 매도가 발생하는 경우에 대비해 정부는 외환보유고를 늘려야 할 뿐만 아니라 규제 시스템 개혁으로 신뢰성을 높여야 한다. 역사는 외환보유고가 고갈될 수 있다는 것을 보여주었다. 정부의 태도에 대한 신뢰 상실은 투기꾼들에게 자국 통화를 공격하는 빌미를 제공했다. 중국이 고정환율제도를 유지하는 한 위험이 따른다. 중국의 부채가 외환으로 표시되는 경우는 거의 없고, 국내 대출에서 외국인 투자자들이 차지하는 비중이 매우 낮아서 이런 위험이 아직은 크지 않다. 그러나 중국 시장이 더욱 개방되면 이런 위험이 커질 수 있다.

다른 위기들과 마찬가지로, 중국발 위기의 여파는 위기의 원인과 이를 다루는 정책 입안자들에 대한 신뢰에 달려 있을 것이다. 중국 정부가 부동산 버블을 서서히 잠재우고 휘청거리는 부동산 회사들을 대상으로 자본재조정을 추진할 수 있겠지만, 만약 버블이 터지고 그 회사들이 파산해 은행 시스템을 무너뜨린다면 중국은 1990년대 초 일본에서 일어났던 것과 비슷한 폭락을 경험할 수도 있다. 비록 그 여파는 아마도 다르게 전개되겠지만, 네 번째이자 마지막 교훈은 중국이 일본이 범한 오류를 통해 배울 수 있다는 것이다. 중국 정부는 디플레이션과 저성장에 대한 기대가 사람들의 마음속에 자리 잡아 회복에만 수십 년이 걸리는 경기 침체의 악순환에 빠져들지 않도록 가능한 모든 방법을 동원하고, 금융 시스템에 대한 신뢰를 회복하기 위해 신속하게 움직여야 한다.

지나간 경제위기에서
무엇을 배울 것인가

금융위기에서 얻을 수 있는 지속적인 통찰은 도취감으로 자극을 받아 부채가 증가하고, 여기서 발생하는 위험을 인식하는 것이 중요하다는 사실이다. 또 다른 통찰은 정책 입안자들이 신뢰할 수 있는 행동을 해야만 위기를 해결할 수 있다는 것이다. 또한 우리는 위기의 여파가 매우 다르게 전개되는 것도 보았다. 한 국가가 어떤 결과를 맞이하는가는 금융 폭락의 원인을 아는 것뿐만 아니라 그 위기를 어떻게 해결하는가에 달려 있다.

모든 금융위기는 어떤 형태로든 부채가 지나치게 많아서 발생하지만, 그 여파로 모든 국가가 구제되어야 하거나 경기 회복이 더디게 진행되는 것은 아니다. 부채의 영향을 더 많이 받을수록 그 여파는 더 안 좋게 나타난다. 그것이 주로 은행 위기인지, 아니면 또 다른 종류의 시장 폭락인지에 여파의 차이를 일으키는 요인이 달려 있다. 위기를 일으키는 가장 흔한 요인이라 할 주식 시장 폭락의 경우, 대부분의 투자자가 은행에서 자금을 빌리지 않아서 비록 그들이 크게 손해를 본다 하더라도 이보다 더 광범위한 경제적 충격이 항상 발생하지는 않는다. 다른 한편에서는 부동산 시장 폭락을 동반할 수 있는 은행 위기의 영향이 훨씬 더 심각하다.

은행 붕괴 이후로는 기업과 가계가 부채를 상환하고 지출을 하지 않는 디레버리징의 과정이 나온다. 이와 동시에 은행들은 대차대조표를 재건하고 있어서 대출을 꺼리게 된다.[1] 그 결과, '신용 경색'에 빠져들어 깊은 불황에 이를 수 있다. 신용이 경제 전반에 스며들지 않으면 모기지 대출 및 투자를 위한 자금 조달이 어려워지면서 위기에서 회복이 늦어진다. 제2차 세계대전 이후 18차례에 걸쳐 발생한 은행 위기의 여파는 경기 회복이 더디게 진행되는 것으로 나타났다. GDP는 약 2년 동안 평균 9%가 감소했다. 실업률은 4년 동안 7%나 증가했다. 자산 가격은 폭락했다. 주택 가격이 폭락했고, 주가는 3년 반 동안 평균 55%나 하락했다.[2]

주택 시장 폭락은 은행 위기로 이어질 수 있다. 부채 수준이 너무 높아서 은행이 곤경에 처한다면, 미국과 일본에서 보았듯이, 심각한 위기로 이어질 것이다. 그러나 1990년대 초반 스칸디나비아에서는 일본과 달리 주택 시장 폭락이 큰 상처를 남기지 않았고, 같은 연대에 걸쳐 경제는 계속 성장했다.

외환위기는 조지 소로스 같은 투기꾼들의 행동으로도 발생할 수 있어서 이에 따른 경기 침체가 반드시 오랫동안 이어지는 건 아니다. 환율의 평가절하가 심각한 불안정을 일으키지 않으면서도 발생할 수 있다. 예를 들어 유럽 환율 메커니즘 위기에 의한 평가절하의 여파로 유럽 국가들의 수출 경쟁력이 상승했다. 이에 힘입어 유럽은 10년에 걸쳐서 강력한 성장을 경험했다. 그러나 외환위기가 국채 위기를 초래한다면, 1980~1990년대의 신흥 시장 위기에서 IMF가 관련 국가들을 상대로 구제금융을 제공했던 것에서 알 수 있듯이, 그 결과가 대단히 파괴적일 수 있다.

유로존의 경우, 정부와 은행 간의 '악순환의 고리'가 국가 전체와 은행 시스템을 상대로 하는 구제금융을 낳았다. 신흥국은 특히 해외의 채권자에게 많은 채무를 지고 있을 경우 이런 유형의 위기에 처할 위험이 있다. 하지만 (우리가 보았듯이) 그리스와 아일랜드처럼 훨씬 더 앞서가는 국가라도 이런 위험에서 자유롭지 않다.

비록 주식 시장의 붕괴가 정기적으로 발생하지만, 다행스럽게도 이런 붕괴가 항상 경제를 침체시키는 것은 아니다(물론 대공황과 닷컴 폭락이 이런 안일함에 대한 주목할 만한 경고다). 모든 침체가 주식 시장의 하락과 함께 오지만, 이 모든 침체가 주식 시장의 폭락으로 발생하는 것은 아니다. 1970년 이후 미국에서는 약세장이 15차례 발생했고, (지난 7차례의 약세장 중 6차례를 포함하여) 그중 11차례가 침체와 함께 왔다.[3]

도취감, 신뢰성, 여파로 보는
금융위기 역사의 교훈   ▎

우리는 역사를 통해 이런 금융위기를 살펴보면서 몇 가지 중요한 교훈을 얻을 수 있다.

첫 번째 교훈은 도취감과 관련이 있다. 은행 위기는 깊은 불황으로 이어진다. 따라서 은행이 주택 시장이든, 채권시장이든 자산 시장의 붕괴를 견뎌낼 수 있도록 자본을 충분히 확보하는 것이 중요하다. 이는 효과적인 규제뿐만 아니라 금융기관이 부채와 레버리지를 감시하고 이 두 가지가 증가 추세에 있을 때 대출을 조정할 수 있게 하는 위험 관리를 필요로 한다. 이것이 바로 1929년의 대폭락을 통해 배우지 못했던 교훈이었다. 2008년, 미국과 유럽의 은행 시스템은 은행들이 미국 주택 시장의 붕괴를 견뎌낼 수 있도록 자본을 충분히 확보하지 않았고, 신용 시장이 작동을 멈추었을 때를 대비한 유동성을 충분히 확보하지 않았기 때문에 안에서부터 붕괴했다. 그 후 은행들은 스트레스 테스트를 받았고, 이제는 자본과 유동성을 충분히 확보해야 할 뿐만 아니라 만약 파산한다면 경제를 무너뜨리지 않는 방식으로 파산하기 위한 정리 계획*resolution plan*을 가지고 있어야 한다.

이와 관련해 얻을 수 있는 교훈은 부채의 증가를 저지하기 위해 경기역행적인 경제 정책을 추진해야 한다는 것이다. 이제 주요 중앙은행들은 '바람에 거스르기'를 시도하기 위한 거시건전성 도구를 갖추고 있다. 예를 들어 이들은 주택 시장에 버블이 형성되었을 때 은행의 대차대조표상의 부채 규모를 줄이기 위해 모기지 대출에서 주택담보대출비율*loan-to-value ratio*을 제한할 수 있다. 거시건전성 정책에서는 주택 가격의 상승으로 (부동산의 가치가 상승해 담보물의 가치가 상승하기 때문에) 부채가 증가하도록 내버려두기보다는 상승하는 시장을 상대로 '바람에 거스르기'를 시도할 수 있다. 이것은 연준 의장을 지냈던 앨런 그린스펀의 판단, 즉 1990년대 후반 강력한 경제 성장을 견인하던 닷컴 붐이 버블인지, 혹은 전자상거래 부문에서 나타나는 근본적인 변화인지를 결정하는 것이 실현 가능하지 않다는 생각에서 벗어나 1955년으로 거슬러 올라가는 신중한 접근 방식으로, 당시 연준 의장이던 윌리엄 맥체스니 마틴*William McChesney Martin*의 판단, 즉 연준이 경제를 가라앉히기 위해 금리를 인상하는 것은 샤프롱*chaperone*(과거 사교 행사 때 젊은 미혼 여성을 보살펴 주던 나이 든 여인-옮긴이)이 파티가 막 달아오르기 시작할 때 펀치볼을 치우라고 지시하는 것과 같다는 생각으로 되돌아가는 것이다.[4] 이제 중앙은행가들은 버블이 터지도록 내버려두고 이후의 결과를 처리하는 대신에 펀치볼을 치우려고 하는 경향이 더 강하다.

또 다른 교훈은 대출이 국경을 쉽게 넘어서 이루어지기 때문에 초국가적인 규제와 감시가 필요하며, EU 단일 시장 내에서는 더욱 그러하다는 것이다. 이젠 주요 은행들의 활동을 감시하는 EU의 은행연합뿐만 아니라 은행의 자본 요건을 설정하는 금융안정위원회와 같은 글로벌 기구들의 역할이 더욱 중요해졌다.

위기가 공유하는 두 번째 특성인 신뢰성이 중요하다는 사실은 특히 선진국뿐만 아니라 신흥국에도 영향을 미쳤던 외환위기를 통해 많은 교훈을 제공한다. 고정환율제도에서는 고정환율을 유지하고자 통화를 매입하기 위한 준비금을 충분히 보유하고 있더라도, 그 준비금이 외환 투기에 직면했을 때 환율 붕괴를 막기에는 충분하지 않을 수 있다. 하지만 이런 준비금은 어쨌든 도움이 된다. 그래서 아시아 금융위기 이후로 신흥국들은 2000년대 초반에 준비금을 쌓아놓았다.

하지만 이런 준비금은 한정되어 있다. 그리고 통화 가치를 방어하려면 구매자를 끌어들이기 위해 금리를 올려야 한다. 바로 이 지점에서 신뢰성이 주목을 받는다. 1992년 유럽 환율 메커니즘 위기에서는 영국, 스페인 및 그 밖의 유럽 국가들이 궁극적으로 불황 시기에는 고정환율제도를 유지하기 위한 금리 인상을 주저한다는 것을 보여주었다. 정책 입안자들이 실업 증가로 인한 피해보다 환율을 더 중요하게 생각한다는 말은 믿기 어려웠다. 금리가 높다는 것은 통화 구매자에게 수익률이 높다는 것을 의미하지만, 차입 비용이 많다는 것을 의미한다. 이는 불황을 맞이해 경기를 진작시켜야 하는데, 수요를 위축시킨다. 환율 유지를 우선시하는 통화 정책은 믿음을 주지 못할 수도 있다. 여기서 정책 입안자들이 얻을 수 있는 교훈은 환율 제도 선택이 경제적 목표와 확실한 조화를 이루도록 해야 한다는 것이다. 예를 들어 영국이 변동환율제도를 채택한 것은 통화 정책이 파운드화의 특정 가치를 유지하기보다는 국내의 경기 변동을 관리하는 데 중점을 두고 있다는 것을 보여주는 신호였다.

　신뢰성과 관련된 또 다른 교훈은 전염성을 특징으로 하는 3세대 외환위기(1장)에서 나온다. 아시아 금융위기는 투자자들이 하나의 투자 부문이라 할 신흥 시장에서 투자금을 회수하자 튀르키예, 러시아 및 라틴아메리카로 번졌다. 말레이시아는 외환위기를 촉발한 '핫머니'의 유출을 막으려고 1990년대 말 외환위기가 급속하게 확산하는 시기에 자본 통제를 시행했다. 자본 통제는 위기를 관리하기 위한 유용한 도구가 될 수도 있었지만, 국경을 폐쇄하더라도 빠져나갈 틈이 있기 때문에 결코 완벽한 도구는 아니었다. 또한 투자자들은 투자금 회수를 허용하지 않는 국가로 되돌아오는 것을 꺼릴 수도 있다.

　정부는 예방 조치의 일환으로 재정적으로 건전한 모습을 보여주고,

투자자들이 신흥국에서 보유 자산을 집단으로 매도하는 일에 휘말리지 않도록 자국을 차별화할 필요가 있다. 2013년 연준이 양적완화를 축소하려는 움직임을 보이자 일부 신흥국에서만 매도세로 돌아섰던 '긴축 발작'에서 알 수 있듯이, 투자자들은 더욱 깊은 안목을 갖게 되었다. 그들은 브라질·인도·인도네시아·남아프리카공화국·튀르키예로 구성된, 달러화 표시 부채가 상당히 많은 '5대 취약국'에서 빠져나왔지만 다른 국가에서는 빠져나오지 않았다. 투자자들의 이런 행보가 각국 정부에 주는 교훈은 부채가 지나치게 많아서는 안 되며, 투자자들이 보유 자산을 집단으로 매도하는 일에 휘말리지 않도록 재정적으로 건전한 모습을 보여주어야 한다는 것이다.

또한 신뢰성의 결여는 2010년에 채권 투자자들이 취약한 국가의 채권, 특히 그리스 채권을 집단으로 매도했을 때 유럽의 은행 위기가 어떻게 국채 위기에 이르게 했는지를 설명한다. 이는 단일 통화에 대한 실존적 논쟁으로 이어졌다. 결국 유럽 은행 위기는 새로운 기관을 설립하고 유로화의 미래에 대한 정치적 약속을 하는 것으로 끝났다. 이는 금융 시장이 이러한 약속을 신뢰할 수 있는 것으로 간주했기 때문에 효과가 있었다.

마지막으로 얻을 수 있는 교훈은 위기의 여파에 관한 것이다. 그 특징은 위기의 원인과 정책 입안자들이 취한 행동에 대한 신뢰성에 의해 결정된다. 따라서 정책 입안자들이 부채 수준을 규제하고 위기에 대처하기 위한 신뢰할 만한 조치를 신속하게 실행함으로써 역사로 배운 것을 실행할 수 있다면, 다음에 발생하는 위기가 세계적인 대폭락이 되지 않도록 할 수 있을 것이다.

정책 입안자들만 지난 역사를 통해 교훈을 얻을 수 있는 건 아니다. 우리 모두 도취감, 신뢰성 및 그 여파를 정확히 이해해서 향후 필연적으로 발생할 위기에 훌륭하게 대비할 수 있다.

첫째, 도취감을 경계하고 지나치게 많은 대출을 받아서 상승하는 시장으로 몰려가지 않아야 한다. 도취감에 들뜬 시장을 그저 바라보기만 하는 게 쉽지는 않은 일이지만, 괜히 뛰어들었다가 너무 많은 빚을 지고 필연적인 붕괴가 발생할 때 갚지 못한다면 더 힘든 상황을 맞이할 것이다. 상승 궤적과 버블을 구별하는 것은 어렵지만, 모든 시장은 버블이 있든 없든 언젠가는 하락할 것이기 때문에 교훈은 다르지 않다. 자금은 신중하게 빌려야 한다. 시장은 다시 상승할 테니 오히려 장기적으로 투자해야 한다. 그리고 여기에 실천하기 어려운 것이 하나 있는데, 시장이 바닥을 칠 때 매도하거나 물러나지 말아야 한다. 연금을 일시금으로 받을 것인지 혹은 매달 받을 것인지에 대한 결정이 퇴직 후 소득을 감소시키는 자산 가치의 손실에서 헤어나지 못하게 할 수 있으므로, 전문가의 조언을 구하고 그렇게 하기 전에 먼저 시장이 어떻게 움직이고 있는지를 주의 깊게 살펴봐야 한다.

둘째, 다음 폭락이 언제 발생할 것인지를 확인하는 건 분명 어려운 일이지만, 우리는 그게 어떻게 전개될 것인지를 밝히는 신뢰할 만한 정책의 증거를 찾을 수 있다. 시장이 너무 많은 부채로 상승이 둔화될 때, 그것이 잠재적인 폭락을 알리는 신호라 볼 수 있다. 이 신호가 위기로 이어질지는 정책 입안자들이 시장의 수축을 도모하고 경제에 미치는 충격을 완화할 수 있는가에 달려 있다. 예를 들어 상승하는 시장에서 부채 규모를 줄이기 위한 규제 조치가 마련되어 있는가? 정부가 노동자들이 일을 계속하고 생존 가능한 기업이 침몰하지 않도록 정책적으로 지원해서 위기가 깊은 불황으로 이어질 가능성이 낮은가?

셋째, 금융 시장은 수 세기 동안 정기적으로 폭락했으며 그 여파가 상당히 다양하게 전개된다는 사실을 명심하고, 조만간 다음 위기가 발생할 것으로 생각하면서 금융 정책을 마련하는 것이 가장 바람직하다. '만일의 경우를 대비하라'는 옛말이 이를 잘 전달한다. 제조업계도 배워야 할 교훈이 있다. 파도가 높은 시장을 효과적으로 헤쳐 나가는 아마존과 같은 기업들은 살아남았을 뿐만 아니라 위기 속에서도 번창했다. 위기는 필연적으로 강자로부터 약자를 떼어놓았고, 분별 있게 투자해 좋은 위치에 자리를 잡은 기업이 위기가 끝날 때 훨씬 더 나은 자리를 차지할 수 있다.

러시아-우크라이나 전쟁이 초래한 생활비 위기

이 글을 쓰고 있을 때 2022년 2월에 시작된, 주요 원자재 수출국인 러시아와 우크라이나의 전쟁으로 인한 두 자릿수의 인플레이션이 전 세계적으로 심각한 생활비 위기를 초래하고 있었다. 에너지 가격과 그 밖의 원자재 가격이 빠르게 상승하면서 인플레이션을 일으켰고, 동시에 경기가 침체해 1970년대의 높은 인플레이션과 함께 경기 침체가 발생하던 스태그플레이션을 떠올리게 했다.

중앙은행들은 인플레이션 압박에 맞서 금리를 인상했다. 이에 따라 차입 비용이 증가하고 주식 가격이 하락했다. 미국 주식 시장은 약세장으로 돌아섰고, 주가는 그해 1분기와 3분기 사이에 20% 넘게 하락했다. 도취감에 들뜨고 결국에는 버블이 터지게 되는 사례가 아니었다. 더욱 엄격한 신용 조건과 생산자들에게는 비용을 증가시키고 소비자들에게는 가처분소득을 감소시키는 세계 공급 가격에 대한 충격에 불황이 뒤따를 것이라는 투자자들의 우려에서 나온 폭락이었다. 불황은 매출 감소로 이어져 기업들의 주가에 반영되었다. 따라서 외부의 충격으로 주식 시장과 경기가 모두 하락하고 있다. 비록 금융위기는 아니지만, 이런 위기의 두 번째 특성이라 할 통화 정책의 신뢰성은 위기가 경제에 어느 정도로 영향을 미칠 것인가를 결정하는 중요한 요인으로 남아 있다.

1970년대에서 얻는 교훈은 인플레이션을 통제하기 위해 금리를 인상하면 경제를 침체로 몰아넣을 수 있다는 것이었다. 1981년, 폴 볼커 연준 의장은 미국 금리를 20%까지 인상하며 약 15%에 달하던 인플레이션을 끌어내렸지만, 미국과 세계 경제는 침체의 늪에 빠졌다. 1년이 지나 인플레이션이 5%로 하락하면서 통화 정책의 효과가 나타났지만, 그 과정에서 실업률이 11%로 증가하는 대가를 치렀다. 오늘날 중앙은행들은 또다시 인플레이션을 통제하기 위해 노력하고 있지만, 1980년대 초의 상황을 되풀이할 정도로 강하게 밀어붙이지는 않는다. 인플레이션을 통제하는 것은 두말할 필요 없이 어려운 일이다. 러시아와 우크라이나의 전쟁은 1970년대의 오일 쇼크와 마찬가지로 중앙은행들이 통제할 수 있는 범위를 넘어선 일이지만, 중앙은행들의 행보는 생활비 위기가 국민과 기업에 어느 정도로 영향을 미칠 것인지를 좌우할 수 있다.

개발도상국들은 여전히 코로나19 팬데믹 여파에서 빠져나오려고 노력 중이고, 이들 중 다수가 IMF의 구제를 받고 있다. 따라서 이미 일부 국가에서는 국채 위기가 발생했다. 그러나 지금의 에너지 위기의 완전한 여파를 평가하기 전에 확실히 더 많은 고통이 다가올 것이다.

코로나19 위기를 극복하는
위대한 재설정

이 책에서 다룬 마지막 대폭락도 우리 모두의 미래를 위한 몇 가지 통찰을 제시한다.

어쩌면 코로나19 위기가 워낙 이례적이라 가장 참신한 교훈을 제공하는지도 모른다. 물론 국민들을 위한 소득 지원과 기업들을 위한 유동성 지원을 신속하게 추진한 것을 포함해 세계적인 유행병의 경제적 충격을 관리하는 것에 대한 중요한 교훈이 있다. 그러나 폐쇄 조치는 우리가 일을 하고, 쇼핑을 하고, 교육을 받는 방식을 갑자기 멈추게 했다. 아울러 재택근무를 가능하게 하고 다양한 온라인 활동과 함께 전자상거래를 촉진하는 기술을 대대적으로 채택하게 했다. 결과적으로 우리는 '행복, 공정성, 친환경 경제'라는 적어도 세 가지 차원에서 '위대한 재설정 *great reset*'의 가능성을 마주하고 있다.

지금 우리는 경제의 흐름을 바꾸기 위해 이런 일시 정지를 활용하는 위대한 재설정을 목격하고 있다. 기술을 활용하면 질적으로 다른 방식으로 경제 성장을 이루는 것이 가능하다. 아마도 가장 극적인 변화는 우리가 일을 하는 방식에 있을 것이다. 보다 유연한 근무가 일과 삶의 균형을 바꿀 수 있다. 비록 우리가 줌Zoom과 같은 기술을 코로나19 팬데믹 이전에도 이용할 수 있었지만, 폐쇄 조치를 시행하는 동안 이 기술을 광범위하게 채택한 것이 그 이후로도 계속 이어졌다(한쪽에서만 전화기를 가지고 있으면 무용지물인 것처럼, 오직 당신만 줌 앱을 가지고 있으면 그 기술을 사용할 수가 없는 것이다!). 기술로 가능해진 원격 근무를 수용하도록 업무 관행을 바꾸면, 개별 기업부터 시작해 경제 전체의 생산성을 높일 수 있다. 혁신 기술이 경제 전반에 영향을 미치려면 그 기술을 채택하는 것이 필요하다. 이는 생각보다 어려운 일이다. 우리는 기술에 둘러싸여 살고 있지만, 여전히 더딘 경제 성장에 직면해 있다. 이는 위대한 경제학자 로버트 솔로Robert Solow가 "컴퓨터 시대는 도처에서 확인되고 있지만, 생산성 통계는 그렇지 못하다"라고 한 이후 '솔로 패러독스Solow paradox'라고 알려져 있다.[5] 그런데도 코로나19 팬데믹은 혁신 기술의 채택을 촉진한 것으로 입증되었다. 이는 생산성을 증진하고, 생활 수준을 높이고, 근무 시간을 자율적으로 정하는 사람들의 행복을 증진하기 위한 열쇠가 될 수 있다.

둘째, 공정성을 증진하기 위한 정책도 또 다른 재설정이 절실히 요구된다. 우리는 전 세계 거의 모든 국가에서 정부의 고용과 민생을 위한 지원을 볼 수 있었다. 영국처럼 일시 해고제를 전혀 실시하지 않았던 국가들이 전면적인 폐쇄 조치를 시행한 후 이를 신속하게 채택했다. EU가 어려움에 처한 국가들이 국민에게 직접 지원할 수 있도록 EU 예산에 소요되는 자금을 조달하기 위해 공동으로 채권을 발행한 것은 유로존 국가들이 10년 전의 유로 위기 시기에는 하지 않았던 일이다. 미국은 불황이 닥치면 국민 소득을 위해 수표를 지급하겠지만, 미국과 그 밖의 국가들이 반복해서 직접적으로 지급한 지원금이 보편적 기본 소득universal *basic income* 논의를 촉발시켰다. 보편적 기본 소득에 따르면, 모든 국민이 개인의 소득과 상관없이 매달 정부로부터 기본적인 생활 수준을 유지하는 데 필요한 지원금을 받는다.

코로나19가 대유행하기 이전 수년에 걸쳐 불평등이 심화된 사실을 감안하면, 고용 수준을 유지하고 기업이 좋은 일자리를 제공하도록 장려하는 정부 지출이 향후 정부가 경제 성장을 개념화하는 데 중요한 변수가 될 수 있다. 국민은 힘든 시기에 기본 소득의 지원이 갖는 장점을 보았다. 국가마다 크게 다르지만, 복지 혜택을 제공해야 하는 국가의 역할은 코로나19 팬데믹에서 강조되었고 공정성을 증진하기 위한 미래의 조치는 앞으로도 계속 긍정적으로 여겨질 것이다.[6]

셋째, 친환경 경제는 위대한 재설정에서 중요한 부분을 차지할 것이다. 폐쇄 조치로 이동이 제한된 상태에서 대기 오염 수준이 급격히 낮아졌지만, 금방 예전 수준으로 돌아갔다. 공중 보건에 관심을 집중하고 있는 상황에서 환경 문제는 뒷전으로 밀려날 것이라는 우려가 있었다. 그러나 2021년에는 환경에 대한 관심이 부활해 새로 출범한 바이든 행정부는 다시 파리기후변화협약*Paris Climate Change Accord*을 준수하기로 했고, 그해 11월 영국에서 열린 제26차 유엔기후변화협약 당사국총회*COP26* 정상회의에서도 전 세계적인 노력이 계속되었다. 또한 IMF는 친환경 성장이 환경 인프라에 대한 공공 투자를 통해 고용 창출을 포함해 더 많은 수익을 창출한다는 사실을 강조했다.

궁극적으로 친환경 경제는 패러다임의 전환을 촉구하는 광범위한 이해관계자들을 필요로 할 것이다. 20세기 초 복지국가가 등장했을 때와 마찬가지로, 법적 규제 조치 외에도 광범위한 사회적 변화를 요구할 것이다. 변화의 필요성이 널리 받아들여질 때, 공식적인 조치들은 그저 통과될 뿐만 아니라 중요하게 수용된다. 법률상의 조치가 효력을 가지려면, 사실상의 준수가 있어야 한다. 위대한 경제학자 더글러스 노스*Douglass North*가 신제도주의 경제학*New Institutional Economics*이라는 학파를 정립한 이후, '게임의 규칙'을 정하는 데 공식적·비공식적 제도가 중요한 역할을 한다는 사실은 잘 알려져 있다.[7] 때로는 규제나 세제가 여론을 앞서가지만, 다른 것들은 뒤처지기도 한다. 그러나 지속적인 변화는 사회의 수용을 요구하는데, 이는 사람들이 그 대의에 설득될 때만 가능한 일이다. 따라서 단순히 법을 변경하거나 규제를 부과하는 것만으로는 충분하지 않다. 기후와 관련된 그 어떤 조치들도 공공의 영역뿐만 아니라 민간의 영역에서 이해관계자들의 지지와 수용을 요구할 것이다.

규범이 어떻게 변화하고 있는지를 보여주는 예로 기업이 환경*Environment*, 사회*Social*, 지배구조*Governance*를 의미하는 ESG를 주요 과제로 다루는 추세를 들 수 있다. ESG는 코로나19 팬데믹으로 더 강화되었다. 많은 기업이 규제에 입각한 요구에 자극을 받아 ESG, 특히 새로운 환경 목표라는 전략을 세우고 있다. 기업들은 유엔 글로벌 콤팩트*UN Global Compact*(유엔과 기업 간 협력을 통해 유엔이 추진하고 있는 지속 가능한 개발에 기업들의 동참을 장려하고 국제 사회 윤리와 국제 환경을 개선하고자 발의한 유엔 산하 전문기구―옮긴이)를 통해 '2030 지속 가능한 개발 목표*2030 Sustainable Development Goal*'를 지지하는 서명을 했으며, 때로는 자국 정부의 목표보다 더 야심차게도 탄소 순배출 제로라는 목표를 설정하고 있다. 또한 전문가와 금융회사들이 기업을 대상으로 ESG 등급을 매기는 사례가 늘고 있다. 이 등급은 완벽하지는 않을지언정 투자자들이 좋은 등급을 받은 기업을 선택하고 환경·사회·지배

구조 규범을 준수하지 않는 기업을 걸러내는 데 도움이 된다. 이런 노력은 탄소 순배출 제로를 달성하기 위한 법률과 같은 공식적 조치를 보완하고 그 효과를 증진한다.

이런 노력은 말만 번지르르하다는 비판을 받아온 기업의 사회적 책임의 새로운 형태에 불과해질 위험이 있다. 그러나 사회 규범의 변화는 환경에 대한 책임을 다하는 기업을 좋게 보게 되는 사회적 변화를 반영한다. 고객들과 기업의 직원들도 이런 변화를 점점 더 많이 요구하고 기대한다. 또한 회사를 경영하거나 투자하는 이들은 스스로가 사회에서 자신의 본분을 다하기를 원하는 사람들일 것이다.

이는 패러다임의 전환이나 재설정이 어떻게 발생하는지에 대한 요체이며, 무엇이 수용 가능한 변화인가에 대한 합의를 의미한다. 한 세기전, 복지국가의 등장 배경에는 받아들이기 힘든 수준의 빈곤과 불평등이 있었다. 오늘날에는 우리가 사는 지구의 파괴가 그러하다.

개인으로서 우리는 새로운 합의에 도달하기 위해 역사에서 얻은 교훈을 실행에 옮기고, 우리의 지속적인 노력이 중요하다는 것을 인식하는데 중요한 역할을 한다. 진보는 선형적이지 않고, 정부와 기업은 역행할수도 있기 때문이다. 우리는 공공 및 사회 포럼에서 친환경 경제의 가치를 강조하는 재활용과 탄소 순배출 제로와 같은 우리의 실천 방안을 논의할 수 있다. 우리는 기후 변화에 대처하는 정책을 실행하고, 모두의 평등을 장려하고, 더 나은 기회를 제공하려는 정치인들에게 투표할 수 있다. 우리는 직원들을 공정하게 대우하지 않거나 환경 관련 약속을 지키지 않는 기업을 상대로 불매 운동을 펼칠 수 있다. 우리는 공동의 노력을 통해 우리의 행복을 증진하고 정부에 공정한 정책을 요구하고 기업에 환경 및 사회적 영향에 대한 책임을 요구하기 위해 '위대한 재설정'을 촉발할 수 있다.

코로나19 팬데믹 이후 위대한 재설정이 코로나19 위기에서 빠져나와 행복하고, 공정하고, 환경을 생각하는 21세기로 가기 위한 길일 수 있다. 이는 한 세기에 걸친 대폭락에서 얻을 수 있는 가장 확실한 교훈일 것이다.

이 책을 펴내면서 감사의 말을 전해야 할 사람들이 너무나도 많다. 우선 바이킹/펭귄 랜덤하우스*Viking/Penguin Random House*의 발행인 다니엘 크레웨 *Daniel Crewe*에게 깊은 감사의 마음을 전한다. 크레웨는 최고의 출판업자 가 되기 위한 모든 요소를 갖췄다. 항상 변치 않는 인내심을 가지고 나 를 도와준 그가 있기에 나는 무척 운이 좋은 사람이다. 또한 그가 뛰어 난 통찰력을 가지고 원고를 편집해서 많은 도움을 받았다. 펭귄 비즈니 스*Penguin Business*에서 함께 일하는 크레웨의 동료 셀리아 부주크*Celia Buzuk* 에게도 감사의 마음을 전하고 싶다. 그녀는 내가 힘들 때 따뜻한 격려의 말을 전했고, 내가 쓴 글에 생기를 불어넣는 뛰어난 능력을 발휘했다. 또한 엘리 스미스*Ellie Smith*를 비롯한 펭귄 랜덤하우스의 전 직원에게도 감사의 말을 전하고 싶다. 특히 엘리 스미스가 없었더라면 이 책은 세상에 나오지 못했을 것이다. 그들의 전문성과 친절함에 깊은 감사를 표하고 싶다.

잰클로우 앤 네스빗*Janklow & Nesbit*의 저작권 대리인 윌 프랜시스*Will Francis*에게도 진심으로 감사의 마음을 전한다. 그는 저작권 부문에서 최고의 입지를 구축했다. 프랜시스처럼 뛰어난 능력을 가진 사람과 오랫동안 인연이 되어 함께 일하게 된 것이 나한테는 대단히 감사한 일이었다.

원고 교정을 맡은 트레버 호우드*Trevor Horwood*에게도 깊은 감사의 마음을 전하고 싶다. 내가 말하고 싶은 내용을 더 명료하고도 효과적으로 전달하기 위해 문장을 다듬는 그의 능력은 놀라움을 주기에 충분했다. 원고를 정리하면서 그의 도움을 받는 것은 커다란 행운이었다.

또한 2021년부터 2022년까지 링-펜싱*Ring-Fencing*(보호막 제도)과 프롭 트레이딩*Proprietary trading*(자기자본거래)에 관한 독립 검토 패널*Independent Review Panel*에 참여할 기회를 준 영국 재무부에도 감사의 마음을 전한다. 경제학자인 나는 2008년 위기 이후로 10년에 걸쳐 영국의 은행 규제 시스템을 검토했던 6인의 패널에 참여하면서 금융 폭락을 더욱 깊이 이해하는 많은 통찰과 지식을 얻을 수 있었다.

내가 BBC와 블룸버그 TV에서 근무한 경험도 이 책을 집필하는 데 많은 도움이 되었다. 두 방송사에서 근무하는 훌륭한 동료들 덕분에 이 책에서 다루는 몇몇 대폭락을 취재할 수 있었다. 나는 텔레비전과 라디오 프로그램의 뉴스캐스터로 등장했지만, 모두 동료들이 무대 뒤에서 열심히 일한 덕분이었다. 방송, 금융 시장 그리고 인터뷰 대상자들을 최대한 활용하는 요령에 관해 많은 것을 배울 수 있어서 감사할 따름이다.

그리고 나의 가족, 특히 뛰어난 경제학자로 성장하고 있는 그램*Graeme*

에게 감사의 마음을 전하고 싶다. 그들의 지원이 없었다면 이 모든 것은 이루어지지 않았을 것이다.

마지막으로 이 책을 손에 쥔 모든 독자에게도 감사의 마음을 전한다. 우리는 오직 공동의 노력을 통해서만 최악의 오류를 되풀이하지 않고 지난 역사에서 교훈을 얻을 수 있을 것이다.

주석

프롤로그

1   J. K. Galbraith, *A Short History of Financial Euphoria*, New York: Whittle Books in association with Viking, 1993, p. 13.

2   Gary Richardson et al., 'Stock Market Crash of 1929', Federal Reserve History, 2013, www.federalreservehistory.org/essays/stock-marketcrash-of-1929.

3   Robert Z. Aliber and Charles P. Kindleberger, *Manias, Panics, and Crashes: A History of Financial Crises*, 7th edn, Basingstoke: Palgrave Macmillan, 2015, p. 201.

4   Linda Yueh, *The Great Economists: How Their Ideas Can Help Us Today*, London: Viking, 2018, p. 95. (린다 유, 안세민 역, 《위대한 경제학자들의 대담한 제안》, 청림출판, 2020)

5   Gary Richardson, 'The Great Depression: 1929~1941', Federal Reserve History, 2013, www.federalreservehistory.org/essays/great-depression.

6   Richardson et al., 'Stock Market Crash of 1929'.

7   Aliber and Kindleberger, *Manias, Panics, and Crashes*, p. 137.

8   Ibid.

9   Melvyn Bragg, 'John Steinbeck's Bitter Fruit', *Guardian*, 21 November 2001, accessed 15 August 2022, www.theguardian.com/books/2011/nov/21/melvyn-bragg-on-john-steinbeck.

10 Michael Gou et al., 'Banking Act of 1932', Federal Reserve History, 22 November 2013, www.federalreservehistory.org/essays/banking-actof-1932.

11 William L. Silber, 'Why Did FDR's Bank Holiday Succeed?' *Economic Policy Review*, 15(1) (2009), 19~31, www.newyorkfed.org/research/ epr/09v15n1/0907silb.html.

12 Patricia Waiwood, 'Recession of 1937~1938', Federal Reserve History, 2013, www.federalreservehistory.org/essays/recession-of-1937-38.

13 Richardson, 'The Great Depression: 1929~1941'.

14 Kimberly Amadeo, 'Black Monday in 1929, 1987, 2015, and 2020', *The Balance*, 26 January 2022, accessed 17 July 2022, www.thebalance.com/what-is-black-monday-in-1987-1929-and-2015-3305818.

1장

1 Sandra Kollen Ghizoni, 'Creation of the Bretton Woods System, July 1944', Federal Reserve History, 2013, www.federalreservehistory.org/ essays/bretton-woods-created.

2 Ivo Maes with Ilaria Pasotti, *Robert Triffin: A Life*, Oxford: Oxford University Press, 2021, p. 145.

3 Paulina Restrepo Echavarria and Praew Grittayaphong, 'Bretton Woods and the Growth of the Eurodollar Market', Federal Reserve Bank of St. Louis on the Economy blog, 22 January 2022, accessed 30 August 2022, www.stlouisfed.org/on-the-economy/2022/january/brettonwoods-growth-eurodollar-market.

4 Aliber and Kindleberger, *Manias, Panics, and Crashes*, p. 202.

5 Trade Association for the Emerging Markets (EMTA), 'The Brady Plan', accessed 14 October 2022, www.emta.org/em-background/thebrady-plan/.

6 Phillip Inman, 'Black Wednesday 20 Years On: How the Day Unfolded', *Guardian*, 13 September 2012, accessed 19 August 2022, www.theguardian.com/business/2012/sep/13/black-wednesday-20-years-pounderm.

7 Paul Krugman, 'Devaluing History', *New York Times*, 24 November 2010, accessed 19 August 2022, https://archive.nytimes.com/krugman.blogs.nytimes.com/2010/11/24/devaluing-history/.

8 Dani Rodrik, 'Globalization's Wrong Turn: And How It Hurt America', *Foreign Affairs*, 98(4) (2019), pp. 26~33, p. 26.

9 Chris Wright, 'Asia '97: The Financial Crisis That Left Its Mark for Good', *Euromoney*, 9 May 2019, accessed 19 August 2022, www.euromoney.com/article/b1f7pksth48x10/asia-97-the-financial-crisis-that-leftits-mark-for-good.

10 Maggie Farley, 'Malaysia Leader, Soros Trade Barbs', *Los Angeles Times*, 22 September 1997, accessed 18 July 2022, www.latimes.com/archives/la-xpm-1997-sep-22-fi-34969-story.html.

2장

1 Associated Press, 'Obama Accuses McCain of Smear Tactics', NBC News, 5 October 2008, accessed 18 July 2022, www.nbcnews.com/id/wbna27034817.

2 Robert D. McFadden, 'Charles Keating, 90, Key Figure in '80s Savings and Loan Crisis, Dies', *New York Times*, 2 April 2014, www.nytimes.com/2014/04/02/business/charles-keating-key-figure-in-the-1980s-savingsand-loan-crisis-dies-at-90.html.

3 Lawrence J. White, *The S&L Debacle: Public Policy Lessons for Banks and Thrift Regulation*, New York and Oxford: Oxford University Press, 1991, p. 59.

4 Ibid.

5 Michael Corbett, 'Oil Shock of 1973~1974', Federal Reserve History, 22 November 2013, www.federalreservehistory.org/essays/oil-shockof-1973-74.

6 Steven Kettell, 'Oil Crisis', *Encyclopedia Britannica*, 31 January 2020, www.britannica.com/topic/oil-crisis.

7 White, *The S&L Debacle*, p. 64.

8 Ibid., p. 70.

9 Ibid., p. 77.

10 James R. Barth, Susanne Trimbath and Glenn Yago, 'The U.S. Savings and Loan Crisis in Hindsight 20 Years Later', in *The Savings and Loan Crisis: Lessons from a Regulatory Failure*, The Milken Institute Series on Financial Innovation and Economic Growth, vol. 5, Boston, MA: Springer, 2004, pp. 179~250, p. 185.

11 Ibid., p. 186.

12 Aliber and Kindleberger, *Manias, Panics, and Crashes*, p. 89.

13 Tom Nicholas and Matthew G. Preble, 'Michael Milken: The Junk Bond King', Harvard Business School Case 816-050, March 2016, revised May 2021, www.hbs.edu/faculty/Pages/item.aspx?num=50852.

14 Aliber and Kindleberger, *Manias, Panics, and Crashes*, p. 155.

15 Ibid., p. 156.

16 Ibid., p. 90.

17 Ibid., p. 156.

18 White, *The S&L Debacle*, p. 99.

19 Ibid., p. 103.

20 Kitty Calavita, Robert H. Tillman and Henry N. Pontell, 'The Savings and Loan Debacle, Financial Crime, and the State', *Annual Review of Sociology*, 23 (1997), 19~38, www.jstor.org/stable/2952542, pp. 23~24.

21 White, *The S&L Debacle*, p. 109.

22 Ibid., p. 109.

23 Ibid., p. 110.

24 Aliber and Kindleberger, *Manias, Panics, and Crashes*, p. 29.

25 White, *The S&L Debacle*, p. 139.

26 Ibid., p. 147.

27 Ibid., p. 151.

28 David Mason, 'Savings and Loan Industry, US', *EH.net Encyclopedia*, ed. Robert Whaples, 10 June 2003, http://eh.net/encyclopedia/ savings-and-loan-industry-u-s/.

3장

1   World Bank, *World Development Report: The Challenge of Development*, Washington, DC, 1991, https://openknowledge.worldbank.org/handle/10986/5974.

2   Alice H. Amsden and Ajit Singh, 'The Optimal Degree of Competition and Dynamic Efficiency in Japan and Korea', *European Economic Review*, 38(3~4) (1994), 941~951.

3   Ajit Singh, 'International Competitiveness and Industrial Policy', in Irfan ul Haque, ed., *International Competitiveness: Interaction of the Public and the Private Sectors*, Washington, DC: World Bank, 1990, pp. 41~44, p. 41.

4   Jeffrey Frankel, 'The Plaza Accord, 30 Years Later', NBER Working Paper 21813, 2015, www.nber.org/papers/w21813.

5   Christopher Wood, *The Bubble Economy: Japan's Extraordinary Speculative Boom of the '80s and the Dramatic Bust of the '90s*, London, Sidgwick & Jackson, 1992, p. 53.

6   Ibid., p. 117.

7   AP News, 'Susumu Ishii, Former Underworld Boss at Center of Scandal, Dead at 67', 3 September 1991, accessed 14 July 2022, https://apnews.com/article/0526cb865863c5a82566cb93e4a1d885.

8   *Chicago Tribune*, 'Japan Bank Woes Take Ominous Turn', 30 October 1994, accessed 14 July 2022, www.chicagotribune.com/news/ct-xpm1994-10-30-9410300273-story.html.

9   Michael Hirsh, 'Finance Minister, Bank Heads Announce Resignation in Clean Sweep', AP News, 4 October 1991, accessed 14 July 2022, https://apnews.com/article/bcb726865da3f947535b2de9689fc7ff.

10 Leslie Helm, 'Japanese Bank Says It Loaned Billions to Scandal Figure', *Los Angeles Times*, 15 August 1991, accessed 14 July 2022, www.latimes.com/archives/la-xpm-1991-08-15-fi-843-story.html.

11 Claudia Dziobek and Ceyla Pazarbasioglu, 'Lessons from Systemic Bank Restructuring: A Survey of 24 Countries', IMF Working Paper WP/97/161, 1997.

12 Kiyohiko G. Nishimura and Yuko Kawamoto, 'Why Does the Problem Persist? "Rational Rigidity" and the Plight of Japanese Banks', RIETI Discussion Paper

Series 02-E-003, March 2002, p. 14.

13 Jennifer A. Amyx, *Japan's Financial Crisis: Institutional Rigidity and Reluctant Change*, Princeton: Princeton University Press, 2004, p. 183.

14 Ibid.

15 *Nihon Keizai Shimbun*, 21 October 1998.

16 *Nihon Keizai Shimbun*, 12 October 2001.

17 Amyx, *Japan's Financial Crisis*, p. 1.

4장

1 Abby Miller, 'No More Checks from CyberRebate', DNM News, 29 May 2001, accessed 16 September 2022, www.dmnews.com/no-morechecks-from-cyber-rebate/.

2 Robert J. Shiller, *Irrational Exuberance*, Princeton: Princeton University Press, 2000.

3 David Goldman, '10 Big Dot.com Flops', CNN Money, 10 March 2010, accessed 25 May 2022, https://money.cnn.com/galleries/2010/technology/1003/gallery.dot_com_busts/.

4 Amazon, 'Amazon.com Announces Investment in Pets.com', 29 March 1999, https://press.aboutamazon.com/news-releases/news-releasedetails/amazon-com-announces-investment-petscom.

5 Brad Stone, 'Amazon's Pet Projects', *Newsweek*, 21 June 1999, p. 56.

6 Ibid.

7 Ibid.

8 Pui-Wing Tam and Mylene Mangalindan, 'Pets.com's Demise: Too Much Litter, Too Few Funds', *Wall Street Journal*, 8 November 2000, p. B1+.

9 Goldman, '10 Big Dot.com Flops'.

10 Brett Trueman, M. H. Franco Wong and Xiao-Jun Zhang, 'The Eyeballs Have It: Searching for the Value in Internet Stocks', *Journal of Accounting Research*, 38 (2000), 137~162.

11 Ibid.

12 Andrew Chen, *The Cold Start Problem: Using Network Effects to Scale Your Product*, New York: Random House Business, 2021.

13 Jennifer Thornton and Sunny Marche, 'Sorting Through the Dot Bomb Rubble: How Did the High-Profile E-tailers Fail?' *International Journal of Information Management*, 23 (2003), 121~138.

14 Andrew Hill, 'IPOs and the Ghost of Pets.com's Sock-Puppet', *Financial Times*, 19 February 2014, accessed 25 May 2022, www.ft.com/content/db124a89-98bf-3474-97e3-83df3cf6b5ee.

15 John Kay, *The Foundations of Corporate Success: How Business Strategies Add Value*, Oxford: Oxford University Press, 1993, p. vi.

16 Yueh, *The Great Economists*; Charles Mackay, *Memoirs of Extraordinary Popular Delusions and the Madness of Crowds*, 2nd edn, vol. 1, London: Office of the National Illustrated Library, 1852.

17 Aart Kraay and Jaume Ventura, 'The Dot-Com Bubble, the Bush Deficits, and the US Current Account', in Richard H. Clarida, ed., *G7 Current Account Imbalances: Sustainability and Adjustment*, Chicago: University of Chicago Press, 2007, pp. 457~495.

18 Ibid.

19 Jacob Schlesinger, 'How Alan Greenspan Finally Came to Terms with the Market', *Wall Street Journal*, 8 May 2000, accessed 18 May 2022, www.wsj.com/articles/SB95774078783030219.

20 Ibid.

21 Ibid.

22 J. Bradford DeLong and Konstantin Magin, 'A Short Note on the Size of the Dot-Com Bubble', NBER Working Paper 12011, 2006, www.nber.org/papers/w12011.

23 Ibid.

24 Schlesinger, 'How Alan Greenspan Finally Came to Terms with the Market'.

25 Thornton and Marche, 'Sorting Through the Dot Bomb Rubble'.

26 Brent Goldfarb and David A. Kirsch, *Bubbles and Crashes: The Booms and Busts of Technological Innovation*, Stanford: Stanford University Press, 2019.

27 Thornton and Marche, 'Sorting Through the Dot Bomb Rubble'.

28 Alex Fitzpatrick, 'A Judge Ordered Microsoft to Split. Here's Why It's Still a Single Company', *Time*, 5 November 2014, https://time.com/3553242/microsoft-monopoly/.

29 Ibid.

30 Pierre Azoulay et al., 'Research: The Average Age of a Successful Startup Founder is 45', *Harvard Business Review*, 11 July 2018, https://hbr.org/2018/07/research-the-average-age-of-a-successful-startup-founder-is-45.

31 Thornton and Marche, 'Sorting Through the Dot Bomb Rubble', p. 126.

32 Ibid.

33 Ibid., p. 127.

34 Erika Matulich and Karen Squires, 'What a Dog Fight! TKO: Pets.com', *Journal of Business Case Studies*, 4(5) (2008), 1~5, https://core.ac.uk/ download/ pdf/268109951.pdf.

35 Thornton and Marche, 'Sorting Through the Dot Bomb Rubble'.

36 Ibid.

37 Ruth Simon, 'Margin Investors Learn the Hard Way That Brokers Can Get Tough on Loans', *Wall Street Journal*, 27 April 2000, p. C1.

38 Antonio Gledson de Carvalho, Roberto B. Pinheiro and Joelson Oliveira Sampaio, 'The Dotcom Bubble and Underpricing: Conjectures and Evidence', Federal Reserve Bank of Cleveland Working Paper 16~33, 2016.

39 Goldfarb and Kirsch, *Bubbles and Crashes*.

40 Thornton and Marche, 'Sorting Through the Dot Bomb Rubble'.

41 Ibid.

42 Evelyn Cheng, 'Nasdaq Closes Above 5k for First Time Since March 2000; Dow, S&P at Records', CNBC, 2 March 2015, www.cnbc.com/2015/03/02/us-stocks-open-narrowly-mixed-ahead-of-data.html.

43 Danny Fortson, 'The Great Tech "Revaluation" Has Just Begun', *Sunday Times*, 22 May 2022, accessed 22 May 2022, www.thetimes.co.uk/article/the-great-tech-revaluation-has-only-just-begun-92l8vh9rx.

44 Noel Randewich and Lewis Krauskopf, '20 Years After Dot-Com Peak, Tech Dominance Keeps Investors on Edge', Reuters, 18 February 2020, accessed 25 May 2022, www.reuters.com/article/us-usa-stocks-dotcombust-graphic-idUSKBN20C1J7.

45 Ibid.

46 Goldfarb and Kirsch, *Bubbles and Crashes*.

47 Kevin L. Kliesen, 'The 2001 Recession: How Was It Different and What Developments May Have Caused It?' *Federal Reserve Bank of St. Louis Review*, 85 (5) (2003), 23~38, https://files.stlouisfed.org/files/htdocs/publications/review/03/09/ Kliesen.pdf.

48 Ibid.

49 Ibid.

50 Ibid.

51 David S. Langdon, Terence M. McMenamin and Thomas J. Krolik, 'U.S. Labor Market in 2001: Economy Enters a Recession', *Monthly Labor Review*, US Bureau

of Labor Statistics (February 2002), 3~33, www.bls.gov/opub/mlr/2002/02/art1full.
pdf.

52 Yueh, *The Great Economists*.

53 Randewich and Krauskopf, '20 Years After Dot-Com Peak'.

54 Richard Milne, 'Klarna CEO Says Fintech Will Focus Less on Growth and More on "Short-Term Profitability"', *Financial Times*, 26 May 2022, accessed 1 June 2022, www.ft.com/content/b5b7d26c-2407-4845-8276ef5da20f778a.

55 Yueh, *The Great Economists*.

56 Fortson, 'The Great Tech "Revaluation" Has Just Begun'.

5장 ▰▰▰▰▰▰▰▰▰▰▰▰▰▰▰▰▰▰▰▰▰▰▰▰▰▰▰▰▰▰▰▰

1 BBC Radio 4, 'What Next for the Credit Crunch?', 15 September 2008, accessed 13 September 2022, http://news.bbc.co.uk/1/hi/business/ 7612607.stm.

2 Aliber and Kindleberger, *Manias, Panics, and Crashes*, p. 325.

3 Manmohan Singh and James Aitken, 'The (Sizable) Role of Rehypothecation in the Shadow Banking System', IMF Working Paper WP/10/172, July 2010.

4 Adam Tooze, *Crashed: How a Decade of Financial Crises Changed the World*, London: Allen Lane, 2018, p. 46.

5 Andrew Haughwout et al., 'Real Estate Investors, the Leverage Cycle, and the Housing Market Crisis', Federal Reserve Bank of New York Staff Reports, 514, September 2011.

6 Ibid.

7 Aliber and Kindleberger, *Manias, Panics, and Crashes*, p. 316.

8 Ibid., p. 321.

9 Herman M. Schwartz, *Subprime Nation: American Power, Global Capital, and the Housing Bubble*, Ithaca, NY: Cornell University Press, 2009, pp. 101~104.

10 Daniel O. Beltran, Laurie DeMarco and Charles P. Thomas, 'Foreign Exposure to Asset-Backed Securities of U.S. Origin', International Finance Discussion Papers 939, Board of Governors of the Federal Reserve System, 2008, Table 6: line 6.

11 Carol Bertaut et al., 'ABS Inflows to the United States and the Global Financial Crisis', *Journal of International Economics*, 88(2) (2012), 219~234.

12 Torsten Ehlers, Steven Kong and Feng Zhu, 'Mapping Shadow Banking in China: Structure and Dynamics', BIS Working Paper 701, February 2018, www.bis.org/publ/work701.pdf.

13 *New York Times*, 'BNP Paribas Suspends Funds Because of Subprime Problems', 9 August 2007.

14 Neil Irwin, *The Alchemists: Three Central Bankers and a World on Fire*, New York: Penguin, 2014, p. 2.

15 Hyun Song Shin, 'Reflections on Northern Rock: The Bank Run that Heralded the Global Financial Crisis', *Journal of Economic Perspectives*, 23(1) (2009), 101~119, p. 102.

16 Alistair Darling, *Back from the Brink: 1000 Days at Number 11*, London: Atlantic Books, 2011, pp. 121~122.

17 Tooze, *Crashed*, p. 180.

18 Ibid., p. 214.

19 Ibid., p. 241.

20 Ralph De Haas et al., 'Foreign Banks and the Vienna Initiative: Turning Sinners into Saints?', IMF Working Paper WP/12/117, 2012, www.imf.org/external/pubs/ft/wp/2012/wp12117.pdf.

21 IMF, *Global Financial Stability Report*, Washington, DC, April 2015.

22 Linda Yueh, 'The Limits of Star Power', BBC News, 29 October 2013, accessed 13 September 2022, www.bbc.co.uk/news/business-24723411.

6장

1 Robert Triffin, *Gold and the Dollar Crisis: The Future of Convertibility*, New Haven: Yale University Press, 1960.

2 Maes, *Robert Triffin*, pp. 136~137.

3 Ibid., pp. 151~152.

4 Ibid., pp. 154.

5 Tooze, *Crashed*, p. 333.

6 George Papaconstantinou, *Game Over: The Inside Story of the Greek Crisis*, Athens: Papadopoulos Publishing, 2016, Chapter 8.

7 Tooze, *Crashed*, p. 343.

8 Ricardo Reis, 'The Portuguese Slump and Crash and the Euro Crisis', *Brookings Papers on Economic Activity*, 46(1) (2013), 143~210, p. 177.

9 Tooze, *Crashed*, p. 387.

10 Ibid., p. 379.

11 Philip Aldrick, 'Multi-Trillion Plan to Save the Eurozone Being Prepared', *Daily Telegraph*, 24 September 2011, accessed 4 April 2022, www. telegraph.co.uk/

finance/financialcrisis/8786665/Multi-trillion-plan-tosave-the-eurozone-being-prepared.html.

12 Tooze, *Crashed*, p. 410.

13 Angelique Chrisafis, 'Euro Stability More Important than Greece, Says Angela Merkel', *Guardian*, 3 November 2011, accessed 8 April 2022, www.theguardian.com/business/2011/nov/03/euro-stability-more-importantgreece.

14 Ibid.

15 Peter Spiegel, 'If the Euro Falls, Europe Falls', *Financial Times*, 15 May 2014.

16 Tooze, *Crashed*, p. 418.

17 Suzanne Daley, 'In Spain, Homes are Taken but Debt Stays', *New York Times*, 27 October 2010.

18 Amalia Cárdenas, 'The Spanish Savings Bank Crisis: History, Causes and Responses', IN3 Working Paper Series, Fundació per a la Universitat Oberta de Catalunya, 2013.

19 Mario Draghi, Speech at the Global Investment Conference in London, 26 July 2012, www.ecb.europa.eu/press/key/date/2012/html/sp120726.en.html.

20 Peter Spiegel, 'Draghi's ECB Management: The Leaked Geithner Files', *Financial Times*, 11 November 2014.

21 Anton Korinek, Prakash Loungani and Jonathan D. Ostry, 'A Welcome Evolution: The IMF's Thinking on Capital Controls and Next Steps', VoxEU.org, 8 April 2022, https://voxeu.org/article/imf-s-thinkingcapital-controls-and-next-steps.

22 *Der Spiegel*, 'Schauble's Push for Grexit Puts Merkel on Defensive', 17 July 2015.

23 *The Economist*, 'The Quest for Prosperity: Europe's Economy Has Been Underperforming. But Whose Fault is That?', 17 March 2017.

7장

1 Organisation for Economic Co-operation and Development (OECD), *OECD Economic Outlook*, December 2020, www.oecd-ilibrary.org/economics/oecd-economic-outlook/volume-2020/issue-2_39a88ab1-en.

2 Robert Barro, José Ursúa and Joanna Weng, 'Coronavirus Meets the Great Influenza Pandemic', VoxEU.org, 20 March 2020, https://voxeu.org/article/coronavirus-meets-great-influenza-pandemic.

3 Ibid.

4 Ibid.

5 Caroline Kantis et al., 'Updated: Timeline of the Coronavirus', Think Global

Health, an initiative of the Council in Foreign Relations, 16 September 2022, www.thinkglobalhealth.org/article/updated-timelinecoronavirus.

6   Ibid.

7   Laurel Wamsley, 'March 11, 2020: The Day Everything Changed', NPR, 11 March 2021, accessed 15 September 2022, www.npr.org/2021/03/11/975663437/march-11-2020-the-day-everything-changed.

8   Ibid.

9   Ibid.

10 Kantis et al., 'Timeline of the Coronavirus'.

11 Barro, Ursúa and Weng, 'Coronavirus Meets the Great Influenza Pandemic'.

12 Jim Zarroli, 'Stocks 2020: A Stunning Crash, Then a Record-Setting Boom Created Centibillionaires', NPR, 31 December 2020, accessed 8 October 2022, www.npr.org/2020/12/31/952267894/stocks-2020-astunning-crash-then-a-record-setting-boom-created-centibillionaires.

13 Bilge Erten, Anton Korinek and José Antonio Ocampo, 'Managing Capital Flows to Emerging Markets', VoxEU.org, 11 August 2020, https://voxeu.org/article/managing-capital-flows-emerging-markets.

14 Ibid.

15 European Central Bank (ECB), 'ECB Announces €750 Billion Pandemic Emergency Purchase Programme (PEPP)', press release, 18 March 2020, www.ecb.europa/eu.

16 IMF, 'Fiscal Monitor Database of Country Fiscal Measures in Response to the COVID-19 Pandemic', IMF Fiscal Affairs Department, 2021, accessed 21 September 2022, www.imf.org/en/Topics/imf-and-covid19/Fiscal-Policies-Database-in-Response-to-COVID-19.

17 Lisa Rein, 'In Unprecedented Move, Treasury Orders Trump's Name Printed on Stimulus Checks', *Washington Post*, 14 April 2020, accessed 20 September 2022, www.washingtonpost.com/politics/coming-to-your1200-relief-check-donald-j-trumps-name/2020/04/14/071016c2-7e82-11ea8013-1b6da0e4a2b7_story.html.

18 IMF, 'Kurzarbeit: Germany's Short-Time Work Benefit', 15 June 2020, accessed 13 April 2022, www.imf.org/en/News/Articles/2020/06/11/na061120-kurzarbeit-germanys-short-time-work-benefit.

19 Treasury Committee, 'Oral Evidence: Spring Budget 2020', 16 March 2020, https://committees.parliament.uk/oralevidence/190/html/.

20 Rishi Sunak, 'The Chancellor Rishi Sunak Provides an Updated Statement on

Coronavirus', HM Treasury, 2020, www.gov.uk/government/speeches/the-chancellor-rishi-sunak-provides-an-updated-statement-oncoronavirus.

21 Philip Aldrick, 'Bank of England Rode to Government's Rescue as Gilt Markets Froze', *The Times*, 30 April 2020, accessed 13 April 2022, www.thetimes.co.uk/article/bank-of-england-rode-to-government-s-rescue-asgilt-markets-froze-w8dkqvvkg.

22 France24, 'Macron Announces Plan to Rescue French Auto Industry', 26 May 2020, www.france24.com/en/20200526-macron-announces-planto-rescue-french-auto-industry.

23 Jessie Yeung et al., 'July 6 Coronavirus News', CNN, 7 July 2020, accessed 20 September 2022, https://edition.cnn.com/world/live-news/coronavirus-pandemic-07-06-20-intl/h-f3005c39fdd5e19c7fd68148baef 68e8.

24 Veronica Stracqualursi, 'Birx Warns US is "in a New Phase" of Coronavirus Pandemic with More Widespread Cases', CNN, 2 August 2020, accessed 20 September 2022, https://edition.cnn.com/2020/08/02/politics/birx-coronavirus-new-phase-cnntv/index.html.

25 United Nations (UN) Economic and Social Council, *Progress Towards the Sustainable Development Goals: Report of the Secretary-General*, New York, 2022.

26 Patrick Mathurin, Ortenca Aliaj and James Fontanella-Khan, 'Pandemic Triggers Wave of Billion-Dollar US Bankruptcies', *Financial Times*, 20 August 2020, accessed 14 April 2022, www.ft.com/content/277dc 354-a870-4160-9117-b5b-0dece5360.

27 University of Oxford, 'Facts About COVID-19 Vaccines', Vaccine Knowledge Project, 9 June 2022, accessed 20 September 2022, https://vk.ovg.ox.ac.uk/vk/COVID19-FAQs#Q6.

28 Linda Geddes, 'Omicron WHAT? A User's Guide to COVID-19 Variant Names', Gavi Vaccines Work, 15 July 2022, www.gavi.org/ vaccineswork/omicron-what-users-guide-covid-19-variant-names.

29 James Hookway, 'Denmark to Dig Up Millions of Dead Mink After Botched Covid-19 Cull', *Wall Street Journal*, 21 December 2020, accessed 20 September 2022, www.wsj.com/articles/denmark-to-dig-upmillions-of-dead-mink-after-botched-covid-19-cull-11608558671.

30 George Parker and Sebastian Payne, 'Rishi Sunak Extends Furlough Scheme to End of March', *Financial Times*, 5 November 2020, www.ft.com/content/8f9371a7-e8e2-4a73-b1b6-d2330bb224a3.

31 Isabel Togoh, '"I Can't Save Every Job" Warns British Chancellor with Plan to Help Millions of Furloughed Workers', *Forbes*, 24 September 2020, www.forbes.com/sites/isabeltogoh/2020/09/24/i-cant-save-everyjob-warns-british-chancellor-with-plan-to-help-millions-of-furloughedworkers/.

32 Michiel Willems, '2021 in Review: Furlough is Government's Big Success Story, but Rishi Sunak's £69bn Lifesaver Comes at a Price', *City A.M.*, 27 December 2021, www.cityam.com/2021-in-review-furloughis-governments-big-success-story-but-rishi-sunaks-69bn-lifesaver-comesat-a-price.

33 Tommy Beer, 'White House Lists "Ending" Covid-19 Pandemic as Trump Accomplishment', *Forbes*, 27 October 2020, accessed 20 September 2022, www.forbes.com/sites/tommybeer/2020/10/27/white-houselists-ending-covid-19-pandemic-as-trump-accomplishment/?sh=178725 991034.

34 Graeme Wearden, '"I've Never Seen Anything Like It": 2020 Smashes Records in Global Markets', *Guardian*, 30 December 2020, www.theguardian.com/business/2020/dec/30/ive-never-seen-anything-like-it-2020smashes-records-in-global-markets.

35 Ryan Browne, 'Bitcoin Hits Fresh Record High Near $42,000, Climbing 40% So Far This Year', CNBC.com, 8 January 2021, www.cnbc.com/2021/01/08/bitcoin-btc-price-hits-41k-up-40percent-so-far-in-2021.html.

36 IMF, *World Economic Outlook, July 2022: Gloomy and More Uncertain*, Washington, DC, 2022.

37 IMF, 'Fiscal Monitor Database'.

38 IMF, *World Economic Outlook, October 2020: A Long and Difficult Ascent*, Washington, DC, 2020.

8장

1 Kenneth Rogoff, 'Can China's Outsized Real Estate Sector Amplify a Delta-Induced Slowdown?' VoxEU.org, 21 September 2021, https://voxeu.org/article/can-china-s-outsized-real-estate-sector-amplify-deltainduced-slowdown.

2 Shang-Jin Wei and Xiaobo Zhang, 'Relationship Between the Chinese Housing and Marriage Markets', VoxDev, 5 July 2017, https://voxdev.org.topic.macroeconomics-growth/relationship-between-chinese-housingand-marriage-markets.

3 Aliber and Kindleberger, *Manias, Panics, and Crashes*, p. 375.

4 Yueh, *The Great Economists*.

5 Tianlei Huang and Nicolas Veron, 'The Advance of the Private Sector Among

China's Largest Companies Under Xi Jinping', VoxEU.org, 7 July 2022, https://voxeu.org/article/advance-private-sector-amongchina-s-largest-companies-under-xi-jinping.

6   Xin Zhou and Kevin Yao, 'China Local Government Debt Audit. Finds $84 Billion Problem', Reuters, 4 January 2012, accessed 27 July 2022, www.reuters.com/article/uk-china-debt-idUKTRE8030 M020120104.

7   People's Bank of China, *Wenzhou Private Lending Market Report*, 21 July 2011.

8   Linda Yueh, 'The Shadowy Threat from China's Lenders', BBC News, 6 March 2014, accessed 4 May 2022, www.bbc.com/news/business26335304.

9   Ibid.

10 Ehlers, Kong and Zhu, 'Mapping Shadow Banking in China'.

11 Gabriel Wildau, 'Retail Investors Bear Brunt of China's Stock Rout', *Financial Times*, 7 July 2015, www.ft.com/content/7a5341ce-2476-11e59c4e-a775d2b173ca.

12 Mark Fahey and Eric Chemi, 'Three Charts Explaining China's Strange Stock Market', CNBC, 9 July 2015, www.cnbc.com/2015/07/09/threecharts-explaining-chinas-strange-stock-market.html.

13 Karen Yeung, 'China's 2015 Yuan Reform Sent Shock Waves Through Financial Markets, Now It's "Learning Its Lesson"', *South China Morning Post*, 12 August 2021, www.scmp.com/economy/china-economy/article/3144769/chinas-2015-yuan-reform-sent-shock-waves-throughfinancial.

14 Thomas Hale et al., 'Evergrande Bondholders Yet to be Paid as Crucial Debt Deadline Passes', *Financial Times*, 7 December 2021, www.ft.com/content/6906eacc-ece2-4b66-9096-96d364e0917d.

15 Martin Farrar, 'China Evergrande Shares Fall Sharply After $2.6bn Asset Sale Collapses', *Guardian*, 21 October 2021, accessed 29 July 2022, www. theguardian.com/business/2021/oct/21/china-evergrande-shares-fallsharply-after-26bn-asset-sale-falls-through.

16 Engen Tham and Ziyi Tang, 'China Regulator Launches New Probe into Banks' Property Loan Exposure', Reuters, 18 August 2022, www.reuters.com/business/finance/exclusive-china-regulator-probes-banksproperty-loan-portfolio-sources-2022-08-18/.

17 Rogoff, 'Can China's Outsized Real Estate Sector Amplify a DeltaInduced Slowdown?'

18 Ibid.

19 Aliber and Kindleberger, *Manias, Panics, and Crashes*, p. 374.

20 Steven Barnett, 'China: Size Matters', IMF Blog, 26 March 2014, https://blogs.imf.org/2014/03/26/china-size-matters/.

21 Ibid.

22 Sebastian Horn, Carmen Reinhart and Christoph Trebesch, 'China's Overseas Lending', *Journal of International Economics*, 133 (2021), 1~32, https://doi.org/10.1016/j.jinteco.2021.103539.

23 Eugenio Cerutti, Catherine Koch, and Swapan-Kumar Pradhan, 'Banking Across Borders: Are Chinese Banks Different?', BIS Working Paper 892, October 2020, www.bis.org/publ/work892.pdf.

24 World Bank, 'Debt Service Suspension Initiative', 10 March 2022, www.world-bank.org/en/topic/debt/brief/covid-19-debt-service-suspensioninitiative.

에필로그

1 Luc Laeven, Angela Maddaloni and Caterina Mendicino, 'Monetary Policy, Macroprudential Policy and Financial Stability', ECB Working Paper Series 2647, 2022.

2 Carmen Reinhart and Kenneth Rogoff, 'Recovery from Financial Crises: Evidence from 100 Episodes', NBER Working Paper w19823, 2014.

3 Ruchir Sharma, 'There is Another Act to Come in this Market Drama', *Financial Times*, 6 June 2022, accessed 6 June 2022, www.ft.com/content/ 53c7a5a4-e183-493c-8d62-be0c79123f24.

4 William McChesney Martin, 'Address Before the New York Group of the Investment Bankers Association of America', 19 October 1955, https://fraser.stlouisfed.org/title/statements-speeches-william-mcchesneymartin-jr-448/address-new-york-group-investment-bankers-associationamerica-7800.

5 Yueh, *The Great Economists*, p. 271.

6 20세기 초에 이와 비슷한 재설정이 대두했다. 당시에는 자본주의를 변화시킨 복지국가가 광범위하게 등장했다. 이와 관련해서는 린다 유의 *The Great Economists*를 참조하라.

7 Ibid., 2장.

참고문헌

- Agenor, Pierre-Richard, Otaviano Canuto and Michael Jelenic, 'Avoiding Middle-Income Growth Traps', *Economic Premise*, 98 (2012), Washington, DC: World Bank, p. 1, http://siteresources.worldbank.org/EXTPREMNET/Resources/EP98.pdf
- Aldrick, Philip, 'Bank of England Rode to Government's Rescue as Gilt Markets Froze', *The Times*, 30 April 2020, accessed 13 April 2022, www.thetimes.co.uk/article/bank-of-england-rode-to-government-s-rescue-asgilt-markets-froze-w8dkqvvkg
- ———, 'Multi-Trillion Plan to Save the Eurozone Being Prepared', *Daily Telegraph*, 24 September 2011, accessed 4 April 2022, www.telegraph.co.uk/finance/financialcrisis/8786665/Multi-trillion-plan-to-save-the-euro zone-being-prepared.html
- Aliber, Robert Z. and Charles P. Kindleberger, *Manias, Panics, and Crashes: A History of Financial Crises*, 7th edn, Basingstoke: Palgrave Macmillan, 2015
- Amadeo, Kimberly, 'Black Monday in 1929, 1987, 2015, and 2020', *The Balance*, 26 January 2022, accessed 17 July 2022, www.thebalance.com/what-is-black-monday-in-1987-1929-and-2015-3305818
- ———, 'When Did the Stock Market Crash? Stock Market Crashes, Corrections, and Dips in History' *The Balance*, 4 January 2022, www. thebalance.com/when-did-the-stock-market-crash-4158559
- Amazon, 'Amazon.com Announces Investment in Pets.com', 29 March 1999, https://press.aboutamazon.com/news-releases/news-release-details/ amazon-com-announces-investment-petscom
- Amsden, Alice H. and Ajit Singh, 'The Optimal Degree of Competition and Dynamic Efficiency in Japan and Korea', *European Economic Review*, 38(3~4) (1994), 941~951
- Amyx, Jennifer A., *Japan's Financial Crisis: Institutional Rigidity and Reluctant Change*, Princeton: Princeton University Press, 2004
- AP News, 'Susumu Ishii, Former Underworld Boss at Center of Scandal, Dead at 67', 3 September 1991, accessed 14 July 2022, https://apnews. com/article/0526cb865863c5a82566cb93e4a1d885
- Associated Press, 'Obama Accuses McCain of Smear Tactics', NBC News, 5 Oc-

tober 2008, accessed 18 July 2022, www.nbcnews.com/id/wbna27034817

- Azoulay, Pierre, Benjamin F. Jones, J. Daniel Kim and Javier Miranda, 'Research: The Average Age of a Successful Start-up Founder is 45', *Harvard Business Review*, 11 July 2018, https://hbr.org/2018/07/research-the-average-age-of-a-successful-startup-founder-is-45

- Baldwin, Richard, ed., *The Great Trade Collapse: Causes, Consequences and Prospects*, VoxEU e-book, 27 November 2009, https://voxeu.org/article/great-trade-collapse-what-caused-it-and-what-does-it-mean

- Balke, Nathan S. and Mark A. Wynne, 'Are Deep Recessions Followed by Strong Recoveries? Results for the G-7 Countries', *Applied Economics*, 28(7) (1996), 889~897

- Barnett, Steven, 'China: Size Matters', IMF Blog, 26 March 2014, https://blogs.imf.org/2014/03/26/china-size-matters/

- Barro, Robert and José Ursúa, 'Macroeconomic Crises Since 1870', *Brookings Papers on Economic Activity*, 30(1) (2008), 255~350

- Barro, Robert, José Ursúa and Joanna Weng, 'Coronavirus Meets the Great Influenza Pandemic', VoxEU.org, 20 March 2020, https://voxeu.org/article/coronavirus-meets-great-influenza-pandemic

- Barth, James R., *The Great Savings and Loan Debacle*, Washington, DC: The AEI Press, 1991

- Barth, James R. and Robert E. Litan, 'Preventing Bank Crises: Lessons From Bank Failures in the United States', in Gerard Caprio, Jr., William C. Hunter, George G. Kaufman and Danny M. Leipziger, eds, *Preventing Bank Crises: Lessons From Recent Global Bank Failures*, EDI Development Series, Washington, DC: World Bank, 1998

- Barth, James R., Susanne Trimbath and Glenn Yago, 'The U.S. Savings and Loan Crisis in Hindsight 20 Years Later', in *The Savings and Loan Crisis: Lessons from a Regulatory Failure*, The Milken Institute Series on Financial Innovation and Economic Growth, vol. 5, Boston, MA: Springer, 2004, pp. 179~250

- BBC Radio 4, 'What Next for the Credit Crunch?', 15 September 2008, http://news.bbc.co.uk/1/hi/business/7612607.stm

- Beer, Tommy, 'White House Lists "Ending" Covid-19 Pandemic as Trump Accomplishment', *Forbes*, 27 October 2020, accessed 20 September 2022, www.forbes.com/sites/tommybeer/2020/10/27/white-house-lists-endingcovid-19-pandemic-as-trump-accomplishment/?sh=178725991034

- Beltran, Daniel O., Laurie DeMarco and Charles P. Thomas, 'Foreign Exposure to Asset-Backed Securities of U.S. Origin', International Finance Discussion Papers 939, Board of Governors of the Federal Reserve System, 2008
- Bertaut, Carol, Laurie Pounder DeMarco, Steven Kamin and Ralph Tryon, 'ABS Inflows to the United States and the Global Financial Crisis', *Journal of International Economics*, 88(2) (2012), 219~234
- Bikhchandani, Sushil and Sunil Sharma, 'Herd Behavior in Financial Markets: A Review', IMF Working Paper WP/00/48, 2000, www.imf.org/ external/pubs/ft/ wp/2000/wp0048.pdf
- Bragg, Melvyn, 'John Steinbeck's Bitter Fruit', *Guardian*, 21 November 2001, accessed 15 August 2022, www.theguardian.com/books/2011/nov/21/ melvyn-bragg-on-john-steinbeck
- Browne, Ryan, 'Bitcoin Hits Fresh Record High Near $42,000, Climbing 40% So Far This Year', CNBC.com, 8 January 2021, www.cnbc.com/2021/01/08/bitcoin-btc-price-hits-41k-up-40percent-so-far-in-2021.html
- Calavita, Kitty, Robert H. Tillman and Henry N. Pontell, 'The Savings and Loan Debacle, Financial Crime, and the State', *Annual Review of Sociology*, 23 (1997), 19~38, www.jstor.org/stable/2952542
- Cárdenas, Amalia, 'The Spanish Savings Bank Crisis: History, Causes and Responses', IN3 Working Paper Series, Fundació per a la Universitat Oberta de Catalunya, 2013
- Carvalho, Antonio Gledson de, Roberto B. Pinheiro and Joelson Oliveira Sampaio, 'The Dotcom Bubble and Underpricing: Conjectures and Evidence', Federal Reserve Bank of Cleveland Working Paper 16~33, 2016
- Casanova, Cathérine, Eugenio Cerutti and Swapan-Kumar Pradhan, 'The Global Footprint of Chinese Banks', VoxEU.org, 24 November 2021, https://voxeu.org/ article/global-footprint-chinese-banks
- ———, 'The Growing Footprint of EMDE Banks in the International Banking System', *BIS Quarterly Review*, December 2018
- Cerutti, Eugenio, Catherine Koch and Swapan-Kumar Pradhan, 'Banking Across Borders: Are Chinese Banks Different?', BIS Working Paper 892, October 2020, www.bis.org/publ/work892.pdf
- Chen, Andrew, *The Cold Start Problem: Using Network Effects to Scale Your Product*, New York: Random House Business, 2021
- Cheng, Evelyn, 'Nasdaq Closes Above 5k for First Time Since March 2000; Dow,

S&P at Records', CNBC, 2 March 2015, www.cnbc.com/2015/03/02/us-stocks-open-narrowly-mixed-ahead-of-data.html

- *Chicago Tribune*, 'Japan Bank Woes Take Ominous turn', 30 October 1994, accessed 14 July 2022, www.chicagotribune.com/news/ct-xpm-1994-1030-9410300273-story.html
- Chrisafis, Angelique, 'Euro Stability More Important Than Greece, Says Angela Merkel', *Guardian*, 3 November 2011, accessed 8 April 2022, www.theguardian.com/business/2011/nov/03/euro-stability-more-importantgreece
- Corbett, Michael, 'Oil Shock of 1973~1974', Federal Reserve History, 22 November 2013, www.federalreservehistory.org/essays/oil-shock-of-1973-74
- Daley, Suzanne, 'In Spain, Homes are Taken but Debt Stays', *New York Times*, 27 October 2010
- Darling, Alistair, *Back from the Brink: 1000 Days at Number 11*, London: Atlantic Books, 2011
- De Haas, Ralph, Yevgeniya Korniyenko, Alexander Pivovarsky and Elena Loukoianova, 'Foreign Banks and the Vienna Initiative: Turning Sinners into Saints?' IMF Working Paper WP/12/117, 2012, www.imf.org/external/ pubs/ft/wp/2012/wp12117.pdf
- DeLong, J. Bradford and Konstantin Magin, 'A Short Note on the Size of the Dot-Com Bubble', NBER Working Paper 12011, 2006, www.nber.org/papers/w12011
- *Der Spiegel*, 'Schäuble's Push for Grexit Puts Merkel on Defensive', 17 July 2015
- Draghi, Mario, Speech at the Global Investment Conference in London, 26 July 2012, www.ecb.europa.eu/press/key/date/2012/html/sp120726.en.html
- Dziobek, Claudia and Ceyla Pazarbasioglu, 'Lessons from Systemic Bank Restructuring: A Survey of 24 Countries', IMF Working Paper WP/97/161, 1997
- Echavarria, Paulina Restrepo and Praew Grittayaphong, 'Bretton Woods and the Growth of the Eurodollar Market', Federal Reserve Bank of St. Louis on the Economy blog, 22 January 2022, accessed 30 August 2022, www.stlouisfed.org/on-the-economy/2022/january/brettonwoods-growth-eurodollar-market
- *The Economist*, 'The Quest for Prosperity: Europe's Economy Has Been Underperforming. But Whose Fault is That?', 17 March 2017
- Ehlers, Torsten, Steven Kong and Feng Zhu, 'Mapping Shadow Banking in China: Structure and Dynamics', BIS Working Paper 701, February 2018, www.bis.org/publ/work701.pdf

- Erten, Bilge, Anton Korinek and José Antonio Ocampo, 'Managing Capital Flows to Emerging Markets', VoxEU.org, 11 August 2020, https://voxeu.org/article/managing-capital-flows-emerging-markets
- European Central Bank (ECB), 'ECB Announces €750 Billion Pandemic Emergency Purchase Programme (PEPP)', press release, 18 March 2020, www.ecb.europa/eu
- European Stability Mechanism (ESM), 'Crisis in Cyprus: "No Negotiating Power, No Credibility"', *Safeguarding the Euro in Times of Crisis: The Inside Story of the ESM*, Luxembourg: ESM, 2019, www.esm.europa.eu/publications/safeguarding-euro/crisis-cyprus-no-negotiating-power-nocredibility
- Fahey, Mark and Eric Chemi, 'Three Charts Explaining China's Strange Stock Market', CNBC, 9 July 2015, www.cnbc.com/2015/07/09/threecharts-explaining-chinas-strange-stock-market.html
- Farley, Maggie, 'Malaysia Leader, Soros Trade Barbs', *Los Angeles Times*, 22 September 1997, accessed 18 July 2022, www.latimes.com/archives/laxpm-1997-sep-22-fi-34969-story.html
- Farrar, Martin, 'China Evergrande Shares Fall Sharply After $2.6bn Asset Sale Collapses', *Guardian*, 21 October 2021, accessed 29 July 2022, www. theguardian.com/business/2021/oct/21/china-evergrande-shares-fall-sharplyafter-26bn-asset-sale-falls-through
- Fitzpatrick, Alex, 'A Judge Ordered Microsoft to Split. Here's Why It's Still a Single Company', *Time*, 5 November 2014, https://time.com/3553242/ microsoft-monopoly/
- Fortson, Danny, 'The Great Tech "Revaluation" Has Just Begun', *Sunday Times*, 22 May 2022, accessed 22 May 2022, www.thetimes.co.uk/article/the-great-tech-revaluation-has-only-just-begun-92l8vh9rx
- France24, 'Macron Announces Plan to Rescue French Auto Industry', 26 May 2020, www.france24.com/en/20200526-macron-announces-plan-torescue-french-auto-industry
- Frankel, Jeffrey, 'The Plaza Accord, 30 Years Later', NBER Working Paper 21813, 2015, www.nber.org/papers/w21813
- Friedman, Milton, 'Monetary Studies of the National Bureau', in *The National Bureau Enters Its 45th Year*, 44th Annual Report of the National Bureau of Economic Research, 1964, pp. 7~25
- Galbraith, J. K., *A Short History of Financial Euphoria*, New York: Whittle Books/

Viking, 1993

- Gaspar, Vitor, Paulo Medas and Roberto Perrelli, 'Global Debt Reaches a Record $226 Trillion', IMF Blog, 15 December 2021, https://blogs.imf.org/2021/12/15/global-debt-reaches-a-record-226-trillion/
- Geddes, Linda, 'Omicron WHAT? A User's Guide to COVID-19 Variant Names', Gavi VaccinesWork, 15 July 2022, www.gavi.org/vaccineswork/omicron-what-users-guide-covid-19-variant-names
- Ghizoni, Sandra Kollen, 'Creation of the Bretton Woods System, July 1944', Federal Reserve History, 2013, www.federalreservehistory.org/essays/ bretton-woods-created
- Glasner, Joanna, 'EToys Epitaph: "End of an Error"', *Wired*, 8 March 2001, accessed 27 May 2022, www.wired.com/2001/03/etoys-epitaph-endof-an-error/
- Goldfarb, Brent and David A. Kirsch, *Bubbles and Crashes: The Booms and Busts of Technological Innovation*, Stanford: Stanford University Press, 2019
- Goldman, David, '10 Big Dot.com Flops', CNN Money, 10 March 2010, accessed 25 May 2022, https://money.cnn.com/galleries/2010/technology/1003/gallery.dot_com_busts/
- Gopinath, Gita, 'Reopening from the Great Lockdown: Uneven and Uncertain Recovery', IMF Blog, 24 June 2020, https://blogs.imf.org/2020/06/24/reopening-from-the-great-lockdown-uneven-and-uncertain-recovery/
- Gou, Michael, Gary Richardson, Alejandro Komai and Daniel Park, 'Banking Act of 1932', Federal Reserve History, 22 November 2013, accessed 17 September 2022, www.federalreservehistory.org/essays/banking-actof-1932
- Greene, Stephen, 'Emergency Banking Act of 1933', Federal Reserve History, 2013, accessed 17 August 2022, www.federalreservehistory.org/essays/emergency-banking-act-of-1933
- Hale, Thomas, Sun Yu, Hudson Lockett and William Langley, 'Evergrande Bondholders Yet to be Paid as Crucial Debt Deadline Passes', *Financial Times*, 7 December 2021, www.ft.com/content/6906eacc-ece2-4b669096-96d364e0917d
- Haughwout, Andrew, Donghoon Lee, Joseph Tracy, and Wilbert van der Klaauw, 'Real Estate Investors, the Leverage Cycle, and the Housing Market Crisis', Federal Reserve Bank of New York Staff Reports, 514, September 2011
- Helm, Leslie, 'Japanese Bank Says It Loaned Billions to Scandal Figure', *Los Angeles Times*, 15 August 1991, accessed 14 July 2022, www.latimes.com/ archives/la-xpm-1991-08-15-fi-843-story.html

- Hill, Andrew, 'IPOs and the Ghost of Pets.com's Sock-Puppet', *Financial Times*, 19 February 2014, accessed 25 May 2022, www.ft.com/content/ db124a89-98bf-3474-97e3-83df3cf6b5ee
- Hirsh, Michael, 'Finance Minister, Bank Heads Announce Resignation in Clean Sweep', AP News, 4 October 1991, accessed 14 July 2022, https:// apnews.com/ article/bcb726865da3f947535b2de9689fc7ff
- Hookway, James, 'Denmark to Dig Up Millions of Dead Mink After Botched Covid-19 Cull', *Wall Street Journal*, 21 December 2020, accessed 20 September 2022, www.wsj.com/articles/denmark-to-dig-upmillions-of-dead-mink-after-botched-covid-19-cull-11608558671
- Horn, Sebastian, Carmen M. Reinhart and Christoph Trebesch, 'China's Overseas Lending', *Journal of International Economics*, 133 (2021), 1~32, https://doi.org/10.1016/j.jinteco.2021.103539
- ———, 'China's Overseas Lending and the War in Ukraine', VoxEU.org, 8 April 2022, https://voxeu.org/article/china-s-overseas-lending-andwar-ukraine
- Huang, Tianlei and Nicolas Veron, 'The Advance of the Private Sector Among China's Largest Companies Under Xi Jinping', VoxEU.org, 7 July 2022, https://voxeu.org/article/advance-private-sector-among-china-s-largestcompanies-under-xi-jinping
- Inman, Phillip, 'Black Wednesday 20 Years On: How the Day Unfolded', *Guardian*, 13 September 2012, accessed 19 August 2022, www.theguardian. com/business/2012/sep/13/black-wednesday-20-years-pound-erm
- *International Banker*, 'The Savings and Loan Crisis (1989)', 29 September 2021, accessed 24 January 2022, https://internationalbanker.com/history-offinancial-crises/the-savings-and-loan-crisis-1989/
- International Monetary Fund (IMF), 'Fiscal Monitor Database of Country Fiscal Measures in Response to the COVID-19 Pandemic', IMF Fiscal Affairs Department, 2021, accessed 21 September 2022, www.imf.org/en/Topics/imf-and-covid19/Fiscal-Policies-Database-in-Response-to-COVID-19
- ———, *Global Financial Stability Report*, Washington, DC, April 2015
- ———, 'Kurzarbeit: Germany's Short-Time Work Benefit', 15 June 2020, www.imf.org/en/News/Articles/2020/06/11/na061120-kurzarbeit-germanysshort-time-work-benefit
- ———, 'Policy Responses to Covid-19', Policy Tracker, 2021, www.imf.org/en/Topics/imf-and-covid19/Policy-Responses-to-COVID-19

- ———, *World Economic Outlook, July 2022: Gloomy and More Uncertain*, Washington, DC, 2022
- ———, *World Economic Outlook, October 2020: A Long and Difficult Ascent*, Washington, DC, 2020
- Irwin, Neil, *The Alchemists: Three Central Bankers and a World on Fire*, New York: Penguin, 2014
- Jonung, Lars, 'Lessons from the Nordic Financial Crisis', 2010, Prepared for the AEA Meeting in Denver, Colorado, January 2011, based on Chapter 12 in Lars Jonung, Jaakko Kiander and Pentti Vartia, eds., *The Great Financial Crisis in Finland and Sweden. The Nordic Experience of Financial Liberalization*, Cheltenham: Edward Elgar, 2009
- Kane, Edward J., 'The Role of Government in the Thrift Industry's Net Worth Crisis', in George J. Benston, ed., *Financial Services: The Changing Institutions and Government Policy*, Englewood Cliffs, NJ: Prentice-Hall, 1983, pp. 156~184
- Kantis, Caroline, Samantha Kiernan, Jason Socrates Bardi and Lillian Posner, 'Updated: Timeline of the Coronavirus', Think Global Health, an initiative of the Council in Foreign Relations, 16 September 2022, accessed 20 September 2022, www.thinkglobalhealth.org/article/ updated-timeline-coronavirus
- Kay, John, *The Foundations of Corporate Success: How Business Strategies Add Value*, Oxford: Oxford University Press, 1993
- Kettell, Steven, 'Oil Crisis', *Encyclopedia Britannica*, 31 January 2020, www. britannica.com/topic/oil-crisis
- Kliesen, Kevin L., 'The 2001 Recession: How Was It Different and What Developments May Have Caused It?' *Federal Reserve Bank of St. Louis Review*, 85(5) (2003), 23~38, https://files.stlouisfed.org/files/htdocs/publications/review/03/09/Kliesen.pdf
- Korinek, Anton, Prakash Loungani and Jonathan D. Ostry, 'A Welcome Evolution: The IMF's Thinking on Capital Controls and Next Steps', VoxEU.org, 8 April 2022, https://voxeu.org/article/imf-s-thinkingcapital-controls-and-next-steps
- Kose, M. Ayhan and Naotaka Sugawara, 'Understanding the Depth of the 2020 Global Recession in 5 Charts', World Bank Blogs, 15 June 2020, https://blogs.worldbank.org/opendata/understanding-depth-2020-globalrecession-5-charts
- Kraay, Aart and Jaume Ventura, 'The Dot-Com Bubble, the Bush Deficits, and the US Current Account', in Richard H. Clarida, ed., *G7 Current Account Imbalances: Sustainability and Adjustment*, Chicago: University of Chicago Press, 2007,

pp. 457~495

- Krugman, Paul, 'Devaluing History', *New York Times*, 24 November 2010, accessed 19 August 2022, https://archive.nytimes.com/krugman.blogs.nytimes.com/2010/11/24/devaluing-history/

- Laeven, Luc, Angela Maddaloni and Caterina Mendicino, 'Monetary Policy, Macroprudential Policy and Financial Stability', ECB Working Paper Series 2647, 2022

- Langdon, David S., Terence M. McMenamin and Thomas J. Krolik, 'U.S. Labor Market in 2001: Economy Enters a Recession', *Monthly Labor Review*, US Bureau of Labor Statistics, February 2002, 3~33, www.bls. gov/opub/mlr/2002/02/art-1full.pdf

- McFadden, Robert D., 'Charles Keating, 90, Key Figure in '80s Savings and Loan Crisis, Dies', *New York Times*, 2 April 2014, www.nytimes.com/2014/04/02/business/charles-keating-key-figure-in-the-1980s-savingsand-loan-crisis-dies-at-90.html

- Mackay, Charles, *Memoirs of Extraordinary Popular Delusions and the Madness of Crowds*, 2nd edn, vol. 1 (London: Office of the National Illustrated Library, 1852)

- Maes, Ivo, with Ilaria Pasotti, *Robert Triffin: A Life*, Oxford: Oxford University Press, 2021

- Martin, William McChesney, 'Address Before the New York Group of the Investment Bankers Association of America', 19 October 1955, https://fraser.stlouisfed.org/title/statements-speeches-william-mcchesney-martinjr-448/address-new-york-group-investment-bankers-association-america7800

- Mason, David, 'Savings and Loan Industry, US', *EH.Net Encyclopedia*, ed. Robert Whaples, 10 June 2003, http://eh.net/encyclopedia/savingsand-loan-industry-u-s/

- Mathurin, Patrick, Ortenca Aliaj and James Fontanella-Khan, 'Pandemic Triggers Wave of Billion-Dollar US Bankruptcies', *Financial Times*, 20 August 2020, accessed 14 April 2022, www.ft.com/content/277dc354-a8704160-9117-b5b-0dece5360

- Matulich, Erika and Karen Squires, 'What a Dog Fight! TKO: Pets.com', *Journal of Business Case Studies*, 4(5) (2008) 1~5, https://core.ac.uk/down load/pdf/268109951.pdf

- Miller, Abby, 'No More Checks from CyberRebate', DNM News, 29 May 2001, accessed 16 September 2022, www.dmnews.com/no-more-checksfrom-cyberrebate/

- Milne, Richard, 'Klarna CEO Says Fintech Will Focus Less on Growth and More on "Short-Term Profitability"', *Financial Times*, 26 May 2022, accessed 1 June 2022, www.ft.com/content/b5b7d26c-2407-4845-8276ef5da20f778a
- *New York Times*, 'BNP Paribas Suspends Funds Because of Subprime Problems', 9 August 2007
- Nicholas, Tom and Matthew G. Preble, 'Michael Milken: The Junk Bond King', Harvard Business School Case 816-050, March 2016, revised May 2021, www.hbs.edu/faculty/Pages/item.aspx?num=50852
- *Nihon Keizai Shimbun*, 21 October 1998
- ———, 12 October 2001
- Nishimura, Kiyohiko G. and Yuko Kawamoto, 'Why Does the Problem Persist? "Rational Rigidity" and the Plight of Japanese Banks', RIETI Discussion Paper Series 02-E-003, March 2002
- Nordhaus, William D., 'The Mildest Recession: Output, Profits, and Stock Prices as the U.S. Emerges from the 2001 Recession', Cowles Foundation Discussion Paper no. 1368, Yale University, 2002, pp. 1~31, https:// cowles.yale.edu/sites/default/files/files/pub/d13/d1368.pdf
- Ofek, Eli and Matthew Richardson, 'Dotcom Mania: The Rise and Fall of Internet Stock Prices', *Journal of Finance*, 58(3) (2003), 1113~1138
- Organisation for Economic Co-operation and Development (OECD), *OECD Economic Outlook*, December 2020, www.oecd-ilibrary.org/economics/oecd-economic-outlook/volume-2020/issue-2_39a88ab1-en
- Papaconstantinou, George, *Game Over: The Inside Story of the Greek Crisis*, Athens: Papadopoulos Publishing, 2016
- Parker, George and Sebastian Payne, 'Rishi Sunak Extends Furlough Scheme to End of March', *Financial Times*, 5 November 2020, www.ft.com/content/8f9371a7-e8e2-4a73-b1b6-d2330bb224a3
- People's Bank of China, *Wenzhou Private Lending Market Report*, 21 July 2011
- Pickard, Jim, 'Gordon Brown "Apologises" for Claiming to Have Ended Boom and Bust', *Financial Times*, 21 November 2008, accessed 15 March 2022, www.ft.com/content/ba54c2c8-7a74-355a-9ede-52ef78e9a558
- Purdy, Elizabeth R., 'Charles H. Keating, American Businessman', *Encyclopedia Brittanica*, 30 November 2021, accessed 24 January 2022, www.britannica.com/biography/Charles-Keating

- Quinn, William and John D. Turner, 'The Dot-Com Bubble', in *Boom and Bust: A Global History of Financial Bubbles*, Cambridge: Cambridge University Press, 2020, pp. 152~169
- Randewich, Noel and Lewis Krauskopf, '20 Years After Dot-Com Peak, Tech Dominance Keeps Investors on Edge', *Reuters*, 18 February 2020, accessed 25 May 2022, www.reuters.com/article/us-usa-stocks-dotcom bust-graphic-idUSKBN20C1J7
- Rein, Lisa, 'In Unprecedented Move, Treasury Orders Trump's Name Printed on Stimulus Checks', *Washington Post*, 14 April 2020, accessed 20 September 2022, www.washingtonpost.com/politics/coming-to-your1200-relief-check-donald-j-trumps-name/2020/04/14/071016c2-7e82-11ea-8013-1b6da0e4a2b7_story.html
- Reinhart, Carmen M. and Kenneth S. Rogoff, 'Recovery from Financial Crises: Evidence from 100 Episodes', NBER Working Paper w19823, 2014
- Reis, Ricardo, 'The Portuguese Slump and Crash and the Euro Crisis', *Brookings Papers on Economic Activity*, 46(1) (2013), 143~210
- Revoltella, Debora and Pedro J. F. de Lima, 'Thriving in a Post-Pandemic Economy', VoxEU.org, 21 December 2020, https://voxeu.org/article/ thriving-post-pandemic-economy
- Richardson, Gary, 'The Great Depression: 1929~1941', Federal Reserve History, 2013, www.federalreservehistory.org/essays/great-depression Richardson, Gary, Alejandro Komai, Michael Gou and Daniel Park, 'Stock Market Crash of 1929', Federal Reserve History, 2013, www. federalreservehistory.org/essays/stock-market-crash-of-1929
- Rodrik, Dani, 'Globalization's Wrong Turn, And How It Hurt America', *Foreign Affairs* 98(4) (2019), 26~33
- Rogoff, Kenneth, 'Can China's Outsized Real Estate Sector Amplify a Delta-Induced Slowdown?' VoxEU.org, 21 September 2021, https://voxeu.org/article/ can-china-s-outsized-real-estate-sector-amplify-delta-inducedslowdown
- Russell, Karl and Stephen Grocer, 'Do Recessions Always Follow Major Stock Market Downturns? Usually', *New York Times*, 18 March 2020, accessed 12 April 2022, www.nytimes.com/interactive/2020/03/18/business/coronavirus-stock-market-recessions.html?smtyp=cur&smid=twnytimes
- Sablik, Tim, The Fed's 'Tequila Crisis', *Econ Focus*, Federal Reserve Bank of Richmond, 2017, accessed 28 February 2022, www.richmondfed.org/publications/research/econ_focus/2017/q1/federal_reserve

- Schlesinger, Jacob, 'How Alan Greenspan Finally Came to Terms with the Market', *Wall Street Journal*, 8 May 2000, accessed 18 May 2022, www.wsj. com/articles/SB95774078783030219
- Schwartz, Herman M., *Subprime Nation: American Power, Global Capital, and the Housing Bubble*, Ithaca, NY: Cornell University Press, 2009
- Sharma, Ruchir, 'There is Another Act to Come in this Market Drama', *Financial Times*, 6 June 2022, accessed 6 June 2022, www.ft.com/content/53c7a5a4-e183-493c-8d62-be0c79123f24
- Shiller, Robert J., *Irrational Exuberance*, Princeton: Princeton University Press, 2000
- Shin, Hyun Song, 'Reflections on Northern Rock: The Bank Run that Heralded the Global Financial Crisis', *Journal of Economic Perspectives*, 23(1) (2009), 101~119
- Silber, William L., 'Why Did FDR's Bank Holiday Succeed?', *Economic Policy Review*, 15(1) (2009), 19~31, www.newyorkfed.org/research/epr/09v15 n1/0907silb.html
- Simon, Ruth, 'Margin Investors Learn the Hard Way that Brokers Can Get Tough on Loans', *Wall Street Journal*, 27 April 2000
- Singh, Ajit, 'International Competitiveness and Industrial Policy', in Irfan ul Haque, ed., *International Competitiveness: Interaction of the Public and the Private Sectors*, Washington, DC: World Bank, 1990, pp. 41~44
- Singh, Manmohan and James Aitken, 'The (Sizable) Role of Rehypothecation in the Shadow Banking System', IMF Working Paper WP/10/172, July 2010
- Spiegel, Peter, 'Draghi's ECB Management: The Leaked Geithner Files', *Financial Times*, 11 November 2014
- ———, 'If the Euro Falls, Europe Falls', *Financial Times*, 15 May 2014
- Stone, Brad, 'Amazon's Pet Projects', *Newsweek*, 21 June 1999
- Stracqualursi, Veronica, 'Birx Warns US is "in a New Phase" of Coronavirus Pandemic with More Widespread Cases', CNN, 2 August 2020, accessed 20 September 2022, https://edition.cnn.com/2020/08/02/politics/ birx-coronavirus-new-phase-cnntv/index.html
- Sunak, Rishi, 'The Chancellor Rishi Sunak Provides an Updated Statement on Coronavirus', HM Treasury, 2020, www.gov.uk/government/speeches/the-chancellor-rishi-sunak-provides-an-updated-statement-on-coronavirus Tam, Pui-Wing and Mylene Mangalindan, 'Pets.com's Demise: Too Much Litter, Too Few Funds', *Wall Street Journal*, 8 November 2000

- Taylor, John B., 'Monetary Policy and the Long Boom', *Federal Reserve Bank of St. Louis Review*, 80(6) (1998), 3~11
- Tham, Engen and Ziyi Tang, 'China Regulator Launches New Probe into Banks' Property Loan Exposure', Reuters, 18 August 2022, www.reuters.com/business/finance/exclusive-china-regulator-probes-banks-propertyloan-portfolio-sources-2022-08-18/
- Thornton, Jennifer and Sunny Marche, 'Sorting Through the Dot Bomb Rubble: How Did the High-Profile E-tailers Fail?', *International Journal of Information Management* 23 (2003), 121~138
- Togoh, Isabel, '"I Can't Save Every Job" Warns British Chancellor with Plan to Help Millions of Furloughed Workers', *Forbes*, 24 September 2020, www.forbes.com/sites/isabeltogoh/2020/09/24/i-cant-save-every-job-warnsbritish-chancellor-with-plan-to-help-millions-of-furloughed-workers/
- Tooze, Adam, *Crashed: How a Decade of Financial Crises Changed the World*, London: Allen Lane, 2018
- Trade Association for the Emerging Markets (EMTA), 'The Brady Plan', accessed 14 October 2022, www.emta.org/em-background/the-brady-plan/
- Treasury Committee, 'Oral Evidence: Spring Budget 2020', 16 March 2020, https://committees.parliament.uk/oralevidence/190/html/
- Triffin, Robert, *Gold and the Dollar Crisis: The Future of Convertibility*, New Haven: Yale University Press, 1960
- Trueman, Brett, M. H. Franco Wong and Xiao-Jun Zhang, 'The Eyeballs Have It: Searching for the Value in Internet Stocks', *Journal of Accounting Research* 38 (2000), 137~162
- United Nations (UN) Economic and Social Council, *Progress Towards the Sustainable Development Goals: Report of the Secretary-General*, New York, 2022
- University of Oxford, 'Facts About COVID-19 Vaccines', Vaccine Knowledge Project, 9 June 2022, accessed 20 September 2022, https://vk.ovg.ox.ac.uk/vk/COVID19-FAQs#Q6
- Waiwood, Patricia, 'Recession of 1937~1938', Federal Reserve History, 2013, accessed 17 August 2022, www.federalreservehistory.org/essays/recession-of-1937-38
- Wamsley, Laureal, 'March 11, 2020: The Day Everything Changed', NPR, 11 March 2021, accessed 15 September 2022, www.npr.org/2021/03/11/975663437/march-11-2020-the-day-everything-changed

- Wearden, Graeme, '"I've Never Seen Anything Like It": 2020 Smashes Records in Global Markets', *Guardian*, 30 December 2020, www.theguardian.com/business/2020/dec/30/ive-never-seen-anything-like-it-2020-smashesrecords-in-global-markets
- Wei, Shang-Jin and Xiaobo Zhang, 'Relationship Between the Chinese Housing and Marriage Markets', VoxDev, 5 July 2017, https://voxdev.org.topic.macroeconomics-growth/relationship-between-chinese-housingand-marriage-markets
- White, Lawrence J., *The S&L Debacle: Public Policy Lessons for Banks and Thrift Regulation*, New York and Oxford: Oxford University Press, 1991
- Wildau, Gabriel, 'Retail Investors Bear Brunt of China's Stock Rout', *Financial Times*, 7 July 2015, www.ft.com/content/7a5341ce-2476-11e59c4e-a775d2b173ca
- Willems, Michiel, '2021 in Review: Furlough is Government's Big Success Story, But Rishi Sunak's £69bn Lifesaver Comes at a Price', *City A.M.*, 27 December 2021, www.cityam.com/2021-in-review-furlough-isgovernments-big-success-story-but-rishi-sunaks-69bn-lifesaver-comesat-a-price/
- Wood, Christopher, *The Bubble Economy: Japan's Extraordinary Speculative Boom of the '80s and the Dramatic Bust of the '90s*, London, Sidgwick & Jackson, 1992
- World Bank, 'Debt Service Suspension Initiative', 10 March 2022, www.worldbank.org/en/topic/debt/brief/covid-19-debt-service-suspensioninitiative
- ———, *World Development Report: The Challenge of Development*, Washington, DC: World Bank, 1991, https://openknowledge.worldbank.org/handle/10986/5974
- Wright, Chris, 'Asia '97: The Financial Crisis that Left Its Mark for Good', *Euromoney*, 9 May 2019, accessed 19 August 2022, www.euromoney.com/article/b1f7pksth48x10/asia-97-the-financial-crisis-that-left-its-mark-forgood
- Yeung, Jessie, Steve George, Tara John, Melissa Macaya, Meg Wagner and Mike Hayes, 'July 6 Coronavirus News', CNN, 7 July 2020, accessed 20 September 2022, https://edition.cnn.com/world/live-news/coronavirus-pandemic-07-06-20-intl/h_f3005c39fdd5e19c7fd68148baef68e8
- Yeung, Karen, 'China's 2015 Yuan Reform Sent Shock Waves Through Financial Markets, Now It's "Learning Its Lesson"', *South China Morning Post*, 12 August 2021, www.scmp.com/economy/china-economy/article/3144769/chinas-2015-yuan-reform-sent-shock-waves-through-financial
- Yi, Wen and Iris Arbogast, 'Not All Bursting Market Bubbles Have the Same Recessionary Effect', Federal Reserve Bank of St. Louis on the Economy

blog, 15 February 2021, www.stlouisfed.org/on-the-economy/2021/february/
not-all-bursting-market-bubbles-same-recessionary-effect

- Yueh, Linda, *China's Growth: The Making of an Economic Superpower*, Oxford: Oxford University Press, 2013
- ———, 'Europe's Economic Paths', BBC News, 26 May 2014, accessed 11 April 2022, www.bbc.co.uk/news/business-27572537
- ———, *The Great Economists: How Their Ideas Can Help Us Today*, London: Viking, 2018
- ———, 'The Limits of Star Power', BBC News, 29 October 2013, accessed 13 September 2022, www.bbc.co.uk/news/business-24723411
- ———, 'The Shadowy Threat from China's Lenders', BBC News, 6 March 2014, accessed 4 May 2022, www.bbc.com/news/business-26335304
- Zarroli, Jim, 'Stocks 2020: A Stunning Crash, Then a Record-Setting Boom Created Centibillionaires', NPR, 31 December 2020, accessed 8 October 2022, www.npr.org/2020/12/31/952267894/stocks-2020-a-stunningcrash-then-a-record-setting-boom-created-centibillionaire
- Zhou, Xin and Kevin Yao, 'China Local Government Debt Audit Finds $84 Billion Problem', *Reuters*, 4 January 2012, accessed 27 July 2022, www.reuters.com/article/uk-china-debt-idUKTRE8030M020120104

도취, 과열, 파멸로 치닫는 경제위기 100년의 역사와 미래

그렇게 붕괴가 시작되었다

1판 1쇄 발행 2024년 7월 10일
1판 2쇄 발행 2024년 8월 7일

지은이 린다 유
옮긴이 안세민
펴낸이 고병욱

펴낸곳 청림출판(주)
등록 제2023-000081호

본사 04799 서울시 성동구 아차산로17길 49 1009, 1010호 청림출판(주)
제2사옥 10881 경기도 파주시 회동길 173 청림아트스페이스
전화 02-546-4341 **팩스** 02-546-8053

홈페이지 www.chungrim.com **이메일** cr2@chungrim.com
인스타그램 @chungrimbooks **블로그** blog.naver.com/chungrimpub
페이스북 www.facebook.com/chungrimpub

ISBN 978-89-352-1458-7 03320